JN329908

古代メソポタミア語文法

―シュメール語読本―

飯 島　紀

オリエンス語シリーズ

信山社

はしがき

　自叙伝のようで恐縮だが、昭和25年に早稲田大学理工学部と京大理学部化学に合格した。迷わず、都落ちしても旧帝大である京大を選ぶこととした。それは人文科学研究所などの文化的活動の幅の広さに感動していたからである。例えば、そこの梅棹忠夫名誉教授は理学部出身だが、民族学、比較文化学の研究のため、シルク・ロードや東南アジアでフィールドリサーチを続けていた。数十ヶ国語を話す彼の言語修得法は現地に飛び込むことだった。

　さて日本人にとって土は土、男は男であり、別な言葉で当たり前である。
　ところが印欧語族では同じ単語 dhghem から出たものらしい。中国語の士と土も似ている。古代英語では男性のことを guma という。今の bridegroom（花婿）の語源である。ラテン語の humus（土地）、homo（人）、ロシア語の zemlya（土地）は皆、同根である。しかも、印欧語族には全く関係ないと思われたセム語族でも、似たことがある。人祖アダムとエヴァの話は有名だが、その adam は土であると同時に男を意味する。なぜ土＝男なのだろうか。人は土から生まれ、土に戻るからと説明するが、それでは十分納得出来ない。印欧語族とセム語族とが影響しあったか、共通の祖先を考えるべきか、である。

　ではまた、なぜ土と男と同じだろう。こう考えると社会科学の問題に入らざるを得ない。人文科学研究所ではこれに似たような発表を盛んに出していた。私はだんだんセム語族に関心を持つようになった。

　セム語は東部のアッカド、バビロニア語の群と西部のアラム語群と南部のアラビア語とに大別され、このアラム語群は細分化され狭義のアラム語（シリア語）、サマリア語、カナン語（ヘブル語）などに分かれる。

　カナンのヘブル人はアッシリアでの幽閉の間、固有の角文字でものを書き、狭義のアラム語を会話に用いていた。したがって、今でも旧約聖書は角文字のヘブル語と、同じ角文字のアラム語とで書かれている。

　一方、シリア人は、シリア語の新約聖書にみられる独特の文字を考案し、アラム語を会話に用いた。広義で言えばいずれもアラム語族だが、一般には紛らわしいので（旧約聖書の）ヘブル語、旧約聖書アラム語やシリア語というように使い分ける。

なお、現代アッシリア語というのは、少数の、自称アッシリア人の使う現代アラム語（シリア語）のことである。

　こうして京大理学部2回生の時、私は文学部言語学科の門を叩き、聴講することとなったが、楔形文字で書かれたアッカド、バビロニア語の語群については、当時京大では残念ながらこの講義はなかった。

　昭和26年4月から藤本勝次教授（当時）のアラビア語の授業に出ることとなった。現在のように印刷の活字がないのだから、アラビア文字の本があるわけではない。そこで、教授が毎時間、藁半紙に謄写版で刷ったものを配布した。いわゆる酸性紙であるから、今見ると、黄ばんで破れ、持ち上げるとボロボロ崩れそうなものだが、肉筆の美しい筆勢が伝わってきて懐かしい。ゼログラフィー、今はどこのコンビニにもある、いわゆる乾式静電複写装置がない時代のことである。

　目標は、『アレフ　ライラ　ワ　ライラ　alef laila wa laila（千夜一夜）物語』を原文で読むことだった。正統的な標準語の勉強であるから、現在の会話によく使うインシャアラー（神様のいいように）やマレーシュ（気にするな）などの方言は知らなかった。また、ほぼ同じ頃に、古代アラム語を、今は亡き伊藤義教教授（当時）に学んだ。

　昭和26年11月、下宿していた北白川からふらっと散歩に出たとき、河原町三条のキクオ書店で私の人生に強烈な影響を与えた本に遭遇した。広島県出身の佐伯好郎氏の書いた『景教僧の旅行誌』と『支那基督教の研究』（いずれも春秋社松柏館発行）とである。佐伯氏は明治4年生まれであるが、明治25年以降、カナダ、トロント大学在学中に、景教に興味を持たれて研究されたという。

　実は、昭和18年発行（再版）のこの本には、東方文化学院研究報告の朱印が押されてあった。思うに、誰か不心得ものがコッソリ売り飛ばしたものである。今でこそ日本オリエント学会の重鎮である江上波夫先生は、昭和10～12年頃この東方文化学院で佐伯先生と同じ部屋で研究し、影響されて景教に関心を持つに至り、ついに内モンゴルのオロンテスにネストリウス派キリスト教（景教）の教会堂（後にカトリックに改宗したためローマ教会堂という）の廃墟を発見されたのである。

　その東方文化学院から、なぜ貴重な佐伯先生の本が京都の巷に流れ出たのだろうか。今では分からないが、私にとっては家宝に近い座右の書である。

　まず、『景教僧の旅行誌』は多年佐伯氏が私淑したイギリスのワリス・バッ

ジ博士の英語版の翻訳、訳補である。バッジ博士とは、アッシリア、バビロニア、エジプトなど中近東に碩学の考古学者である。

13世紀、バール・ソーマおよびマルコスという2人の景教僧が北京からエルサレムに向かった物語、マルコスはついに景教の総司教に選ばれ、東ローマ皇帝、フランス王、イギリス王、ローマ教皇に拝謁した物語を、シリア語の原文から博士が纏められたものである。

『支那基督教の研究』全5巻は東方文化学院にて佐伯氏が昭和10年～15年に纏めたもので、序の中に「かくのごとき宗教団体（基督教）のわが神国日本の霊域内に決して存在せざらんことを——」とあるように、当時の日本軍圧に屈した佐伯氏ではあるが、しかし客観的に中国への基督教伝道の実態を報告していてたいへん参考になる。

東洋におけるシリア語、シリア文字の運搬者は、唐宋時代のキリスト教（景教）の人々であった。したがって佐伯氏のこれらの本からシリア語を研究できる、と思ったのである。しかし、後それは期待過剰であることが分かった。

佐伯氏はシリア語を直接訳さず、英訳や独訳から和訳したものであることがあちこちの誤訳や意味の取り違えから分かったのである。例えば「プロソパ（位格）について」という所を「三位一体について」と訳したり、「体」でいいところを「主の聖体」と逆に意訳したり、「司祭」を「長老」とし、わざわざプレスビターと振りがなをしている。また「タガク（西）の年」を「兎の年」と誤訳もしている。佐伯氏自身はシリア語をご存じなかったといわざるを得ない。

景教の総司教座はバグダッドであるが、現在まで連綿と続いている。大半はカトリックになり、カルデア教会と称するが、残余はアッシリア教会と称し、ともにシリア語聖書を用いているのである。

さて35年たってパナソニック社退職後、再びセム語族に興味が湧いた私は、まずフェニキア文字を調べにかかったのだが、殆ど資料がないことが分かった。フェニキア人が石の碑文をあまり残さなかったためか、その後の発見者が破壊したからかは分からないが、やむを得ない。そこでアッカド語とアッカド文字とを研究することとなった。ところがアッカドで使われていた文字は外ならぬ楔形文字（くさびがたもじ）であり、これはそれ以前のシュメール文字を母胎としている。自然の勢いとしてシュメールの楔形文字の勉強に没入したわけである。早いものでそれから20年の月日がたつ。

シュメール語は、アルタイ諸語の一つと言っていいくらい日本人に馴染みやすさがある。しかしアッカド人の使ったセム語は、全く異質である。アッカド人は、自分たちの言語をシュメール人の方法で、つまり楔形文字で書き表せば不完全であることは充々知った上で、言語だけでなく、シュメール文化をも模倣している。この徹底した消化があったればこそ、楔形文字はセム語族はもちろん、ハッチやペルシャのようなインド・ヨーロッパ語族の間でも一時期、国際標準語としての共用的性格を持って広まっていった。

　メソポタミアにおける楔形文字の歴史は3500年続いた。しかし楔形文字の文化は、その後突然滅んでしまうのである。同じく象形文字である漢字は、似たような環境の中に生まれた。そして3000年近くの年月を経たが、今のところ使われなくなるような気配は全くない。この違いは何だろうか。母胎である世界最古のシュメール文字がその謎を解くかも知れない。本書はこの謎を解く手がかりになればと願って書いたものである。

　この研究において陰に陽にご指導くださった広島大学名誉教授　吉川守氏、京都大学名誉教授　前川和也氏、早稲田大学教授　前田徹氏には心から御礼申し上げる。

　　平成23年5月

　　　　　　　　　　　　　　　　　　　　　　　　　　飯　島　　紀

目　次

はしがき (iii)

I　古代メソポタミア

1　イラクの遺跡 …………………………………………………… 2
2　エラム国文化 …………………………………………………… 4
3　ウバイド期 ……………………………………………………… 5
4　大　洪　水 ……………………………………………………… 8
5　ウルク期の生活 ………………………………………………… 11
6　生　産　技　術 ………………………………………………… 13
7　シュメールの建国（初期王朝 I） …………………………… 15
8　シュメールの建国（初期王朝 II） …………………………… 19
9　遺跡の発掘 ……………………………………………………… 21
10　王朝時代の生活 ………………………………………………… 23
11　守　護　神 ……………………………………………………… 25
12　シュメールの建国（初期王朝 III） ………………………… 27
13　貿　易　文　化 ………………………………………………… 31
14　二人の英雄 ……………………………………………………… 32
15　青銅器技術 ……………………………………………………… 35
16　シュメールの復活と終焉 ……………………………………… 39

II　シュメール文字の発生

1　シュメール語の特徴 …………………………………………… 44
2　日本語との類似点 ……………………………………………… 45
3　ウルクの古拙文字 ……………………………………………… 46
4　シュメール文字の変遷 ………………………………………… 47
5　シュメール文字と漢字 ………………………………………… 49
6　常用楔字（アッシリア文字による目次） …………………… 55
　　楔形文字一覧 (58)

III シュメール文例

1. ア・アン・ネ・パッダの奉献文 82
2. ウルナンシェの奉納額 82
3. ウルナンシェ碑文 84
4. 禿鷹の碑文 86
5. エンテメナの壺の銘 89
6. エンテメナ碑文 92
7. エラム国への人材派遣 97
8. エンエンタルジの記録 99
9. ルーガル・アンダの記録 102
10. ウルカギナ改革碑文 105
11. ウルカギナの記録 109
12. ルーガル・ザゲシの壺銘文 111
13. アッカド王朝シャルカリシャル時代の文献 115
14. グティウム時代のグデア 117
15. グデア像の碑文 121
16. ウルナンム碑文 128
17. シュルギ賛歌 132
18. アマル・シン時代の領収書 136
19. 小作料（地主ハハアの収入） 139
20. シャルムバニからの手紙（シュ・シン王宛のもの） ... 142
21. 裁判資料 144
22. 土地台帳 145
23. シュメールの動物たち 147
24. シュメールの人生訓 170

IV シュメール語文法

1. 音韻 182
2. 語の特徴 182
3. 構文 184

4	名　　詞	185
5	人称代名詞	190
6	不定代名詞	196
7	指示代名詞	196
8	形　容　詞	197
9	副　　詞	197
10	動詞句（述語）	200
11	動　　詞	214
12	連辞（copula）（いわゆる be 動詞）	219
13	助詞（後置詞）	221
14	音　韻　法　則	223
15	疑　問　詞	224
16	接続詞その他	225
17	数　　詞	226

V　諸　　表

1	町名、地名	230
2	代表的な神名	231
3	代表的な限定詞	232
4	月名と暦	233
5	度　量　衡	237
6	シュメール王統表	242
7	年号（例　シュルギ22年以降）	247

VI　部　首　分　類　　　　　　　　　　251

VII　グローサリー　　　　　　　　　　265

引用文献（295）
あとがき（297）

古代メソポタミア語文法

シュメール語読本

オリエントの興亡

エジプト	パレスチナ	フェニキア	小アジア	メソポタミア 上	メソポタミア 下	ペルシャ
					シュメール	エラム
BC -2500				エブラ		
	アモリ人				新シュメール 古アッカド	
-2000				フルリ・ミタンニ	古アッシリア	古バビロニア
-1500			ハッチ			カシート
	(フェニキア文字)		ウガリト		中期アッシリア	
-1000	ヘブル	フェニキア	アラム		新アッシリア (国際アラム語)	
(コプト語)						ペルシャ帝国
-500			新バビロニア			
(中期アラム語（聖書アラム語）)						

I 古代メソポタミア

1　イラクの遺跡
2　エラム国文化
3　ウバイド期
4　大洪水
5　ウルク期の生活
6　生産技術
7　シュメールの建国（初期王朝 I）
8　シュメールの建国（初期王朝 II）
9　遺跡の発掘
10　王朝時代の生活
11　守護神
12　シュメールの建国（初期王朝 III）
13　貿易文化
14　二人の英雄
15　青銅器技術
16　シュメールの復活と終焉

1 イラクの遺跡

　メソポタミア地方のイラクというと馴染みが少ないかも知れないが、あのアリ・ババやアラジンの魔法のランプで有名なアラビアン・ナイトの舞台バグダッドの国である。最近では湾岸戦争以降アメリカを手こずらせている、あのイラクである。日本とはほぼ同じ面積であるが人口はほぼ7分の1、**チグリス、ユーフラテス**両河に挟まれるのでギリシャ語で川の間、つまり**メソポタミア**という。

　イラクの北東部、クルディスタンの山岳地帯にあるシャニダール洞窟からは、約5～7万年前の旧人ネアンデルタール人の骨9体が発見され有名になったが、その近くちょうどザグロス山脈からティグリス河が流れ出す所にスレイマニヤ市がある。その近郊の**カリーム・シャヒルやジャルモ**では、放射性炭素原子の測定から同定した所、今から**1万年前**である遺跡が発見されている。日本の縄文時代早期と同じ頃で、細石器の石刃や骨製の尖頭器などとともに、家畜化が始められたばかりの山羊、羊、牛、馬の骨が出ている。

　ジャルモではその千年程後だが、更に食物が増えて、豚、ガゼル、オナガー（半驢馬）、鹿、蟹、淡水魚などのほか、大麦、小麦、豆類が出土している。

　日本でもそうであるが、黒曜石を欠いて作った石刃を木製の柄に付けた鎌のようなものが発見されている。この黒曜石はヴァン湖の北方、アルメニアのあたりで採集されたものである。

　地上で発掘によって証明できた**最古の都市**は、現在イスラエルのイェリコで、紀元前8000年のことである。メソポタミアでは紀元前7000年頃の彩色陶磁器が多数発見された。これは中国の半披遺跡の彩色陶器にも影響しているといわれる。**紀元前5000年頃**から**ウバイド文化期**といわれる**農耕文化**の時代である。集落毎に固まって生活し遊牧民と取引きしていた。

　ちょうど、わが国では青森県の三内丸山古墳に見られる縄文中期の時代である。太古にはペルシャ湾が広がり、メソポタミア地方は殆ど海であったから住民の生活は不可能だった。しかし段々干上がってチグリス、ユーフラテス両河に肥沃な土地が出現すると、**ウバイド人**と呼ばれる人々の定着が始まった。

1 イラクの遺跡 3

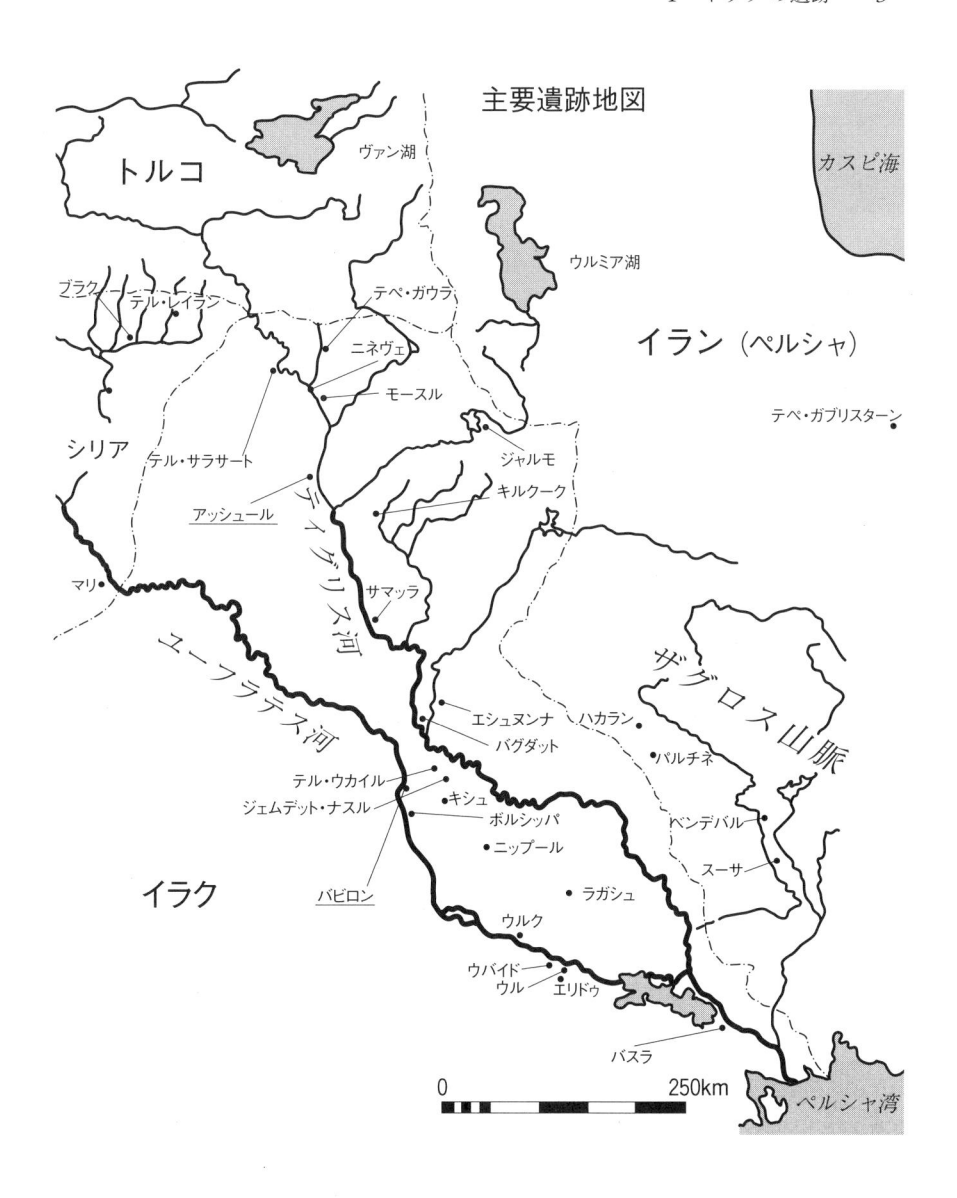

主要遺跡地図

2 エラム国文化

　ちょうどギリシャ人がトルコ地方をアナトリア（東方）と呼んだように、人はイランの西、ザグロス山脈の麓を**エラム**（東方）の地と呼んだ。

　はるかアフガニスタンから、後のシュメール人が特に好んだ青い貴石ラピス・ラズリも、また、印章を作る石材、緑泥岩もエラムを越える道を通って輸入されたのである。大体メソポタミアのような低地には資源らしい物はない。

　北方、カフカスのアルメニア地方には印欧語族の山岳勢力があり、続いてウラル・アルタイ系のフルリ人が現れるが、いずれも低地との交流は少なかった。そこで隣国エラムとの交流や貿易が盛んになっていくのである。

　11月中旬から翌年春にかけて、メソポタミアを取り巻く山岳地帯は地中海からの季節風によって雨がもたらされ、この雨で野生の麦が生長した。

　時代は**紀元前8000〜5500年**の頃で麦はエンマ小麦や二条大麦であった。住民はこの冬の雨を利用して麦の種を蒔き、翌年の5月頃に収穫した。いわゆる**天水農法**である。そして羊や山羊の馴化(じゅんか)に成功した。

　紀元前5500年頃からは**灌漑**による**農耕**がエラム高原では行われ始めた。この農法もメソポタミアのウバイド人に伝えられた。

　普通順調な天候、降雨での農耕は蒔いた種の10倍の収穫といわれるが、灌漑農法だと大豊作では30〜40倍の収穫となる。後のシュメールのウル第三王朝の時、生産性が落ちている時でさえ大麦の収穫は20倍であったというのは人工灌漑のためであった。

　また最近湾岸に近い**フーゼスタン地方**の民家遺跡の床面から芦(あし)で作った筵(むしろ)が発見されたが、これは近くに沼沢地(しょうたくち)があったことを証明している。恐らくこの沼沢地でも灌漑農耕が行われたに違いない。フーゼスタンの北方の、青銅器で有名なルリスタン地方の比較的地下水位の高い所でさえ灌漑農法の跡が認められるのである。日本の縄文時代は一万年前からというが、エラム高原では土器は紀元前5800〜5500年頃に出現した。今のイラン、フーゼスタン地方の、ザグロス山脈西側の**カレ・ロスタム遺跡**には先ず表面を研磨しただけの無文土器が出土している。その後彩色文様の土器が発見された。意匠としては角を持ったガゼルを用いた物が多い。エラムでは特に**ガゼルの角**を神聖視したようである。

　フーゼスタン地方の北、ルリスタン地方の中心はスサであったが、紀元前

5000年スサの新石器時代は考古学でスサ第一層として知られるように繁栄しており、既に日干し煉瓦の住居を有し、羊を飼い、大麦も栽培していたし、ガゼルを模様にした美しい彩文土器を作っていた。

これらは全てメソポタミアのウバイド人に伝わったのである。

最近、アメリカのペンシルベニア大学付属博物館のP.マクガバン博士のグループはエラム地方のある家屋の台所から紀元前5400〜5000年の9.5リットルある土器の酒壺（高さ23センチメートル、直径33センチメートル）を発見したが、その底には葡萄酒の粕と思われる黄色い物が残っていた。それは酒石酸のカルシウム塩とウルシ科のテレビン樹の樹脂、ピスタチオ樹脂であることが分析の結果分かった。ピスタチオは葡萄酒を酸化するバクテリアの繁殖を防ぐためにこの頃から使われていた物である。こうしてシュメール文化やウバイド文化に先行するスサ第一層文化の存在が確定された。

スサ第二層は紀元前3000年頃であるが、原エラム文字を用い、城壁を巡らせた都市の中では金、銀、銅、ラピスラズリなどの遺物が見つかっている。同時代のシュメール人との間は密接であったが、必ずしも常に平和裡であったわけではなく、武力で均衡していた。

3 ウバイド期

メソポタミア平原はイラク全土の82％を占めている。チグリス・ユーフラテス両河は同じような河と考えられがちだが、ユーフラテスがゆったり流れる大河であるに対して、チグリスはザグロス山脈の水系につながる急流で、しばしば災害を起こしたため恐れられ、神の名が与えられたという。

両河の氾濫、洪水によって急速に平野部は増加し、古代遺跡も南部に下がってくる。今でも1日に水位が4メートルも上昇することが珍しくないという。海岸から千キロ離れた中流のサマッラーでも海抜は20メートルにすぎない。洪水の結果肥沃となった両河流域は、エジプトのナイル河のように敵の侵入しにくい地形と異なり、南北から自由に民族の移住を許した。

こうして先ずエリドゥで灌漑農業の都市らしきものが出来上がり、水の神エンキに捧げられた神殿が作られたのである。この神殿を中心にして町は形成された。

低地メソポタミアの歴史は、考古学の成果から紀元前5000年ウバイドⅠ期に

始まる。(最近更に遡って、**ウバイド0期**があったと言われている。)

彼らの残した、黒又は緑の動物模様や幾何学的な模様の土器から**ウバイド文化**と呼ばれるのだが、この土器や神殿建築の技術は北へアナトリアまで広がる。紀元前4000年頃のことである。

ウバイド人が誰であったかは未だ分かっていないが、土器を焼くにしても、マンガンや鉄でできた塗料を得るにしても、低地では不可能であるため、ザグロス山脈の中のエラム文化圏から文化とともに降りてきたものであるらしい。後のシュメール人とは将来繁栄を競合するようになるが、同一文化圏でもあった。北方メソポタミアではエリドゥから北400キロの**サマッラー**に遺跡が残っているが、遺跡に類似性がなくサマッラー人が南下してきたとは考えられないのである。シュメール人が入植して来た時、そこにいた先住者のウバイド人とはエラム人であったかも知れない。徐々に形成されたウバイド文化は紀元前3500年頃まで拡大し、西は地中海沿岸から南はアラビア半島にまで影響したという。

チグリスすなわち idiglat もユーフラテスすなわち buranun にしてもこれはシュメール語とは思われない。町の名例えば、ウル、エリドゥ、ラルサ、イシン、アダブ、ラガシュ、ニップル、キッシュなども、シュメール人自身の呼び名でない。詳細不明だが、一応ウバイド人の付けた名である。農耕、牧畜、漁法、建築、鍛冶、取引から壺作りまで、後のシュメール人はウバイド人に学んだようである。

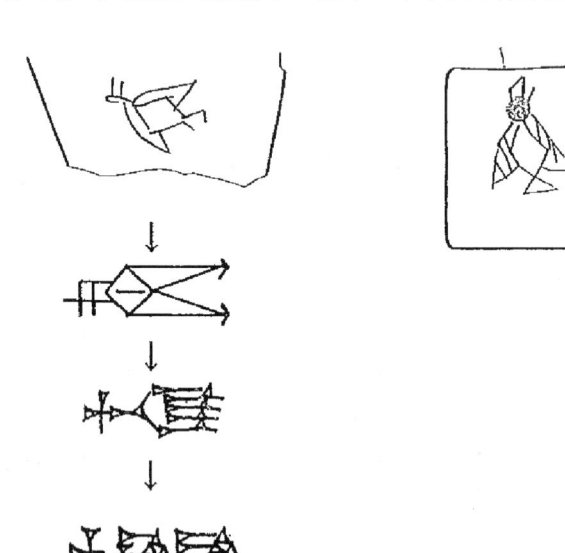

なお idiglat は下のように maš-tik-gar₃ と崩して書かれるが、本来は鳥の姿であった。一説に dalla 女神という。

麦について

　麦は稲科の二年生植物である。小麦は開花から結実まで45〜60日かかる。1000粒で20〜40グラムである。

　小麦（triticum）は倍数性植物で、野生の物は二倍種一粒系で、トルコ、カフカス、イランのザグロス周辺に自生している。紀元前6750年には栽培された。この栽培一粒系小麦は青銅器時代には中部ヨーロッパにまで伝播した。

　次に四倍種の野生二粒小麦いわゆるエンマ小麦がザグロスに現れる。これは二倍種一粒系小麦と、同じ系列の二倍種くさび小麦との自然交雑による。これも同じく紀元前6750年には栽培されていたことがジャルモの遺跡の発掘で分かっている。これは比較的に脱粒が難しく、食べるには不便であった。なお脱粒の容易なはだか麦（マカロニ小麦）はずっと後、紀元前1000年頃このエンマ小麦から遺伝子の突然変異で作られた物で、蛋白質のグルテンに富んでいる。

　紀元前5000年頃、栽培エンマ小麦と、イランに多い野生二倍種一粒系のたるほ小麦との交雑により、六倍種のパン小麦がカフカス地方に現れた。この六倍種のパン小麦は裸性であり越冬性がよく、東方地域へ適応を示した。

　そして中国へは紀元前2000年中央アジアを経て伝播した。商の時代の古骨には「来」で表現されている。現在の麥（麦の本字）である。なおスペルト小麦というのはドイツ又はスペインでこのパン小麦から生じた物である。

　現在世界で栽培されている小麦はパン小麦が90％以上を占める。中近東では播いて3〜4月に収穫することが多い。食べるには穎（のぎ）を落とすために炒って食べたり、引き割にして粥にした。

　大麦（hordeum）の歴史は、ザグロス山脈に自生する野生の二条大麦から始まるが、先ず紀元前7000年頃栽培の二条大麦から六条大麦が突然変異で出現した。すなわち粒が縦に六列に並んだ形をしており、紀元前4500年以降は六条大麦が盛んになっていく。それは穎が取れ易く従って食べ易いためで、六条裸麦を単に裸麦と呼ぶ。ビール醸造に使われるのは二条大麦である。大麦は小麦に比べて、耐寒性、耐雪性が弱く、雨でも品質低下を招き易いが、塩分には強いので中近東では多く栽培された。

　＊生物の細胞中の染色体が倍数になったもので、動物界ではミミズや象虫程度だが、植物には多い。小麦の基本染色体は7であるが、14, 28, 42等がある。人間の細胞は46染色体を持つ。

4 大洪水

　前述のようにメソポタミアでは先ずエリドゥでウバイド人により灌漑農業の町らしきものが出来上がり、**水の神エンキ**に捧げられた。他に遺物の全くないところに3メートル四方位の小さな**神殿跡**が発見されている。1946年からイギリスとイラクとの共同調査の結果である。神殿は当初単純な形であったが、後には長方形で中庭を有するものとなった。

　このように早くから水神が大切にされ、水路、灌漑網が引かれたのは大麦農耕のためだけではなかった。メソポタミアを襲った大洪水のためである。

　今でも気温は年平均摂氏22.7度で、6月を過ぎると灼熱の夏を迎える。そしてもちろん年降水はわずか156mmで、東京の約10分の1に過ぎないから農業のためには水路を作らざるを得なかった。

　各地の考古学的結論としてウバイド期の**紀元前4000年頃**に一度メソポタミア南部は**大洪水**に襲われたことが分かっている。エリドゥに程近いウルには地下20メートルの所に270cmの粘土層が見られるのでそれを裏付けている。これは元来、地盤が低い上、地球温暖期による海水面の上昇のためとも言われる。わずか1～2度の平均気温上昇で海進が起こり、ティグリス・ユーフラテス両河中流のバグダッド辺りにまでが海に洗われて500年に及んだという。

　現在のバグダッドは標高35メートルの所にあるが、土砂堆積と隆起のためで、当時は海岸が近かった。今でも一昼夜で4メートルの水位の変化は珍しいことではない。

　日本でも海水面の上昇があった。縄文海進という。関東地方の貝塚が内陸深く存在することで証明されている。縄文前期（紀元前4000～3000年）は現海面より6～8メートルも海面が上昇してピークに達し、東京湾は群馬県奥深く入り込んでいた。同時代の、青森にある三内丸山縄文遺跡も海に近い所にあった。

　ペルシャ湾はその後500年かかってウル、エリドゥの辺りまで下がってくる。**地盤隆起**と川の**土砂埋立**のためである。なぜ地盤隆起するかを地球物理学は説明する。

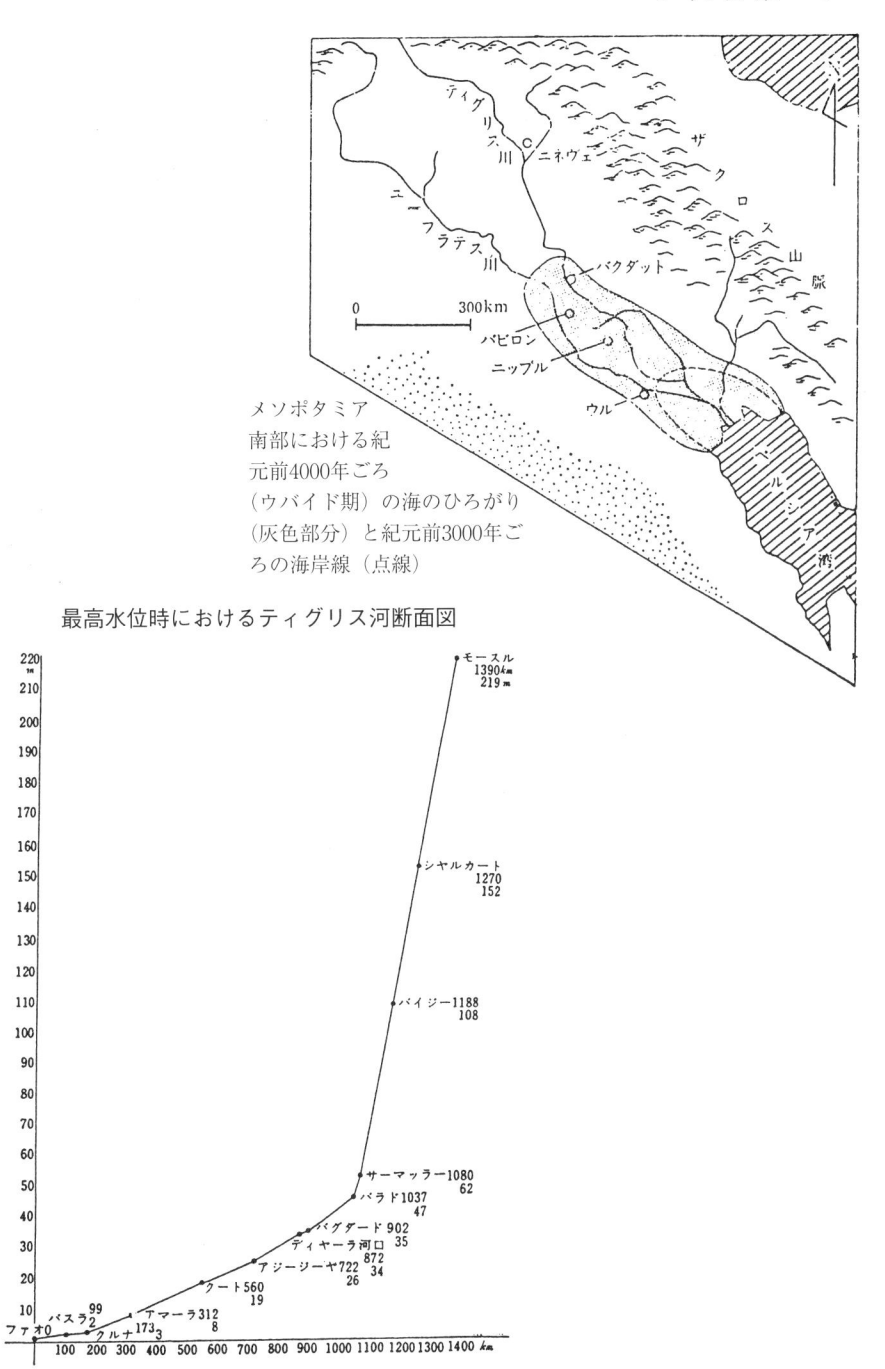

メソポタミア
南部における紀
元前4000年ごろ
（ウバイド期）の海のひろがり
（灰色部分）と紀元前3000年ご
ろの海岸線（点線）

最高水位時におけるティグリス河断面図

資料：KTAM Report. Baghdad, 1952

地盤隆起について

　古生代末、今から3億年前地球には一つのパンゲア大陸があり、それが2億5000万年前、ペルム期になるとローラシア大陸とゴンドワナ大陸に分かれ、その間にテーチス海が横たわっていた。テーチス海は今の地中海、ペルシャ湾となるわけだが、ゴンドワナ大陸は1億8000万年前のジュラ期になると更にアフリカを真ん中にして分裂を進め、南極、南アメリカ、オーストラリア、インドが出来て四散し離れていく。残ったゴンドワナ大陸（ゴンドワナとは印度中部の「ゴンド族の国」の意味だが、もちろん当時は未だ人間は現れていない）は極めて強固なアフリカ大陸塊であるが、紅海地溝帯の形成してアラビア半島を分離した。このときテーチス海が隆起して安定した高原台地のゴンドワナ大陸（アフリカ）と高山性褶曲山地のローラシア大陸（ユーラシア）とを繋いだのである。これがメソポタミア地方であって、当然局部的褶曲作用を受けており、このため現在も隆起を続けているわけである（中東の地質構造の図参照）。

ゴンドワナ大陸とヒマラヤ

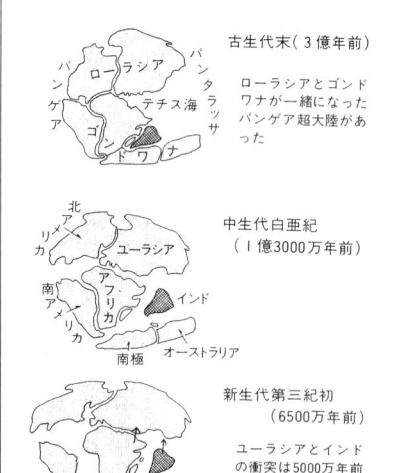

古生代末（3億年前）
ローラシアとゴンドワナが一緒になったパンゲア超大陸があった

中生代白亜紀
（1億3000万年前）

新生代第三紀初
（6500万年前）
ユーラシアとインドの衝突は5000万年前

中東の地質構造

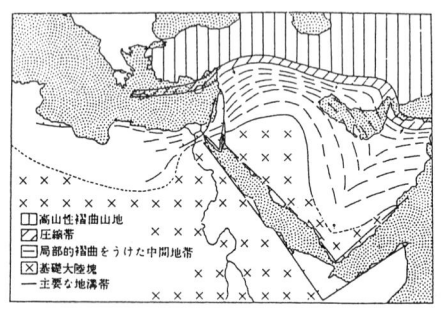

□ 高山性褶曲山地
▦ 圧縮帯
▨ 局部的褶曲をうけた中間地帯
✕ 基礎大陸塊
― 主要な地溝帯

資料：W. B. Fisher, The Middle East. London, 1961

5 ウルク期の生活

　最近ベルリン自由大学の研究でウルク IV 期の粘土板の文字解析がいろいろ発表されているが、都市国家の形成期で行政機構の複雑さと平行して、酪農製品の取引を示す領収書のようなものが増えている。例えば、はじめは udu（羊）を示す文字は31もあるという。

　ウルクの日常生活では牛、山羊、豚の家畜からミルク、大麦、なつめ椰子やビール、そしてそれらの容器等を示すさまざまな記号が使われた。武器では斧、槍、弓が使用され、船や四輪の車さえあった。すでに銅（urudu）の字が見られ、青銅期時代に入っていた。大工を表す nagar、神殿の指導者（僧）を表す sanga、鍛冶屋（かじや）の simug、王の en、やイナンナ神の語が見受けられるのである。

　この時代にメソポタミアでの社会や家庭生活は確立されたようである。

　紀元前4500年頃既に驢馬に引かせた荷車や、ろくろが開発されていた。日干し煉瓦を発明し、これを利用して家や神殿を建て、運河を引き、農業潅漑を始めた。

　ウルの軍旗と言われる物を見ると分かるように、当時までの戦闘は驢馬の戦車や槍やメイス（笏杖（しゃくじょう））による白兵戦であったが、後には弓矢が作られ始めた。これから歴史上シュメールの槍はアッシリアの弓に破れた、とよく言われる。

　印章（はんこ）も作られたが、ウルク期に入ると、更に転がす円筒形印章が発明された。半乾きの粘土に押しつけ、回転させて乾かすと、所有権の表示になった。最大の発明は文字であって、現在に至るも、30万の粘土板が残されている。この8割までが経済文書であるから、いかに経済活動が盛んであったか分かる。

　周壁で守られた家に住む住民はウールや麻で出来た衣服を着て（と言っても男性は上半身裸で、下は腰蓑であったが）女性はラピスラズリや宝石で身を飾り、麦のパンを食べ、山羊や牛の乳を飲み、棗椰子（なつめやし）や野菜を食べ、ビールを飲んでいた。台所には飲料水用の大瓶やかまどが設けられ、床には筵（むしろ）が広げられてあった。人々の信仰心は厚く、町の神、家の神、個人の神があって、それぞれの家庭には壁龕（へきがん）や祭壇が、そして街角には祠（ほこら）が作られていた。神々のテラコッタも多く発見される。

　大多数は農民であったが、鍛冶屋、陶工、大工、商人が活躍した。つまり有り余った穀物を国外に輸出し、代わりに金属や木材を輸入して、加工したので

12　I　古代メソポタミア

アーチ工法

双頭の鷲

ある。書記養成の学校があり、学生は粘土板で文字を習い（現在残る資料にはこれが多い）、成績の悪い子の父親は心証を良くするため、先生に付け届けをしたという。なお特記すべき事に煉瓦の積み重ねで屋根を作るための工夫がある。初めはウルのウル・ナンム霊廟のように、天井が三角に尖った持ち出し式穹窿（きゅうりゅう）を考えたが、上圧に弱かった。それが、ウル第三王朝の頃には天井の円いアーチまたはドームのような円形穹窿が建築に採り入れられているのである。（アーチ工法図参照）従来ローマ起源と考えられたアーチ建築も、又古くはカッシュ時代の円筒印章や現代の諸国旗にも見られるような「双頭の鷲」もここに起源があったのである。

　人々の集まり、すなわち公会を指すウンキン（ukkin, unkin）や長老を表すアバ（ab-ba）の語があり、王（en）が都市の長老達を召集して意見諮問した事が分かる。「ブラウの遺物」と呼ばれるものが、最近ウルク時代のものと証明された。表は髭をはやした人物が捧げものをしているところ、裏は監督を中心にして職人が仕事をしているところである。のみの形をしたものは職人の道具の模型で、立っている男性が小羊を捧げているもの。書かれた文字は読めるものと読めないものとあり、未だ全体の意味は分かっていない。

　断片的ではあるが、既にこの段階で完成の域に達した文字がある事が分かる。ジェムデット・ナスル期は紀元前3200年頃から始まるが、二度目の洪水はジェムデット・ナスル期の終り、つまり紀元前2800年頃のもので、両河が氾濫し、キシュ、シュルッパク、ウルク等の各都市が襲われた。そう長い期間ではなかった。これが後のノアの洪水伝説の起源と思われるのである。

　シュメールの歴史らしいものはこの後から始まる。これが初期王朝時代である。

6 生産技術

　道具の技術について言うならば、日本と同様黒曜石の豊富な西アジアでは早くからルヴァロア技法のような細石刃製作技術で矢尻や槍先を黒曜石で作っている。これはアッシリア時代まで続いた。利器があれば当然航海用の船を作る技術も持っていた。この地の人々は漁労を得意としたが、恐らく貿易のため印度洋位までは航海できたものと思われる。当時日本の青森の三内丸山遺跡では糸魚川の翡翠を船で取り寄せていたのである。

　石器時代既に銅で道具を作っていたが、これは自然に産出した銅鉱から得た物だろう。紀元前4000年期には銅の精錬を行い、ハッチ国からの影響で前2000年期には鉄鋼の製造もしていた。ここで青銅について少し説明する。

　青銅とは一般に銅合金のことである。狭い意味の青銅は銅と10％の錫との合金であるが、黄銅が現れるまでの3000年間ほどは全ての銅合金を青銅（ブロンズ）と称していた。しかし第二次世界大戦後ベリリウム青銅をベリリウム銅と改称してから、チタン銅、ジルコニウム銅、クロム銅等と呼ぶようになっている。これに従えば青銅は錫銅である。

　太古には、銅と錫の鉱石の混在する山の火事で、燃えて出来た炭素の同時還元も手伝って、自然合金として出来たものであろう。

　銅は自然銅として割によく発見されるが、紀元前5500年ザグロス地方では孔雀石（マラカイト）を焼いて銅の塊を作ったという。更に藍色の鉱石アズライトや赤色のキュプライトからも銅を得た。しかしその後2000年は材料上に変化はない。錫はなかなか入手困難だったからで、ザグロス山中で先ず自然銅を装身具を作る事から始まった。紀元前5000年期のハラフ期には銅製の短刀、ナイフ、釘、印章等が発見される。これらは大麦等との引換でメソポタミアにもたらされた。青銅のものはウバイド期に入ってからである。紀元前3600年頃銅に錫を溶かし込むとブロンズの得られることが分かった。もっともこのためには「ふいご」の発明も必要条件だった。

　青銅期時代といわれる紀元前3000年のジェムデット・ナスル期の頃は短剣、武器、工具や容器類も作られ、初期王朝時代は槍先、矢尻、斧や野獣の像等が作られた。銅はザグロス山脈だけでなく現在のトルコの東、ヴァン湖近くやトルコの北部山地でも豊富に出て生産されていた。しかしこれら合金は主として

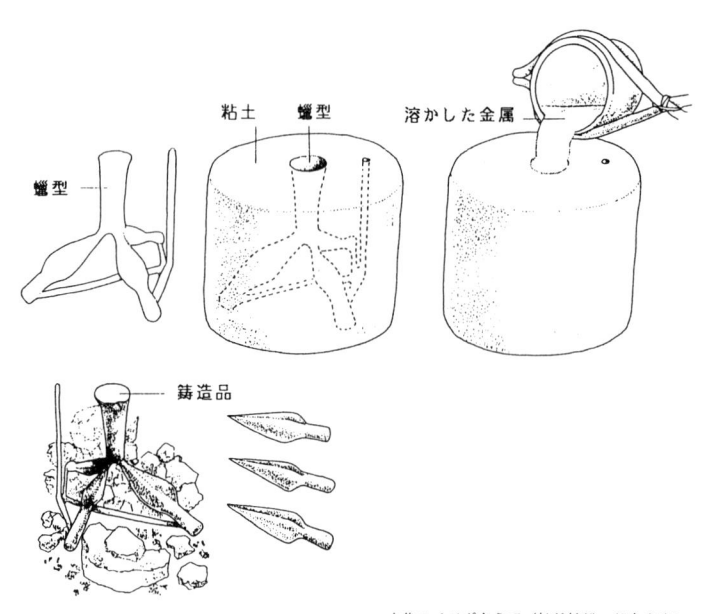

古代のメソポタミア（松谷敏雄、朝倉書店）

青銅器具の生産

ザグロスのエラム内で作られたものであった。

　ザグロス山脈中の青銅器文化いわゆるルリスタン文化は紀元前2000年期後半に至って最も栄えたのである。次いで北方ユーラシアに伝わり、そこに強烈な影響を与えた。北方遊牧民はこれを中国の殷に伝えたと考えられている。

　失蠟法は前4000年期に発明されていた。先ず蠟で模型を作り、これをきめの細かい粘土で覆い熱すると、蠟は融けて流れ出し、粘土の型が出来る。この粘土の型に溶かした金属を流し込み、冷めてから型を割れば製品が出来る。

　ここで注意しなければならないのはシュメールには原料はもちろん燃料と呼べるほどの木材もない。せいぜい粘土から作る日干煉瓦程度と考えて良い。

　これらの金属技術製品は森林の多い山間部で開発され、製品がシュメールに招来されたと思われるのである。この蠟は現在言うところの木蠟ではなく、蜂の巣から取り出した蜜蠟であった。つまり養蜂の盛んな所でなくては不可能であった。

　従って青銅器文化はまず山岳地帯で始まった。

7 シュメールの建国（初期王朝Ⅰ）

　ウバイド期の後がウルク期（BC3500〜3100）だが、シュメール人が現れ、水路による灌漑農業を押し進め、楔形文字といわれる絵文字、ウルク古拙文字（後述）を作る時代である。土器の上の装飾、模様が符号化しさらに文字となっていった。

　先ずこの地方にはシリア砂漠やアラビア半島からセム族の遊牧民が再三再四侵入していたが、その後紀元前3500年頃からウラル・アルタイ諸語族のシュメール人がこの地方に侵入し、キシュで第一王朝を作り上げたらしい。残念ながら創立者の名は残されていない。

　シュメールという名は北部のアッカド人が南部メソポタミアに付けた名前であって、シュメール人自身は自分達の国をキ・エン・ギ（エンギ国）と呼んでいた。シュメール人は紀元前3800年頃までシュメールの地には居なかった。しかしその前はどこにいたのか、未だ分かっていないが、カスピ海方面から移動したのでないかといわれている。王のウル・ナンムやグデアの像面の色黒で一文字の眉の太さや大きな目には古モンゴロイドの姿が見える。国らしい形のものを設立した一番古い王は紀元前3000年のキッシュに現れたエタナである（記録では13代となっている）。彼は記録では、敬虔で神を恐れる人であった。ある時蛇に襲われた鷲を助けたところ恩返しに鷲が天までエターナをつれていったとされている。浦島太郎伝説と同じである。最後に地下の冥界の王となった。エターナには子がなかったが、その後続く7人の王の名は不思議なことにセム的な名である。セム人の宰相にエターナ王は冥界に送られ、王朝を簒奪されたのであろうか。

　エタナがキシュの13代の王として活躍した頃、ウルクの町ではメス・キ・アグ・ガ・シェル（蛇を愛した英雄、の意）という男が初めてウルク第一王朝を開いた。当時ウルクの町はエ・アンナ（アンの家、つまり天神アンの神殿があった町の意）と呼ばれていた。メス・キ・アグ・ガ・シェルについては、それ以上のことは分からない。2代目の王はエン・メル・カールである。そんなことはありえないが、420年間王であったという。神話に因れば彼は太陽神ウトゥの息子であり、愛の女神イナンナの弟だという。（王が太陽神ラーの子であるというエジプト神話に似ている。）彼はエリドゥの町やペルシャ山岳地帯のアラッタの町

を征服し支配権を広げる。王と書いたが、最古の絵文字にはエンとルーガルの二つがある。エンは内政上、宗教上の最高位者であり、戦争など外政上の責任者はルーガルであったようである。ルーガルが支配する体制が出来上がっても祭政の一致は大事なことであった。それが後世女性の en と男性の lugal との聖婚式になっていく。

　当時集落の中心であり、財力が巨大化しつつあった神殿に捧げられた穀物や家畜の数量を記した会計帳簿によって、粘土板の文字は始まったが、神殿での宗教活動の記録も多い。エン・メル・カールの後を継いだのがルーガル・バンダである。エン・メル・カールと共にアラッタの戦いに出て殊勲を上げたという。この後のウルクの王はドゥムジである。彼はいわゆる聖婚式を典礼として取り

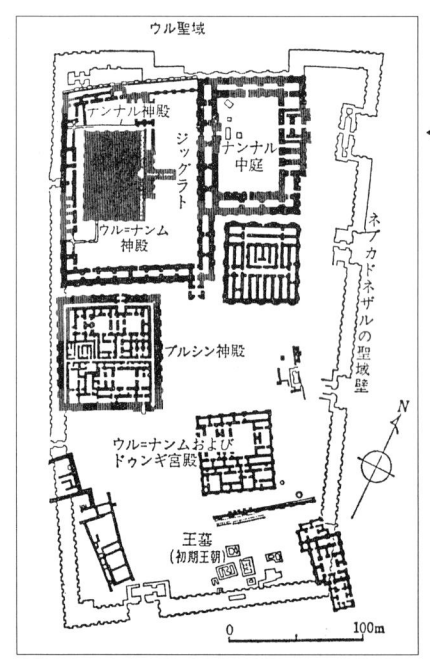

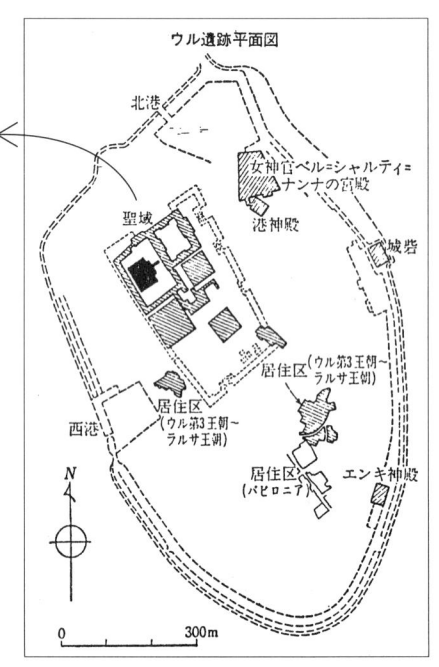

ウル・ジグラッドの復元（ウル・ナム王が月神に奉献、紀元前2250頃）

上げただけでなく、神話の世界の中でも英雄とされた。ずっと後世だが、紀元前6世紀、ヤーウェ神殿の北の入口で婦人ら座りタンムズの為に泣いていた（旧約聖書エゼキエル8章14節）、というのはドゥムジ（タンムズ）の死を悲しんでいたのである。

　大洪水の物語は時代考証が不完全で混乱しているが、大洪水後の王朝はキシュ、続いてウルク王朝だというのに、大洪水物語中にこの第四代の王ドゥムジは二度も現れる。ドゥムジの後を継いだのはギルガメッシュ王である。紀元前2600年頃のことである。ギルガメッシュが五代目の王となり126年間統治したといわれるが、この頃から史実に近いものとなる（エン・メル・カールもだが1/6が妥当か）。シュメールの古代の都市には城壁がなかった。それがギルガメッシュ王の頃から、監視塔を持ち城壁に囲まれた都市が築かれるようになった。ピラミッドに似たジッグラトも当初は監視塔であった。

　その頃バビロンの南にある町キシュでは第一王朝第22代の王エンメ・バラゲシ（神秘力Meを聖堂に満たす者、の意）が存在し、エラム地方を襲い武器を奪い、またウルクの王ドゥムジの子ギルガメッシュと戦いこれを破ったといわれる。紀元前28世紀のことである。その子アッガの時もギルガメッシュと戦っている。

　伝説によると、キッシュの王アッガは全シュメールに対する宗主権を主張して、ウルクに宗主権を認めないならば武力に訴えるといって脅した。

　そこでウルクのギルガメッシュは武器を取り戦いたかったが、都市の長老達

初期王朝時代

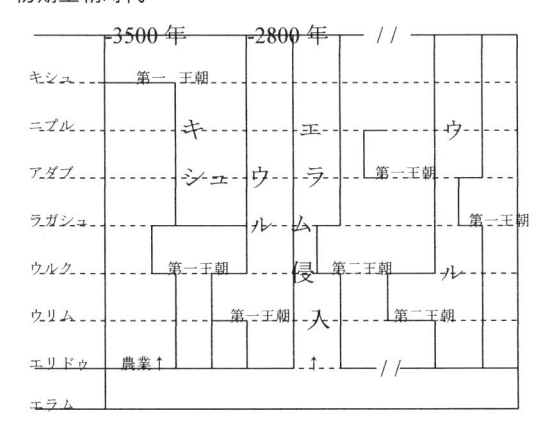

都市国家郡配置

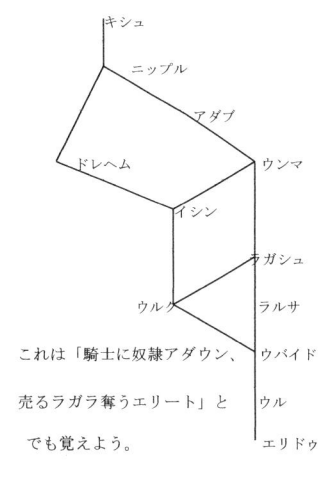

これは「騎士に奴隷アダウン、売るラガラ奪うエリート」とでも覚えよう。

を召集して相談した。ところが、弱気でキシュに服従して平和を維持した方がよい、との意見であった。これに不満であったギルガメッシュは都市の人々の集まり（ウンキン）を召集して同じく意見を問うた所、人々は「戦うべし」との意見であった。

そこで意を強くしたギルガメッシュは武器を取ってキシュと争ったという。一時的にはキシュの武力の前に屈するのであるが、最終的にはキシュに代わり覇権を奪ったという。

バビロニア洪水伝説にはドゥムジもギルガメシュも出てくるが、どちらも実在の人物だった。この頃シュメールにはこの外、ウル（正しくはウリム）、アヴァン、カマツィ、アダブ、マリ、アクシャク、ラガシュ、ウンマ、ニップル、シッパール、シュルパクなど多くの町があった。

8　シュメールの建国（初期王朝 II）

　それまでの時代の王 en はウンキンにより選ばれた終身的支配者であった。このウンキンによる決議は主神エンリルのいる聖なる町ニップールに神々が年に一度「神集い」を開き都市の運命を決めたという故事に則ったもので、日本では八百万(やおよろず)の神の天(あま)の安(やす)の河原(かわら)での神集(かみつど)いを思わせるものだった。

　キシュのアッガは紀元前2800年頃ウル（ウリム）に第一王朝を築いたメス・アンニ・パッダ（アンが選んだ英雄）によって破れ、キシュ第一王朝は23王で滅びる。(王統表参照)

　メス・アンニ・パッダはキシュ第一王朝の最後の王アッガからニップルの支配権を奪い取ったので、ウルの王としてよりしばしばキシュの王、シュメールの王とも呼ばれた。もっとも三代目のメス・キ・アグ・ヌンナ（ナンナルを愛する英雄）の時にエラム人によってニップルは奪われてしまうのだが。

　ラガシュと隣接するウンマの紛争も古くからあった。ウル（ウリム）第一王朝の創設者メス・アンニ・パッダが両者の仲介をしたこともあったが、再々の衝突を繰り返した。水利権と放牧地権とが原因であった。

　ウル王墓の発掘に当たり、メス・カラム・ドゥグ王やア・カラム・ドゥグ王の名が書かれたシリンダーシールが見つかっている。しかし王統表にはこれらの名はない。従ってメス・アンニ・パッダ王との前後関係は分からない。

　王達は有力な都市を支配するため戦ったが、特にキシュ、ウル、ウルクの相互の熾烈(しれつ)な戦いは全シュメールを巻き添えにしたため、東方から様子を窺っていたエラム人の侵入を許すことになった。

　いずれにせよ、ウル第一王朝はスサからそう遠くないエラム人のアウアン国の攻撃により崩壊する。ほどなくキシュの第二王朝が設立されるが、再びエラム人の侵入により、ハマジ王朝が建てられる。このエラム人の支配は100年に及んだ。そこへ北方からマリが侵入するという具合に世は群雄割拠時代になる。

　これを奪還したのはウルク第二王朝とされているが、実際には証明する碑文資料がない。ウルクの第二王朝が三王で終わると、次のアダブ王朝のルーガル・アンネ・ムンドゥ王がシュメールの救世主だったとされている。彼は90年の治世で地中海からザグロス山地までの肥沃な三日月地帯を完全に支配したという。初めて「四方位の王」の名称を用いた。つまり全世界の帝王の意味であ

る。

　またエラムやセム族の地を支配するため13人のエンシ（知事）を服属せしめた。彼はシュメールの偉大な神殿を多数造営し、再びシュメールに栄光をもたらせた。

　彼はアダブ町の母神ニントゥに捧げたエ・ナムズといわれる神殿を建てた。これは七つの門、七つの扉を有するものであったという。そして完成したとき彼は喜びの余り、牛や羊の犠牲を「七度を七倍して」捧げて祈ったという。手紙や聖書の中にも出てくるこの言葉を初めて使った。これは七を神聖な数とする初めての記載である。

　エラム、マルハシ、グチウム、スビル、マルトゥ、スティウム、ウルクなどの国々の首相クラスが出席して盛大な法要式典が行われた。

　ウルクの王エン・シャクシュ・アンナがキシュの王エンビ・イシュタルを討ち、初めてシュメールの全土の王「国土の王」を名乗ったという。

　アダブ王朝に続くウル第二王朝やキシュ第四王朝については歴史的記述が少ないため、詳細不明である。この混沌とした状態を解決するのがラガシュ王朝である。

9 遺跡の発掘

　大体歴史家はシュメール文化をウバイド期、ウルク期、ジェムデト・ナスル期、初期王朝期に分けるが、この初期王朝は更に三つに分けて、紀元前2800～2700年を第一期、前2700～2500年を第二期、前2500～2350年を第三期とする。

　王はウルク期には en エンと呼ばれたが、初期王朝の第一期には lugal ルーガルといわれ、第三期頃から ensi エンシといわれた。この第一期頃までが原始民主政治の時代だったが、その後世襲的な王権が成長したという。

　アッシリア遺跡の発掘は1842年モースルに赴任したフランスの外交官 P. H. ボッタにより始まったが、シュメールについては同じくフランスの副領事 E. ド・サルゼックが1877年から南部テルローの町（古代ラガシュのギルス地区）の発掘を始めたのが最初である。閃緑岩でできたグデア像が多く発見されたという。そこで今でもシュメール語の研究はグデア像のシュメール文字から入る事が多い。

　続いて1889年からアメリカ・ペンシルバニア大学の調査隊が南部のヌファル（古代ニップル）の遺跡を発掘した。この宗教都市の発掘は1948年からもアメリカが担当して進められている。こうして発見された3万点の資料は殆どフィラデルフィアのペンシルバニア大学付属美術館に納められている。

　ドイツも調査隊を派遣し、ロベルト・コルデバイは1899年からバビロンの遺跡に挑戦した。そして彼は引き続き、1913年から南部にあるワルカ（古代のウルク）を発掘して数多くの古い文書や円筒印章を発見したのである。また、1903年にはファラ（古代のシュルッパク）の発掘で初期の楔形文字の経済文書を発見した。また1929年ウルクの廃墟から発見した粘土板には、絵文字や記号を数百個探し出した。そこには頭、手、羊、足などがあった。同じように、シュメール語であるかどうか未だ分からないほど古い絵文字粘土板にはジェムデト・ナスルで出土したものがある（BC3000～2800年頃のもの）。これらが楔形文字の原型だろうと思われているが、現在は数千個に達している。ここには人（ルー）や神（ディンギル）が示されている。

　1922年イギリスのレナード・ウーリーはアル・ムカイヤル（古代のウル）の発掘を手掛けた。ウル第一王朝から新バビロニア時代までの数千枚の文書を発見している。このとき王墓の中に殉死の習慣があるのを見た。

22　I　古代メソポタミア

　ウルでは王のために大きな宮殿が営まれていたし、その王墓はエジプトのように殉死者や戦車をも共に埋葬したものだった。墓は徐々に埋められるが、一段落する毎に、人身御供(ひとみごくう)を捧げる儀式が行われたという。

　アブ・シャーレイン（古代のエリドゥ）は1946年からイギリスとイラクの共同調査隊が発掘している。シュメール語は殆ど解読されているが、このように単語のようなものが並んでいる場合はどう発音していたかは分かっていない。以後次々と発掘が進み、現在まで30万点にも及んでいる。ただこれらの多くが欧米の博物館に無造作に保存されていて、あまり公開されていないのが実態である。

円筒印章
出土地　イラク　時代初期王朝Ⅲ時期頃　年代　紀元前2600～2350年頃

実際の写真　　　　　　中近東文化センター　　　製作：森田拓馬

10 王朝時代の生活

　まず神殿を中心に司祭が強大な支配力を持ったシュメール社会が出来上がった。大多数の人は農民であったが、少数の金属加工する鍛冶屋や陶工や大工などもいた。シュメール人は、都市の城壁や町のジグラット（又はジッグラト）といわれるピラミッドに似た高層建造物や彼らの住む家も土をこね、日に干して固めた、いわゆる日干し煉瓦を重ねて作った。粘土が豊富だったことと十分に灼熱の太陽の光線が強かったことが幸いした。そしてジッグラトのような建造物でも何遍かの洪水に耐えて残すためにはこの日干し煉瓦を用いることが一番良い方法であることを経験的に学んでいた。

　普通、粘土の欠点は酸化鉄を含み赤褐色を帯び、900度程度で焼成するとき窯の中の温度が一定でないと、焼き不足や焼き過ぎが出来て品質が不均一になることである。現在でも目地（メジ、煉瓦と煉瓦との合わせ目）を崩し易いので、1日の積み上げ高さはせいぜい1メートルである。また、構造上開口部は強度を弱める。地震には木造に比べても弱い。こういう欠点もあるので、日本には普及しなかったが、中国では紀元前1世紀より磚（せん）と称して地下墳墓や磚塔を築くのに用いられ、万里の長城も磚で覆われている。シュメール人は彼らの作った絵文字も粘土板に書き残したのである。そして文字を書き込んだ粘土板が現在数十万も発見された。

　当時のウルクは周囲9.5キロの城壁に囲まれた都市で、その支配者は司祭も兼ねエンと呼ばれたが、ウルクでは天神アンの娘で、金星ともいわれる聖イナンナへの加護を祈った。エンと彼女（実際は代理者）との聖婚儀式を含む新年祭はウルクだけでなく、シュメール全体で最も重要な祭儀となった。エンはまた毎年前年の罪を悔やみ、その身代わり王を焚刑に処し、来るべき年の豊饒と繁栄を祈った。

　紀元前2700年頃には軍事的実力者ルーガル（大なる人の意味で王のこと）に権力が移行した。その後、国の支配者をルーガル、宗教的首長をエン、服属する都市の支配者をエンシと呼ぶようになった。これが神官と王との対立の始まりである。

　都市国家であった若干の王朝が統一して、初期王朝時代といわれた紀元前2800〜2400年頃になると、今までの絵文字が発展した楔（くさび）形の文字が現れてくる。

I　古代メソポタミア

葦の先を尖らせたペンを用いて、地球上初めての楔形文字は作り出された。小さいものは切手ほどのものにギッシリ書かれている。水玉を用いた虫眼鏡は昔からあったのであろう。

```
～～古代メソポタミア年表～～
紀元前
3400  ウルク初期
3300  イラク低地へシュメール人の移住拡大
3200  ウルクの原始資料　　　　　（シュメールで楔形文字原型発生）
3100  ウルク IV 期
3000  ジェムデット・ナスル期　　（エラムでエラム文字原型発生）
2900  初期王朝Ⅰ、ウルの原始資料（エジプトでヒエログリフ発生）
2800
2700  初期王朝 Ⅱ
2600  シュルッパク（ファラ）資料
2500  初期王朝 Ⅲ
2400  アッカド（サルゴン）王朝、古アッカド資料
2300
2200  ラガシュのグデア時代
2100  ウル第三王朝、新シュメール資料
2000  古代アッシリア時代　　　　（インドでインダス碑文）
----（BC3500～2000年は日本の縄文時代の三内丸山遺跡時代に該当）
----
1700  ハンムラビ法典
1500  （中国で漢字発生）
1300  中期アッシリア時代
```

11　守　護　神

　前述したように人々の信仰心は厚く、町の神、家の神、個人の神があって、それぞれの家庭や街角には壁龕（へきがん）や祭壇が作られていた。

　シュメール人の原始神話によると、初めに原初の海があり、女神ナンムといい、そこから天神（an）と地の女神（ki）が生まれ天地の間に大気（enlil）が生まれて、天地を引き離したという。天神アンの神殿はウルクにあったが、エンリルと妻ニンリル（ninlil）はニップルに神殿を持っていた。初めエンリルは女神ニンリルに心を奪われて、手込めにする。ニンリルは妊娠してナンナ（ル）（nannar）を生んだ。ナンナ別名シン（en-zu）は月の神であり、ウルの主神であるが、妻ニンガル（ningal）との間に太陽神（utu）と美の女神イナンナ（inanna）がいる。すなわち月から太陽が生まれたと考える。

　特に地母神崇拝は先史時代から盛んであったので、ウルク町では天神アンの娘であり（ナンナの娘ともいわれる）、金星ともいわれるイナンナへの加護を祈り、エンと彼女との聖婚儀式を含む新年祭が重要な祭儀となった。

　ニンギルス（面白いことに直訳すればギルスの女王）と妻ババはラガシュのギルス地区の守護神であった。ニップルの神エンリルは紀元前2600年頃からアンに代わってシュメールの主神となる。エンリルは創造の神であって、自分の教え

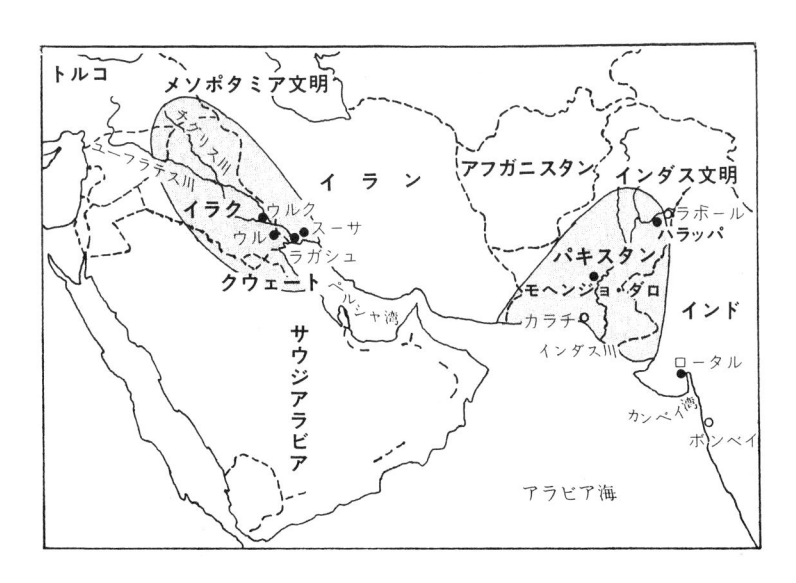

を実行するために大小の神々を生み出す。大地の神エンキ（enki）は水を支配する神であったが、同時にエリドゥの神でもあった。水神エンキは、また英知の神でもあり、人類の文明や衣食住の方法を人類に教えたという。

　このようにシュメール人の都市国家はそれぞれの守護神を持っていたし、個人も個人の守護神を持っていた。

　人々は因縁、摂理のような反対出来ない大きな力を生活の中に感じ取り、Meと呼んでいた。Meとは「存在そのもの」をいうが、大衆的には宇宙の真理、天の道、時には神の能力とも解された。イスラエルの神が「我はヤーウェ（存在するもの）なり」と言ったのはずっと後世である。

12　シュメールの建国（初期王朝 III）

　ラガシュの初期王朝は遅く紀元前2500年頃からと考えられる。

　シュメールの発掘についてはフランスの副領事 E. ド・サルゼックが1877年ラガシュのギルス地区（今のテルロー）で始めたのが最初である。閃緑岩でできたグデア像と共に数万の粘土板が発見されたことにより、詳しく判明した。特に初めて王碑文が出現したため、今のところ、ラガシュ文書は初期王朝社会を知る良い資料となっている。

　ラガシュ王朝は理由は分からないが、王統表*から無視されている。実はキシュ王メシリムが一時ラガシュとアダブをも支配していたが、これも王統表から落ちている（本書では補充した）。

　紀元前2500年から少し経つと、キシュの王メシリムと自称する才槌頭の男がラガシュに現れた。彼はラガシュ、ウンマの間の国境紛争に調停役を買って出てこれに成功したのである。その直後ウルナンシェというラガシュの王が登場する。

　メシリムとウルナンシェの関係は未だ分かっていない。本人かも知れないし、全くの他人かも知れない。

　ウルナンシェ王は50ほどの碑文を残しているが、自分自身については余り語っていないのである。

　何時どこから来た者かもよく分かっていない。セム人であったかもしれない。海外貿易に力を入れ、ディルムンの船で海外から材木を寄進した、という記事からペルシャ湾を越えてインダス地方と海外貿易があった事が分かっている。（前頁参照）彼はラガシュに半永続的な支配権を確立する。

　この後ラガシュには連続六代の王が続くウル・ナンシェ王朝が生まれるが、彼らが多くの碑文を残したためかなりシュメールのことが分かるようになった。さてウルナンシェの後を継いだのがアクルガルであったが、再びウンマとの国境紛争が生じた。アクアガルの治世は短く、これを軍事力で解決したのがその息子のエアンナトゥムである。

　　＊王統表参照（大洪水時代からイシン王シン・マギル（前1827〜17）までの王の名を列挙してある。王権天授の証明のために2100年頃書かれた。12以上の写本がある。）

キシュの王の名目で、エアンナトゥムは国土の拡張に努め、ウンマ、ウルク、ウルのような南部都市やキシュ、アクシャや東はエラムの都市をも占領した。

ウンマとラガシュの国境はラガシュ側に都合の良いように決められていた。そこでウンマのエンシ、ウシュはラガシュの北方のグ・エディンナ（平野の首）という土地を無断で占拠していた。この点につきエアンナトゥムはウンマの新しいエンシ、エナカーレと契約を結び、新国境を策定した。

更に衝突を避けるために国境に沿い無防備地帯を設けここでの農作物は一定量をラガシュに納めるというものだった。また、農民のためルンマ・ギム・ドゥグ（ルンマのように良い、の意）という貯水池を開発した。

アクシャクの王ズズ（エンシャクシャンナと自称）もラガシュの北方から侵入を始めた。また、東からエラム人の攻撃が始まった。エアンナトゥムはこれらを追い返したものの、更にキシュ、マリが攻撃をしかけてきた。

いわば四面楚歌の中でエアンナトゥムは善戦し、ラガシュを決定的な勝利へと導いた。そしてエアンナトゥムは自らキシュの王とも称したのだが、このような功績に拘らず、戦闘中戦死したらしい。

急遽、弟エンアンナトゥムが王位についたことが知られている。

しかし隣国ウンマのエナカーレの息子ウル・ルンマはラガシュ側との契約を無視し、課税を滞らせ、しかも国境付近にあったメシリム、エアンナトゥムの石碑を火にくべ、エアンナトゥムの建てた聖堂を破壊した。また、境界線を荒らし、セム人の援軍とともにラガシュ領に侵入したのである。

エンアンナトゥムは既に年を取っていた。そこで息子のエンテメナは直ちに軍をまとめると、国境南にあるグ・エディンナ地方のガナ・ウギッガに全軍を投入した。紀元前2400年頃のことである。

ウンマのウル・ルンマは多くの死者を残して敗走した。

このエアンナトゥムの甥エンテメナによってウンマは壊滅的打撃を受ける。

続いてウンマから北にそんなに離れていないザバラブの町へ、イル王がラガシュ深く侵入してきた。イルは神殿管理者であったという。ザバラブからウンマに戻りウンマの王となった彼は灌漑用に境界溝の水を勝手に引き込んだり、エアンナトゥムとの契約の税の支払を拒否した。

事を円満に解決したかったエンテメナは、非友好的態度を詰問する使者をハラブに送ったのであったが、却ってイルはグ・エディンナの全土を要求した。

この争いの結果は詳細には分からないが、戦争によってではなく第三者の調

停によって解決したようである。

そしてこの裁決はラガシュに友好的であった。すなわち境界線は元に戻され、その代わりウンマによる損害は不問に付され、ウンマのこの地での農耕は認められたが、グ・エディンナへの水の供給はラガシュ側の問題とされた。

さてエンテメナの後、息子のエアンナトゥム二世が王位についたが、治世は短かった。「ニンギルス」ビール醸造所の修復に際し、捧げたドア・ソケットの日付を更新したことくらいしか伝わっていない。

直ぐニンマールの僧侶であったエンエンタルジに王位が渡った。彼の行政上の文章が若干残っているが、600人のエラム人がラガシュを襲ったくらいしか分からない。

次はルーガル・アンダである。彼についてはエンエンタルジ以上に分かっていないが、ニンギルス神殿の最高神官 sang であった。ルーガル・アンダ、その次のウルカギナ（ウル・イニム・ギーナともいう）と続くが、ともに短命である。しかしウルカギナは特筆に価する。

ウルカギナは軍事ではなく社会道徳面での改革者であったからである。

初めての平和主義者で、宗教と政治を分離し、自由、公平、正義に基づく倫理的社会活動を進めようとしていた。よく平和主義者として比較される、エジプトのアアク・エン・アトンの1000年も前のことである。それまでは庶民の財産や驢馬、羊などはあまり保証なしに宮殿に巻き上げられることが多かった。

また妻を離婚すると人はエンシに5シェケル、大臣に1シェケルを払わねばならなかった。どういうわけか香水商が油を手配するときは、エンシに5シェケル、大臣に1シェケル、宮殿の執事に1シェケルを払わねばならなかった。

エンシは寺院の財産である神の雄牛を使い、神田（nig$_2$-en-na）を勝手にエンシの割当地（kur$_6$-ensi$_2$-ak）として利用した。また寺院の役人、サンガも寺院の穀物、衣料、家畜を勝手に処分していた。

死者ですら課税から逃れられなかった。埋葬の役人は悲しむ家族からの葬祭品調達で利益を得ていた。例えば1人の埋葬につき、七壺のビール、420個のパン、72シラの穀物、ベッド1台、先導山羊1匹を要求したという。

ウルカギナはこのような市民の財産の不当な巻き上げを禁じ、香水商の製造時の税金も免除し、埋葬に要する費用も半分以下とした。奴隷や盲目の労働者や聖歌隊などには一定の食糧配給（še-ba）をし、軍人や徒弟も食糧が補充されて、（še-gar）もはや食糧で物乞いする必要はなくなった。

監督者や有力者の暴利を禁じ、借金や税金滞納などで監獄に送られた者に大赦を与えた。碑文では、ウルカギナはニンギルス神と契約を結んだ（inim-bi ka e-da-keš）としている。これこそ旧約（神との約束）の最初の一頁である。

初めて自由（ama-gi、直訳では母に帰る事、この意味はよく分からない。）という言葉を用いた。

しかし不幸にも、彼の治世は短かった。そして改革は他の都市には及ばなかった。

煉瓦を運ぶラガシュ王ウルナンシェ

13　貿易文化

　最古にして高度な文明を築き上げたシュメールだが資源については殆ど何もなかった。風が吹けば一度に砂漠に戻ってしまうような土地には棗椰子と羊毛くらいしかなかった。ただシュメール人は麦をかなり大量に収穫していた。シュメール人は麦からビールを製造するだけでなく、羊や牛や山羊にもふんだんに食べさせているのである。シュメール語で「羊・大麦」というと、大麦で育てた羊を意味する。

　大体、麦の種蒔き量に対して収穫は2～3倍量というのが普通だが、時にはシュメール人は灌漑により、京都大学前川和也名誉教授の計算によると80倍も生産したことがあると言う。

　そこで穀物や羊毛を輸出し、木材など大量の資源を輸入した後加工して家具、手芸品としてから、また輸出した。

　金属については銅はエラム、銀はクリミア地方、金はエジプト、小アジアからといったように各地から輸入した。シュメール人が特に好んだラピスラズリ、トルコ石などの宝石もパミール、アフガニスタンなどの遠隔地からはるばる隊商を組んで運び込んだ。エジプトとは紀元前4000年からすでに文化交流があったといわれる。

　海上交通も盛んであった。今日のバーレーン（神話の楽園ディルムンという）には紀元前3000年の物資の集積地が発見されている。そしてディルムンの船はインダス文明の諸都市ハラッパやモヘンジョダロとも交流していた。計画的都市作りに見るハラッパ文明はシュメールの影響を受けて出来たらしい。中国の成都付近の三星堆遺跡との関連も予想される。

　ティグリス河はイディグナ（イド・イグナ、急流の河の意味？）と呼ばれ、またユーフラテス河はブラヌン（大きな河の意味）と呼ばれ、合流することもなく、それぞれがペルシャ湾に注いでいた。かつ現在より海岸線が200キロも内陸に入り込んでいた。シュメールの諸都市は海岸近くにあったからである。

　後述するように一度シュメール帝国は滅びて、グデアが現れるまでセム族の世になるのだが、政治的な支配は交代しても、宗教、学問、芸術はこれまで通りシュメールの文化は踏襲され、彼らが作った楔形文字も残されて、当時の国際語となるのである。

14　二人の英雄

　紀元前2400年頃二人の英雄がメソポタミアに生まれる。一人はルーガル・ザゲシであり、もう一人はサルゴンである。

　ルーガル・ザゲシはウンマの女神ニサバ神殿の司祭の子として生まれた。成長すると、ウンマの王を倒し新王朝を設立し自ら王となった。そしてラガシュをはじめ全シュメールの町まちを次々と下していった。

　一度はラガシュの至聖所を破壊し、神ニンギルスの怒りを被った男であったが、「ルーガル・ザゲシは下の海（ペルシャ湾）から上の海（地中海）まで全ての道を平定した。」と碑文では語っている。

　彼はウルクに居を定め、ウルクとシュメールの王と称し、25年間支配を続けた。当時既にセム族は朝廷に入り込んで、上流社会を築いていた。その一人がサルゴンである。彼はキシュのウルザババ王の酌取り人になると、王を取り巻く高級官僚に亀裂を入れた。ルーガル・ザゲシ王のスパイがキシュの宮廷に入り込んでいると噂を流したのである。

　しかもウルザババの母はもと居酒屋の女将であった。このようなことがキシュの人々をますます疑心暗気にした。

　この悪賢い男は遂に数人のセム族の友人とウルザババ王を追放することに成功した。そしてサルゴン（シャル・ケーヌ、セム語で真実の王の意味）と称して一挙にシュメール北部を平定してしまう。

　シャル・ケーヌの精鋭部隊とルガル・ザゲシの連合軍とはウルクで前後34回の衝突をした。この時はシャル・ケーヌの神出鬼没の作戦、弓矢と戦車は旧式なルーガル・ザゲシ軍の長槍を翻弄した。そしてルーガル・ザゲシ自身がシャル・ケーヌの捕虜となってしまった。ルーガル・ザゲシが刑場の露と消えたときシュメール帝国は一端消え去った。グデアが現れるまでセム族の世界である。

　但しシャル・ケーヌは今まで通りシュメールの王と称し、政治的な支配は交代したが、宗教、学問、芸術はそれまで通りのシュメールの方法を踏襲した。その一貫として楔形文字は残されたのである。

　シャル・ケーヌは彼の軍隊をエジプト、エチオピア、インドにまで送った。アガデの町を整備し、宮廷では5400人の兵士が彼とともに食事が出来るような設備を整えた。

シャル・ケーヌにはロマンチックな出生物語が伝えられている。母親はイナンナ女神の神殿の巫子(みこ)であった。したがって妊娠することは許されないことだった。そこで母親はアズピラヌの町でシャル・ケーヌを生んだ後、篭にいれてユーフラテス河にそっと流した。この篭を宮廷の庭師が運よく拾い上げたという。後にモーゼの生誕物語となる。シャル・ケーヌの帝国は在位56年に首都アッカドを中心に西はアナトリア深く、東はペルシャ湾の両岸地域にまで広がった。

シャル・ケーヌの息子リムシュは父ほど偉大ではなかった。そこで各地で暴動や紛争が起きた。彼は暴動の鎮圧には徹底的弾圧を加えた。反乱を起こした都市の住民は皆殺しにされた。この後しばしばセム族の独裁者に見られる「目には目を、歯には歯を」の論理であった。

リムシュの後マニシュトゥシュが王位を継承したが、その間絶えず暴動が起きた。マニシュトゥシュはシャル・ケーヌの双子の兄弟であったが、15年間統治した。シャル・ケーヌの孫ナラム・シンが現れるまで平和な時代というものはなかった。ナラム・シンは四方位の王と称し37年間は一応最大の帝国を保持した。

彼は数多くの戦績を挙げ、北はアルメニア辺りまで国土を拡張し南はエジプトのメネス王をも打ち破った。

しかしその頃から東方山岳地帯からグティウム族の侵入が始まった。その息子のシャルカリシャリは最後のアッカド王となった。

ナラム・シンの時代からザグロス山地の山岳民族の侵入には手こずっていた。その代表的なものがグティウム族であった。山賊のように普通は都市や集落を攻撃すると、アッカド軍が駆けつける前にサット姿を消したのであるが、遂にアッカド市を征服して、シャルカリシャリを殺害してナラム・シンの後継者となり、自ら四方位の王と僭称するに至った。これがエリドゥピジル王である。グティウムは元来山岳部の蛮族であるから、都市生活者の人々には粗野なことが多く、略奪者や乱暴者が多かった。

セム族の仇討ちをしてくれたと喜ぶシュメール人もいたが、一般に芸術への理解がないグティウムは徹底的に市民の財産を略奪した。そしてアッカド市は破滅の方向に走っていた。こうして爾後、グティウムの21人の王が91年にわたってシュメールを支配した。シュメールの各都市はその間に何回も破壊されては、建設されていた。その例外はラガシュであった。

グティウムは政治的反抗をしない限り、ラガシュのエンシ（知事）の活動を容認した。その第一代がウル・バウである。ウル・バウはグティウムと和を結び、ラガシュに多くの神殿を建て、またウルの町を支配した。彼の娘をウルのナンナ神殿の巫子（みこ）とした。ウル・バウには三人の養子が居た。ナム・マクニ、ウル・ガル、グデアである。そしてウル・バウの亡くなった後それぞれがラガシュのエンシになった。

このようにラガシュだけはグティウムと親密な関係を結び、協定に従って税の支払に応じたため、その下で平和的にその支配力を強めた。そして南シュメールの王とまで見なされた。この時ラガシュの人口は21万でギルス以下25の都市40の村落より成っている。

ラガシュの王としてグデアが引き継いだ。外国人の支配下でありながら、グデアの時代はシュメール文化は絢爛（けんらん）豪華な花を咲かせるのである。特にグデアは当時の文明国と積極的に貿易を行った。即ちアナトリアやエジプトから金を、タウルスから銀を、ザグロスから銅を、アマヌスから糸杉を、ディルムンから木材を輸入して、国内加工し輸出した。グデアはラガシュのエ・ニンヌ神殿のみならず、ウルにもタンムズ神殿やニンダル神殿を築いている。

グデアの息子はウル・ニンギルス、その息子はウグメであったが、それぞれ治世は10年に満たなかった。

さて、当時の家の作りは現代のアラブの都市家屋と似ていて、吹き抜けの中庭の回りに幾つかの部屋があり、家庭雑排水は中庭中央の排水孔から外へ流れ出た。家族の一番重要な所はテラコッタの神像（テラフィム、家庭守護神）を置いた祭壇であった。路傍には神を祀る祠（ほこら）も多かった。現在でも、キリスト教の洗礼名には守護の聖人名を頂くように、当時の個人の名前にも守護神の名を頂いた。

15 青銅器技術

　先に 6 生産技術、で触れたがここで合金のことに就いて説明する。大阪大学理学部の藤野　明名誉教授の「銅の分化史」にはこの辺の事情に詳しい。

　銅器は紀元前4000年代のものが発見されているが、3500年頃は銅に砒素が混入した粗銅が使われていた。その原料は孔雀石（マラカイト）とか藍色の鉱石アズライト、赤色のキュプライトであったようだ。古代エジプトでは孔雀石を粉末にして水で溶いて、婦人達の目に緑色の縁取りをする習慣があったが、ある時その化粧パウダーが火の中に落ち偶然銅玉の生産に気がついたという。

　シュメール語で igi gun$_3$-gun$_3$ というと目に多色の彩りを施すことで、これはアンチモンペーストつまり黄色い塩化アンチモンを主体にしたアイシャドウだったが、緑の孔雀石も用いた。エジプトでは第12王朝（紀元前18世紀）頃には 1 万トンに及ぶ銅を処理していたという。

　さて銅の精錬が十分行われれば砒素はガスと成って逃げる筈である。純粋の錫の青銅（ブロンズ）に就いては既にエアンナトゥムの頃から銅やその精錬の文献がある。そして銅とブロンズの違い、つまり錫の合金の度合いにより性質の異なるブロンズの得られることが分かっていた。

　銅の精錬というが、多くの問題がある。自然銅や自然錫は先ず第一に利用されたが、次に鉱石から銅を取ろうとすると大変なテクニックがいる。銅の鉱石は普通錫や鉛の鉱石と混在している。これから金属銅を得るには還元反応に成功せねばならない。これには高温が必要なわけだが、付近の山々によほど樹木が豊富にあればまだしも、かなりの燃料を要する。そして「ふいご」という技術も必要である。こうして得られた粗銅を更に精錬しようと思う時、純銅の融点は1084℃であるから、ふいごもかなり改良されたものでないと、折角還元した銅を又酸化してしまう。銅は、赤い灼熱体というよりは目もくらむ白熱光である。こうして作られた純銅でもそのままでは柔らかすぎて役に立たない。ブロンズだと色も黄金色となり、強靭なものとなる。しかし純銅からブロンズの発見に至るには1500年近くがかかった。

　さて、ブロンズを作るには銅に錫を 2〜35％溶かし込み混入するが、2〜10％では柔らかく、芸術品を作るのに適しており、量が増えるに従い偏析を起こし、硬く脆くなる。青銅の状態図をご覧頂きたい（非鉄金属及び合金：浜住松

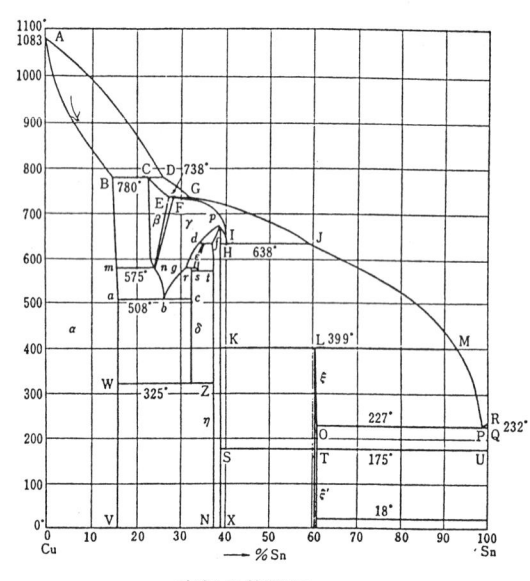

青銅の状態図

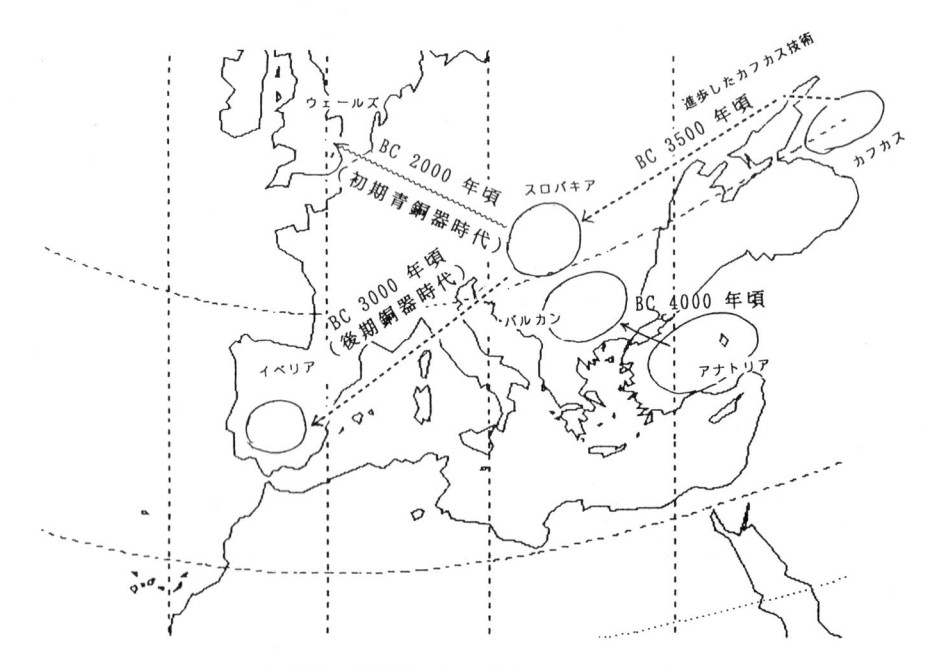

各地域に特徴的な銅器生産が行われた時期

純銅の融点は1083度だが、錫が混入すると融点はぐんぐん下がる。極端な場合、純錫の融点232度迄下がるが、銅の特性を残すためにはせいぜい三分の一の混入という事になる。錫を入れていくと赤から黄色になっていく。15％の混入では融点は780度である。この時青銅は面心立方型固溶体（図面では α）で柔らかく、加工し易いので銅貨や美術品に用いられている。所が、融点を下げようとしてさらに錫を加えると、硬くなり加工しにくくなる。17～18％では強靱さが強くなり、さらに錫を加えて、20％を越すと灰青色となり特に β 相は固い。

　30％程度にすると青銅は体心立方型固溶体（図面では γ 相）に変化する。そして少し硬いが脆くはなくなる。融点は700度近辺である。これなら容易に作れる温度である。図で分かるように一般に α 体では500～600度、γ 体では600度位で鍛錬、加工するのが古来普通である。錫の含有量が30％を超すと、青銅は δ 体に変わり $Cu_{31}Sn_8$ の微粒子が γ 体からコロイド的に析出して著しく硬くなる。こういう物を磨けば、白色の青銅鏡となるのである。なおこれを低温で長期焼鈍すると稠密六方晶系の η 固溶体 Cu_3Sn に変化する。

　銅貨を鋳造するときは流動性をよくするため亜鉛を少量添加し鋳造性能を改善する。このような知識が周知であったようである。

　もう一つの問題点は錫鉱石の分布である。古代では殆ど砂錫として採取した。だが砂金と違って色は黒褐色で発見しにくいし、量も少ない。

　クラーク数といってアメリカのF．W．クラークが1924年に発表したもので、少し古いが地球表層部に存在する化学元素の重量比を示したものがある。現在でも余り大差はないといわれているが、その表によると、銅は0.01％以下という第三グループに入っており26位、55ppm である。しかも錫に至っては僅か51位、2ppm 程度である。アルプス造山帯では地中の鉱物資源金、銀、銅、錫、亜鉛などの産出が多い。このアルプス造山帯はスイスのアルプスからバルカンを経てアナトリア、ザクロスを通り、ヒマラヤにつながる。従ってアナトリア、エラムの山地はまだ銅や錫の鉱産に富んでいた。例えばアルメニア近くのヴァン湖やシリアのテル・ハラフなどがある。キプロス（銅）という名の島も砂錫の出たアルメニア地方もこの山域に近い。従って紀元前23世紀頃栄えたカフカスのブロンズ文化が東漸してシルクロードを経て中国に伝わったであろうことは充分考えられる。

　簡単に言うと、ブロンズを作るには銅に錫を2～35％溶かし込み混入するが、

2～10％では柔らかく、芸術品を作るのに適しており、量が増えるに従い偏析を起こし硬く脆くなるので、亜鉛を少量添加し鋳造性能を改善する。30％くらいの錫では磨けば青銅鏡のように光る。その他、メソポタミアの鍛冶屋は鉛、金、銀、エレクトラム（琥珀金、金と銀の合金）を扱っていたが、未だ鉄は少量生産していたに過ぎない。紀元前2600年頃のことである。

16 シュメールの復活と終焉

　シュメールの救世主がウルクで立ち上がった。ウトゥ・ヘガルである。グデアが死んで8年、ウルクの王ウトゥ・ヘガルはグティウムをティグリス、ユーフラテス*河流域から駆逐するのに成功した。

　紀元前2120年ただの一回の戦闘でグチウムの王チリガンを追い出しその支配から脱した。そしてウトゥ・ヘガルはシュメール全体を支配するかに見えた。ラガシュのエンシはこれが最後でその後はウルクに従属する。しかしそれでウルクがシュメール全体を掌握するまでにはならなかった。

　ウルクの軍には軍事総督としてウルの将軍が参加していた。その名はウル・ナンム。彼はグティウムを駆逐するや、ウル町の再建に尽くし、自らウルの王、シュメールとアッカドの王と称した。ウトゥ・ヘガルの治世は僅か7年で、次のウル・ナンムに実権が移った。そしてウル・ナンムは全シュメールの尊敬を集める。

　ウル・ナンム王がウル第三王朝の始まりである。グチウムはその後もしばしばシュメールを攻撃したが、ウル・ナンムはこの戦いで戦死したらしい。ウル・ナンムは僅か在位16年だったが、偉大なウルナンム法典の制定者であった。

　ウル・ナンムは武人ではあったが、賢明な人物であって平和的に権力を拡大した。そして建築家として、各地の神殿の増築、新築を行った。最も有名なものはナンナ（月神）のジグラッドで、これは今日でもシュメールの最高の遺跡である。このようにウル・ナンムは数多くの遺産を現在に残した。その息子がシュルギである。

　シュルギは48年の間シュメールの繁栄と平和に寄与した。

> *　元々 ud-kib-nun と書いてシュメール人は bura-nun と発音した。しかしアッカド人は zimbir と呼んでいた所から今のシッパルの町名が生じた。
> 　シッパル町は bura-nun 河（ユーフラテス河）の一番の港として栄えた。海外との交易で賑わい、大麦、なつめ椰子が輸出され、みかえりに木材、ラピスラズリ、各種金属が輸入された。
> 　ちなみにティグリス（イディグナ、イディグラト）河の方は災害をもたらすとして恐れられ、ダルラ女神（？）の寝姿で書き表された。

　シュルギはセム族のアッカド王朝第四代のナラム・シンに意識してあやかろ

うとした。それは彼の后アビシムティが気性の激しい活発なセム族の女であったからである。一方でシュルギはシュメールの文学、文化を育成して、自らシュメール学校の総裁になっていた。

　このころからセム族の文化は深くシュメールに浸透していた。シュメール語と並んでアッカド語が第二国語となり、将来を占うのに羊の肝臓を用いるなど、宮廷でも公然と行われるようになった。そして神殿の司祭はこれら占星術によって王室に強い影響を持つようになった。シュルギも古い時代の慣例に従って、イナンナ女神との聖婚式を復活させた。聖婚式とは神殿内で女神の代わりに巫子の長と王が同衾し、王が神と一体になる儀式のことである。

　ここで当時のシュメール人の性について触れておきたい。

　シュメール人は遊牧民と違って一夫一婦制であったが、女奴隷を妾に持つことは自由であった。そして生まれた子供は自由人として認められた。

　神殿における売春も公認されていた。ギリシャの歴史家ヘロドトスは伝えているが、どんな婦人も一生に一度はイナンナ神殿へ行き、金を与える男を待ち、その見知らぬ男と町外れのホテルで同衾しなければならなかったという。このことは神殿娼婦も巫子も同じであったが、ただその愛の奉仕から子供を生むことは許されていなかった。

　シュルギは46年間統治したが、ウル・ナンム法典の普及により市民の生活は繁栄し、シリアから侵入してくるアモリ人対策を除けば夢の楽土の実現のようであった。シュルギの後は息子のアマール・シンが王位に就いたが、9年で弟のシュシンに、そして又9年で弟のイビ・シンに王位が回された。その間、アビシムティが皇太后として宮廷の権力を握っていた。

　ウル・ナンムの後シュルギ、アマル・シン、シュ・シンと続くウル第三王朝は奇跡の平和な時代であった。その頃からシリア砂漠からアモリ人が侵入してくるようになった。シュルギはアモリ人の侵入を防ぐために63キロの長城を築いた。シュ・シンは更にその長城を280キロに伸ばした。中東の万里の長城である。

　次のイビ・シン王の時代もアモリ人の対策だけはなおざりに出来なかった。イビ・シンは24年間南のアモリ人、北のエラム人の侵入に対して宗教都市ニップル、首都ウルを防衛することが最大の課題だった。

　セム族であった国境地帯の防衛軍のイシュビエルラ将軍は何度も国王に前線の強化を具申したが、その結果として防衛軍の権力はますます強まり、ウルの

町の飢饉に際して穀物輸送を国王が命令しても、それを拒否するほどになった。

　イシュビエルラ将軍は7万2000グルの穀物を通常の価格つまり1グルあたり1シェケルで買うことに成功した。だがアモリ人が既にシュメールに侵入し一都市を落城していたから、その穀物を飢饉で悩むウルの方へ回すどころではなくなり、イシンの町に止めてしまったのである。それでもなおイビ・シンはイシュビエルラ将軍を信用してイシンとニップルとについて全権委任する。イシンは当時シュメールの穀物倉庫のようなもので、イシュビエルラ将軍はその穀物を押さえてしまったのである。イシュビエルラは近在の領主を味方に付けると、独立し、帝国を二分してしまった。弱り目にたたり目で、イビ・シンの統治24年目にエラム人が北から侵入したが、イビ・シンにはもはやこれを防ぐ力はなかった。かくしてイビ・シンはエラムの捕虜となり、代わってエラムがウルに駐留した。

　7年後イシュビエルラ将軍はこのエラム軍を駆逐するが、それはイシンを首都とする「セム族の国家」の誕生を意味した。シュメール国家の終息である。

レスリング風景

Ⅱ　シュメール文字の発生

1　シュメール語の特徴
2　日本語との類似点
3　ウルクの古拙文字
4　シュメール文字の変遷
5　シュメール文字と漢字
6　常用楔字(せつじ)（アッシリア文字による目次）

1 シュメール語の特徴

　集落の中心であり、財力が巨大化しつつあった神殿に捧げられた、穀物や家畜の数量を記した会計帳簿によって、粘土板の文字は始まったが、神殿での宗教活動の記録も多い。経済関係の文書では、領収書、売買契約書、養子縁組みや労働賃金の契約書など、文学では神話や叙事詩や奉納文などがある。

　例えばギルガメシュ物語とは、紀元前2900年頃実在したウルク第一王朝の王ギルガメシュに纏わる神話、英雄叙事詩である。もっとも現存のものはアッシリア文字によるものである。

　シュメール人がいつからこの地方に来たかは未だ議論されており、確定していないが、彼らの言葉が明らかにセム語族や印欧語族ではなく、どちらかと言えば膠着語的性質、母音調和、主語 - 目的語 - 動詞の語順、一音一義の字が多い、日本の片仮名のように音節文字より成っている、男性女性の区別がない、冠詞がない、能格（ergative）を持つなどのことによりアルタイ諸語に属すると思われ、ことによるとシュメール人は日本人の遠い親戚だったかもしれない。

　シュメール人には漁師や魚類に関する語彙が多かったので、ペルシャ湾を介して印度などの諸地方と海上貿易がかなりあったことが分かった。

　初めは具体的な物の形を表した絵文字（象形文字）であり、やがてそれが単純化されるに従って表意文字となった。更に進んで音価のみを表す表音文字が作られて、文章を言葉通りに表せるようになった。中には一字の表意文字で、同時に表音文字である文字も出てきた。例えば、米印は神（dingir）を示すが、最高位の神は天のアン神であるのでdingirをアン（an）とも読み天を表し、更には単純にanという音を表す表音文字にもなった。文章は古くは縦書きで、文字は右向きで、漢文同様右から左へ行を進めており、記念碑などはそのしきたりが長く、ハンムラビ王の頃まで続いたが、粘土板では早くから反時計方向に90度回転させ横書きとし、英語のように文字は左から右に書いた。

　紀元前2300年サルゴンの時代からアッカド勢力の台頭目ざましく、アッカド語の使用が増え、シュメール人はバイリンガルとなり、紀元前2100年ウルの第三王朝の頃にはシュメール語の語り手はごく僅かとなり死語となってしまうが、公用文の単語の表記の中に長く痕跡を止めている。

　この百年シュメールに関する資料は鰻登りに増え、それに伴って異なる学説

が次々と生まれている。日本での紹介は大正の初期であったが（Fデリッチ、シュメール語グロッサー）、戦後は、明治大学の杉　勇氏、東京大学の原田慶吉氏、中央大学の板倉勝正氏、など、最近では広島大学の吉川　守名誉教授、京都大学の前川和也名誉教授、早稲田大学の前田　徹教授など多くの俊英シュメーロロジスト達が輩出して現在に至っている。

2　日本語との類似点

（1）　bとmとの交換がある。i-ba- > i-ma-
（2）　lとrとの区別があまり出来ない。gibil/gibir（新しい）
（3）　mとnとの交換がある。ezem/ezen（祭り）
（4）　生物、無性物とで使い分けがある。aba（だれ），ana（何）
（5）　接続詞の省略。an-ki（天地）
（6）　繰り返しで複数を表す。e_2-e_2（家々），kur-kur（国々）
　　　ただし生物の場合は　　lu_2-lu_2（全ての人）又は lu_2-ene（人々）
（7）　繰り返しで強調を表す。gal-gal（大きな大きな），ku_7-ku_7d（甘い甘い）
（8）　母音調和がある。-ani-ak- > -a-na-, -gu_{10}-ak > -ga
　　　母音調和は二つの子音の間や語尾でよく起きる。
（9）　疑問詞は必ずしも文頭でない。
（10）　名詞・動詞は語尾変化しない。助詞の付加で格変化と似た表現となる。
（11）　主格の人称代名詞は必ずしも使用しない。
　　　文章は日本語と同じように主語で始まろうが、目的語から始まろうが後に付く助詞（後置詞）によって文意が分かる。
（12）　日本語のように同音異字が多い。セイという発音に対して日本文字が53もあるように、例えば ge には26、du には24以上の文字がある。
（13）　単音節の言葉が多い。
（14）　男性名詞、女性名詞といった性の区別はない。
（15）　大文字、小文字の違いはない。
（16）　日本語のように音と訓の違いや当て字がある。

Ⅱ　シュメール文字の発生

3　ウルクの古拙文字

　先にⅠ「5　ウルク期の生活」でウルクⅣ期の粘土板について触れたが、紀元前3200〜3000年頃の粘土板に書かれた古い楔形文字の原型がウルクで発見され問題を提供している。年代は放射性炭素原子で確認されている。

　文字の発生は人類の文化活動の最大成果であるが、漢字は紀元前1500年頃、エジプトのヒエログリフは紀元前2900年頃、エラムの古代文字は紀元前3000年頃、そしてシュメールに生まれた楔型文字は紀元前3200年頃と推定されている。下の粘土板は極めて初期の物である。

　実は1950年代にスイスのエルレンマイヤーが入手し研究したが、詳細には内容が分からず、結局1988年にイギリスで競売に賦した物である。それをドイツの中近東学会が入手することとなり、改めて大英博物館、ルーブル博物館、アメリカのメトロポリタン博物館などの国際的協力を得ながら、シュメールの政治経済史の権威である、H. J. ニッセンの指導にてベルリン自由大学のR. K. エングルンドが主任研究員となり深く調査分析をするに至ったのであった。

　従来からウルクで発見された5000枚に及ぶ粘土板はA. ファルケンシュタイン以後多くこの大学で伝統的に研究されてきた。

　この結果は1990年夏、ベルリンのカルロッテンブルグ宮殿での国際会議で公表されている。一部を次に紹介する。

　一枚の粘土板の内容は「二匹の羊を神イナンナの神殿に（捧げる）」と言う意味であるが、既に丸に十で羊を、三角形三つで表した麦藁束でイナンナ女神を、星形で神であることを示している。eš₃はここでは半分消えているが、神殿を表す。下のより古い物ではイナンナが曲線で描かれている。

　次の粘土板は役人が大麦を入手した量について書かれた物である。ただ数字

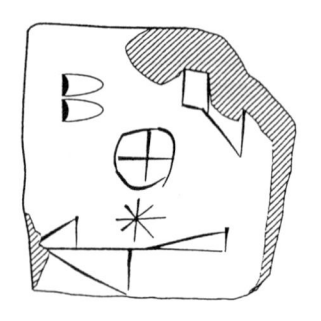

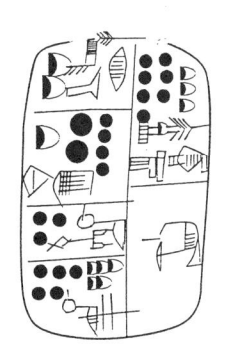

は足し算に誤りがあるので今は触れない。第一欄（というより欄外の見えないところ）に、大麦 še（シェ）と記され、以下左側に五人の人名が上げられている。

　1行目は en-ki-du、2行目は ni-sa、3行目は gid₂ -tur-hu、4行目は hu-nim、次に右の第二欄1行目の人名について上の字は正確には分からないが、下には sanga ku-šem と読める。sanga と言えば日本語の「僧」の語源であり神殿の出納の担当者である。次は ba --- とあり、何かの作業をしたのであるが、残念ながら動詞が不明であるが「受けた」の意味であろう。

　次の粘土板は大麦の生産に関する物である。

　1行目の数字は43200×3＋4320＋144×6＋24＋5＝約135,000（リットル）

　2行目は太陽 ud の中に37と書かれているが、37ヶ月を示す。つまり3年1ヶ月である。その右横に še dub 大麦の表（計算書？）と書かれている。

　一番下の行は ku-šem šam₂ とあるが、ku-šem は前述の僧の名で、šam₂ は購入した、の意味である。

4　シュメール文字の変遷

　若干の文字の変遷と、音価、意味を別表に示す。
　表中で絵文字は紀元前3200～2500年、古典期の文字は古アッカド・シュメー

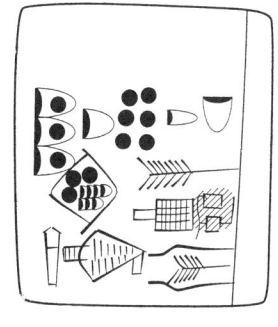

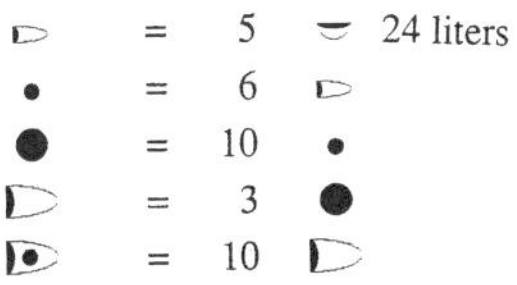

ル時代で紀元前2500〜2000年、古バビロニア・アッシリアは紀元前2000〜1500年、新アッシリアは紀元前1000〜600年頃のものである。

紀元前2100年、ウル第三王朝の頃シュメール語の語り手はごく僅かとなり、死語となってしまうが、公用文の中には永く伝えられる。なお、動物などを示す絵文字は不明なことが多く、且つ省略の過程もよく分からないことが多い。ここでは仮にイラストで入れておいた。

文字は商取引や神殿への奉納品の整理のためにウルクあたりで使われ始めたが、当然最初は象形文字であった。つまり物の略図を文字とした。このことはエジプトの聖刻文字も、ずっと後世になるが中国の漢字も同様である。例えば山といえば山の形から出発した。

中国では紀元100年頃、許慎が「説文解字」という本を著したが、その中で漢字を構成上から分類して六法あるという。即ち象形、会意、指事、形声、仮借、転注である。

会意とは複数の要素を一つに纏めた字で、漢字では例えば日と月を一緒にして明るい、としたようなもので、シュメール語では例えば大きな gal と人 lu とを一緒にして lu-gal は王を指すようなものである。頭 ka と水 a を一つにして飲む nag も同じである。この場合 ka × a と表示することとする。

形声は文字の一部が発音を表し、他がその意味を表すもので、漢字の7割がそれである。例えば味という字はつくりの「未」で音を表し、意味は口で味わうことを表す。汁という字はつくりの「十」で音を表し、意味は液体の汁を表している。

シュメール語でも少し有る。例えば、◨ gig は小麦だが、左側が gig の発音を表し、右側の nunuz は卵とか小粒のものを示している。全体で小麦の意味である。

仮借というのは多くの例がある。我は元来、矛であるが、現在は私の意味に仮借している。同じように ◨ sar は豆科の植物だが、書くという動詞に用いられる。転注は多くの意味と発音を生み出すことで、例えば日本では生、に24の読み方があるようなものである。シュメール語の例では、米は dingir 神であるが、an と読めば、天空の神アンであり、また、アンの表音文字にもなる。◨ ku が dur$_2$, tuš, tug, zid$_2$ (zi$_5$), hun, še$_3$, eš$_2$, gi$_7$, uš$_4$ 等多数発音するところは日本語にも似ている。

指事は抽象概念で、例えば ◨ nu で反対を示し、◇ ša$_3$ で心を示すようなも

のである。

このような分析はアッカド文字では難しく、ウルクで発見されたような古拙文字でないとなかなかできないものではある。

5 シュメール文字と漢字

中国の殷帝国は甲骨文字を残した。紀元前1350-1100年頃のことであるから、既に中期バビロニアの頃にあたる。そしてシュメールの影響が全然なかったとはいえないほど象形文字は似ているものもある。ここでシュメール文字と漢字の祖先である甲骨文字を比較するのも面白いと思う。

まず人体について、頭を表すのにシュメールでは首から上の横顔を象形文字化にしたが、中国では頭を強調した大きな人の形で示した。いわゆる頁の字の派生である。

シュメール文字の最下段はアッカド文字である。

手の象形は、シュメールでは掌の指を広げずに、中国では指を一杯に広げて文字とした。面白いことに、いずれも šu, shu という発音を持つ。

足については、シュメールでは脛の横の絵を用い、これで足そのものにも、また歩くという意味にも使った。中国では足の裏、いわゆる趾（元来、止の字）をもって足に関係する字を合成した。例えば脛を表すには、止に o、つまり膝小僧を書いた。また歩くという字は左右の趾を縦に続けて書いたものである。

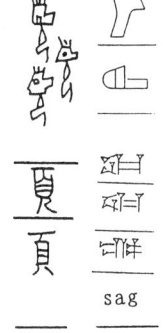

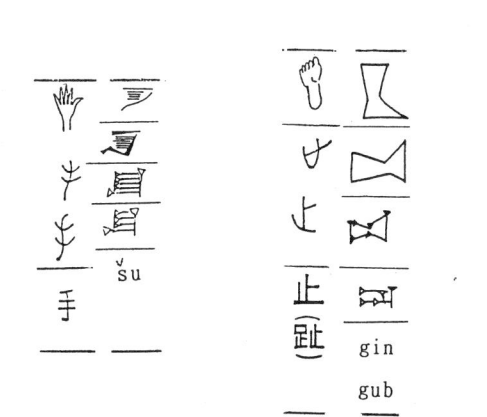

Ⅱ　シュメール文字の発生

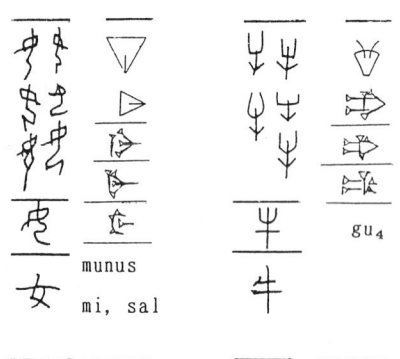

女を表すのにシュメールは女陰の形をとった。大変即物的と言えよう。中国では女とは控えめに腕を組み、膝まづいている姿をとっている。

動物で言うと、牛はよく似ている。よく観察されているからであろう。

鳥、魚、馬（シュメールでは驢馬にあたり、馬のことは山の驢馬という）なども線の省略の仕方は見事という外ない。

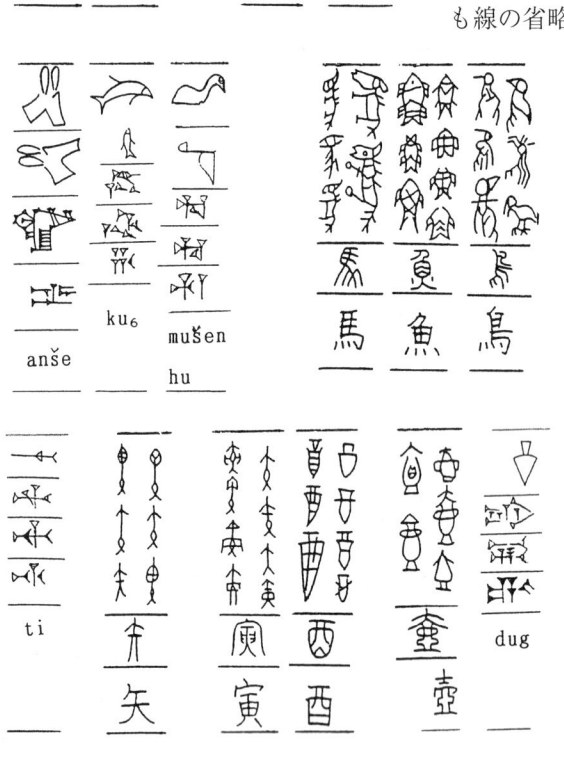

壺や矢もよく似ているが、漢字の壺は両脇に把手(とって)のある入れもので、日本のツボはむしろ酉の字つまり酒壺(ゆう)である。また矢については、矢の字は鏑矢(かぶらや)を示し、本来は寅の字である（このインの字をトラと読み、ユウの字をトリと読むのは十二支を動物で表す蒙古の習慣による当て字である）。

麥(むぎ)はもと、來(らい)と書いた。くる、と読むのは後世の当て字である。葉先の折れた感じはシュメールよりよく麥を表している。

水や日（太陽）や山などは中国とシュメールとに発想の差はあまりない。次のようである。

ただシュメールでは山に、国という意味も持たせた。例えば kur kur とは山々であったが、国々の意味ともなった。

光輝く点はシュメールでは星であり、神であり、天であった。しかし中国ではそれぞれを区別した。光輝くものは地上の原野に燃え広がる火と考えた。燎がその原字である。へんの火もつくりの下の小（火）は後から付けられたもの

5 シュメール文字と漢字　51

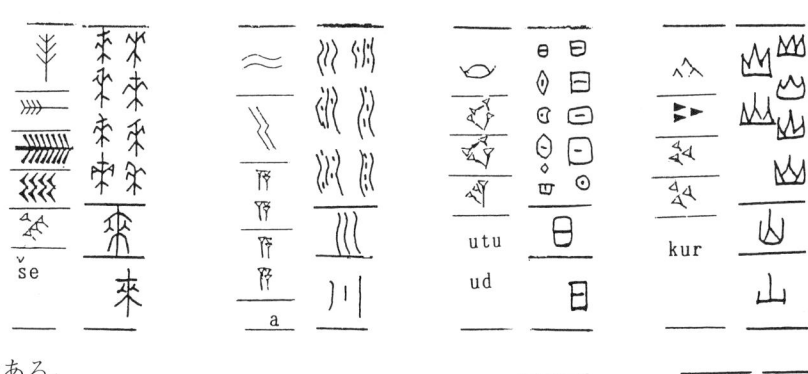

である。

　神はつくりがその意味を表している。すなわち申であるが、これは元来、稲光を書いたものである。同じようにメソポタミアでもシュメールの後のセム語族の時代になると雷の神、つまり天候の神が最高神の座についていた。

　飲む、という字はシュメールではsag頭の口の辺りに水を書いたが、中国では酒壺をのぞき込んでいる図である。

　食べる、という字はシュメールでは同様に、口の辺りに三角のパンを書くが、中国では飯を盛り上げた高坏(たかつき)を真上からかぶり付こうとしている図である。

　蛇はいずれもコブラを書いたようである。ただシュメールでは伸ばして、長いという意味に用い、漢字では蛇も巳も尾を巻いている。蠍(さそり)でもそうだが、中国では一般に尾は巻いていることが多い。

　シュメールでは壺で品物を表すことが多い。ビールやミルクや油が良い例である。だがこれでは中が何であるかは約束を知らないと分からない。その点、漢字ははっきりしている。つまり十二支ではとりと読むが、酉の字は酒壺なのであり、乳は完全に授乳の象形文字である。また、油はあんどんの油を灯している形図である。

II シュメール文字の発生

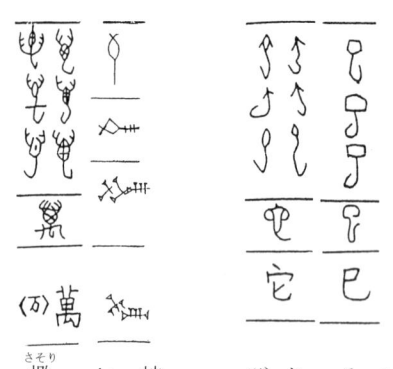

船に関していえばシュメールの船は立派で、漢字の船は筏程度である。

月の発想が面白い。漢字では周知のように三日月から出たのだが、シュメールでは山の間から出た満月である。ただし月の表面のあばたを忘れなかった。

シュメールで代表的な動物は驢馬であるが、この横顔はいろいろと拡張解釈された。一方、中国では犬にしても、虎にしても、狐にしても、それぞれの特徴を掴んで表現しようと苦労している。

家については当然設計思想の違いがある。シュメールの家は煉瓦積みの窓のある四角いものだが、中国では屋根は必ず傾斜していた。

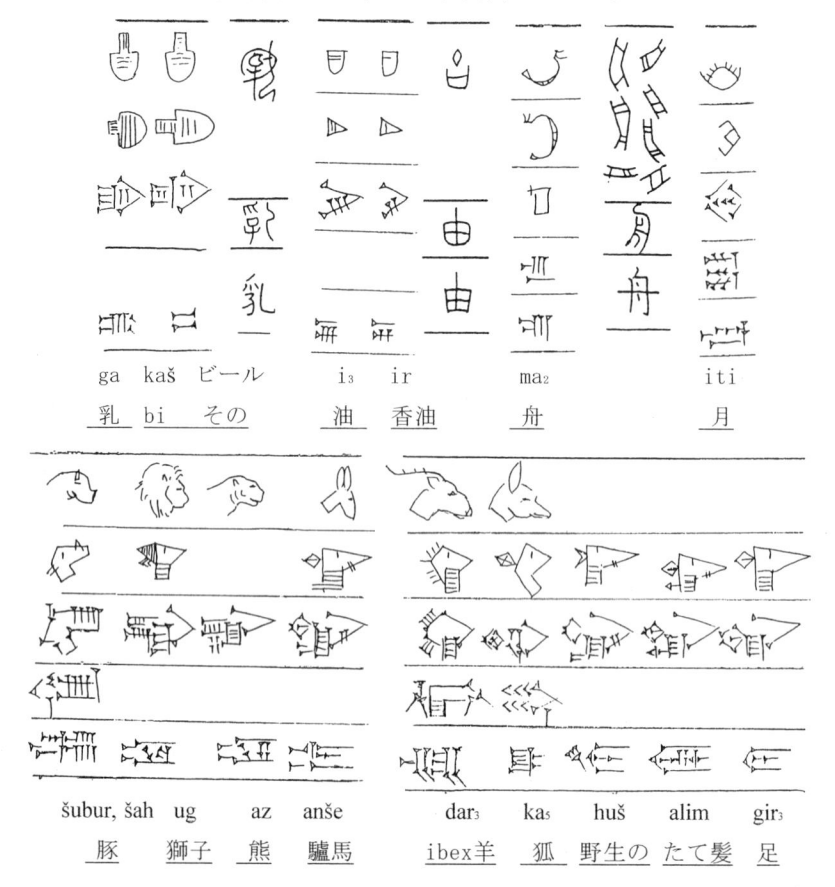

蠍 sir 蛇　へび　タ　みシ

ga　kaš　ビール　i₃　ir　ma₂　iti
乳　bi　その　油　香油　舟　月

šubur, šah　ug　az　anše　dar₃　ka₅　huš　alim　gir₃
豚　獅子　熊　驢馬　ibex羊　狐　野生の　たて髪　足

5 シュメール文字と漢字　53

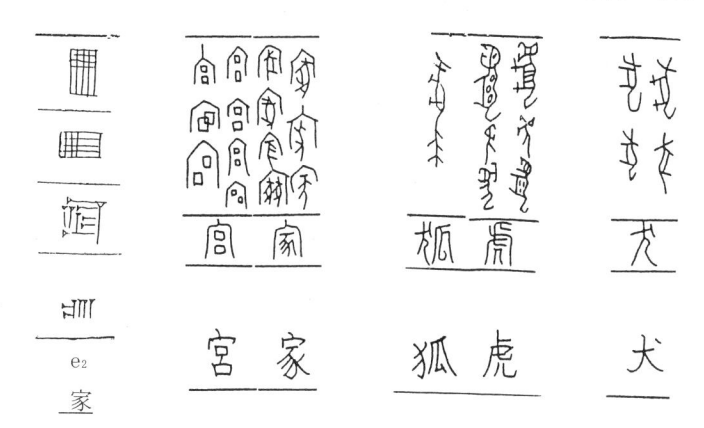

e₂ 家	宮 家	狐 虎	犬

　よく似た図形なのに意味がまるきり違うことがある。例えば、ブーメランの形を書くとシュメールではuターンする、とか与えるという意味だが、漢字での意味は単に曲がる、である。

　シュメールのki（土地）は元来、丸の中に斜線を書いたものだが、これは中国に行くと、水をたたえる淵の図である。

　雨という字はその形のように天から滴が落ちてくるようであるが、これがシュメールだと、夜（gig₂）とか、黒いという意味になる。

ru	ki	gig₂
戻る	地	暗い

　雷の元の字とシュメールのraの元の字とはよく似ている。raには打ち叩くとかの意味があり、偶然の一致かも知れない。

　目や耳は象形文字の典型である。シュメール語ではigiやpiという。

Ⅱ　シュメール文字の発生

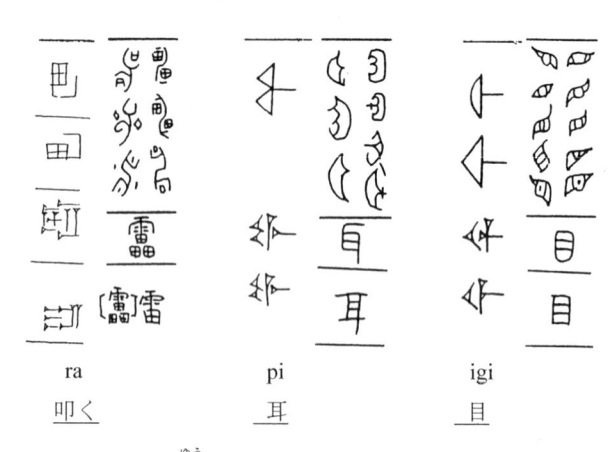

ra	pi	igi
叩く	耳	目

手に持つ、保つの漢字は又と書く（現在は有と書く）。シュメールではtugである。

友は二人が手を重ねた形をしている。シュメールでは線を二本引き、二重にするとか仲良くする、意味とする。しかしこの二本の線が交差していると、敵意とか反対する、とかの意味になるところは漢字と違う点である。

シュメールには木材gišはあるが、漢字で言う包括的な「樹木」にあたる言葉はない。但し林はtir木立と呼ばれる。

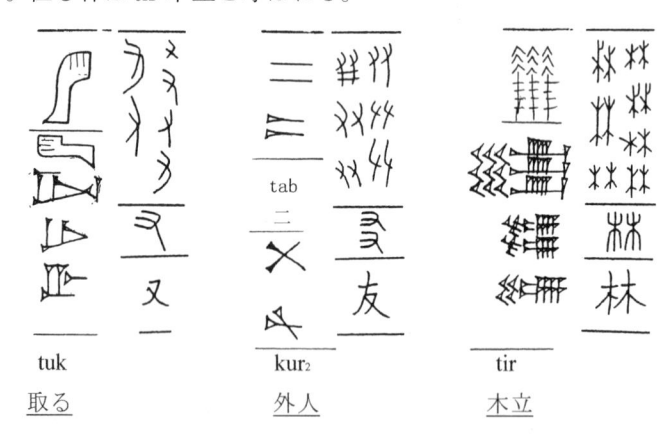

tuk	kur₂	tir
取る	外人	木立

6 常用楔字（アッシリア文字による目次）

II シュメール文字の発生

6 常用楔字（アッシリア文字による目次）

常用する楔形文字を約 300 選定、分類した。常用漢字ではないが常用楔字と呼びたい。

表の意味欄に「行く (sg. maru)(sg. hamtu)(pl. maru)(pl.hamtu)」とあるのは、それぞれ、シュメール語での「行く」du, gen, sub₂, re₇ の説明である。
同様、「もたらす (sg. maru)(sg. hamtu)(pl.)」とあるのは、シュメール語でのtum₂, di₆, lah₄ の説明である。 maru は未完了形、hamtu は完了形を示す。

58　Ⅱ　シュメール文字の発生

楔形文字一覧　　　バビロニア・アッシリア

絵文字	古拙文字	古典楔形	後期楔形	音価 シュメール	音価 アッシリア	意味
				aš / dil	išten / ina / nadānu	一 / 〜へ / 与える
				hal	hallu / pirištu	秘密の
				mug	qu / muq	紐
				ba	qašu	与える
				zu	zu / idū	知る、知識
				su / kuš	mašku / zumru	福祉 / 肉体
				ruk / šen	ruqqu / ellu	銅の容器
				bal / bul₃ / bala	ebēru / šupelu / palu	越える　過ぎる / 替える / 治世
				ad₂ / tab₂ / gir₃ / ul₄	patru	短刀
				ušum / bul₂ / bur₂	bašum / pišru / pašāru	龍 / 開放する / 打ち明ける
				šil / gug₂ / tar / kud(ku₅)	sūqu / nakāsu / parāsu	道　街 / 切る / 割る
				an / dingir	an / šamū / ilu	天 / 神
				uš₁₂	imtu	よだれ / 悪意
				riš / sag / šak	rēšu / šak	宦官 / 頭
				ka / dug₄ / pi₄ / du₁₁ / inim	dabābu / pū / šinnu / amātu	言う(sg.hamṭu) / 口 / 歯 / 言葉

6 常用楔字（アッシリア文字による目次）

バビロニア・アッシリア

絵文字	古拙文字	古典楔形	後期楔形	音価 (シュメール / アッシリア)	意味
				eme / em₄ — lišānu	舌
				šur₂ — ezzu	荒れ狂う
				nag / nak / naq — šatu	飲む
				gu₇ / ku₂ — akālu	食べる
				bu₃ / puzur₅ — puzru	秘密な
				bum / sud₄ / šub₂ — karābu	祈る／祝福する
				uru / re₂ / eri₄ — ālu	町村
				ukkin — puhru	集合
				ir₃ / nita₂ — ardu / zikaru	男、奴隷
				giš₃ / nit(ah) / uš — zikaru / redu / išaru	男／追跡する／次のペニス
				iti — arhu	月 (month)
				šah / sah — šahu	猪、豚
				dun / šul / šah₂ — kurkizannu / eṭlu	子豚／英雄
				buru₁₄ — ebūru	収穫
				gal₃ / suk₃ / ulu₃ — manzāzu / šūtu	場所／南風

60 Ⅱ シュメール文字の発生

バビロニア・アッシリア

絵文字	古拙文字	古典楔形	後期楔形	音価 シュメール	音価 アッシリア	意味
				la ŝika	lalu haşbu	豊満、魅力 かけら
				apin	epennu uššu	鋤 施設
				mah meh	şīru	高い
				tu gur₈ ku₄	alādu marāşu erēbu	生む tud > tu 病気の tur₅ > tu 入る
				li	burāšu	鼠さし（植物）
				bab kur₂ pa₄	ahu ahū nakru naşāru	兄弟 他人 敵 助ける
				pa₅	atappu	溝、堀
				mu šum₃	nadānu mu zakāru šumu	与える 年 話す 名前
				qa sila₃	qū	クォート 60 GIN₂ 842 cc
				kad₂ sid₂	karāşu kaşāru	挟む 結ぶ
				tag₄	ezēbu	残す
				gil gilim gib	egēru kakāpu rakāsu parāku	巻き付ける 屈む 縛る 塞ぐ
				be til bad uš₂ ug₇	sekēru matu qatu	閉める 死ぬ 終わる 殺す(sg.hamtu) 殺す(上記以外)
				ru šub	madu maqātu	投げる 落とす
				na	na amīlu	石 人

6 常用楔字（アッシリア文字による目次） 61

バビロニア・アッシリア

絵文字	古拙文字	古典楔形	後期楔形	音価 シュメール	音価 アッシリア	意味
				šir sir₄ nu₁₁	išku nūru	陰嚢 光
				kul numun	zīru	種、子孫
				ti til₃ di₃	ti lequ balāṭu	矢、命 取上げる 生きる
				ma₇ maš baš bar	šumma maš sūtu, bannu ahu	もし ニヌルタ神 約10 1 付近 脇
				nu	la ul	（打ち消し）
				maš₂ kun₈	urīṣu puhādu ṣibtu	子山羊 子羊 利息
				kun ku₁₄	zibbatu	尾
				hu mušen u₁₁ pag	iṣṣuru	鳥
				u₅	rakābu	乗る
				mud mat₃	palāhu uppu dāmu	恐れる 管、チューブ 血
				uz uzu₃	usu	鶩鳥
				ar	namāru	目立つ、現れる
				šim₂ nam bir₅	nam napū	燕 事務、〜性 篩う
				ik ig gal₂	daltu bašu	扉 存在する
				rad šita₃	rāṭu zaku	排水 砕く

62   Ⅱ　シュメール文字の発生

バビロニア・アッシリア

絵文字	古拙文字	古典楔形	後期楔形	音価 シュメール	音価 アッシリア	意味
				dar	letu / peşu	区分する / 砕く
				zi(zid) / zi(zig₃)	nešu / imnu / tebu / nasāhu	生きる / 正しい / 上げる / 支出する
				gi / ge / sig₁₇	qanu / taqānu / kanu	芦 / 任につく / 正しい
				gi₄ / ge₄	tāru / apāru	回る / 答える
				in	tibnu / pištu	藁、麻 / 侮辱
				nissa / šar / mu₂	kiru / šaṭāru / napāhu	公園 / 書く / 光る、点火する
				šum₂ / sum(si₃) / sim₂	šūmu / sapānu / nadu	玉葱 / 倒す / 投げる
				dah / yah	aşābu / tahhu / rašu	増やす / 代える / 助ける
				bil / izi / kum₂ / ne	išātu / bahru / annu	火炎 / 熱い / この
				gibil / bi₆ / bil₂ / pil₂	edēšu / eššu / qilutu	復活する / 新しい / 炭火
				/ ša₆(šag₅)	immar / damāqu	なつめ椰子 / 素晴らしい
				še	šeu	穀物
				dir₄ / tir	qištu	木立、森
				naga / nak₂	ukūlu	あつけし草 / アルカリ
				lam	allānu	乳香樹

6　常用楔字（アッシリア文字による目次）　63

バビロニア・アッシリア

絵文字	古拙文字	古典楔形	後期楔形	音価 シュメール	音価 アッシリア	意味
				ha ku₆	ha nūnu	魚
				biš peš bis₂ gir	peš aplu	魚 息子
				nim tum₄ nu₃ elam	zumbu elu elamtu	蝿 高級である エラム人
				ah	kalmatu mūnu	昆虫 毛虫
				bu gid₂ sir₂	sarāku šadādu	長い 引く、測る
				muš sir zir	muš ṣerru	蛇
				šud sir su₃	arāku rāšu	長い、遠い 楽しむ
				nunuz	pelu līpu	卵 子孫
				nina nanše sirara	ninua	ニネベ町 ナンシェ神
				im iškur ni₂	šāru adad ṭuppu ramānu	風 天候神 粘土板 自身
				u-gur	namzaru nergal	剣 ネルガル神
				ugun eš₄š-tar₂	iḫzētu	填め込む イシュタル神
				zur amar	būru ṣur	小動物 マルドゥク神
				u₄(ud) had₂ babbar	ūmu šamaš peṣu	日時 太陽 白い
				ab eš₂	abu bitu aptu	父 神殿 窓

64　Ⅱ　シュメール文字の発生

バビロニア・アッシリア

絵文字	古拙文字	古典楔形	後期楔形	音価 シュメール	音価 アッシリア	意味
				inanna muš₃	ištar	イナンナ神
				gun biltu	biltu biltu	負担する タレント 1 biltu = 30.3 kg
				dur tur₂	abunnatu riksu	へそ 紐
				lal₃	dišpu ṭābu	蜂蜜 甘い
				mun	ṭābtu	塩
				sur šur	eṭēru mašāhu šarāru zanānu	支払う 輝く 飛び出す 雨が降る
				šam₃ šan	šamu šīmu	買う 価格
				šam₂		買う
				he₂ gan kam₂	erēšu kannnu kam₂	望む 酒樽 (序数詞)
				ad at aba₃	ad at	父
				kaš kas₂ be₂ bi	šikaru šu	ビール その、この
				ni(r) i₃ li₂ zal	šamnu	油、グリース
				das₃ du₃ kal₃ gag	banu epēšu sikkatu	作る する 杭
				er ir	alāku erru izūtu	行く 紐 汗
				šim ši₆(šem) rig	sirāsu riqqu	醸造 芳香樹

6 常用楔字（アッシリア文字による目次）

バビロニア・アッシリア

絵文字	古拙文字	古典楔形	後期楔形	音価（シュメール）	音価（アッシリア）	意味
				lud dug kurum₃	luṭṭu nalpattu	水指し 香炉
				kišib sanga šid rid	upnu sangu manu eṭlu	握り拳 司祭 数える、暗唱する 英雄
				ga ka₃	šizbu	牛乳
				ninda ša₂ gar nig₂(niš)	akalu šakānu mimma ša	パン 置く 全ての ～の
				bur	naptanu	食事
				gurun	inbu	果物
				kur₆ pad šug	pattu kusāpu kurummatu	籠 菓子 食料
				gu₂	kišādu ahu biltu	首 脇 税金
				šum tag ta₃	ṭabāhu lapātu	喉を切る 触れる
				tab tap	šunnu hamāṭu	巻き付ける、二 焼く
				tab-tab limmu₂	arba šurrupu	四つ 使い尽くす
				za sa sa₃	atta erbettu	あなた 四番目の
				diš	gina ištēn ana	常に 一 ～へ
				i nat₂	nādu hamiš	上げる 高める 五
				eš u šu₄	adad ešeret abātu bēlu	アダド神 十 消える 主君

II シュメール文字の発生

バビロニア・アッシリア

絵文字	古拙文字	古典楔形	後期楔形	音価 シュメール	音価 アッシリア	意味
				šar₂ du₁₀ dug₃	šāru birku balālu ṭābtu	3600 膝 混ぜる 良い
				igi ši li₃(lim)	pānu īnu mahāru šību	顔、前の 目 受け取る 証人
				pad₃	tamu zakāru	企む 呼ぶ、招く
				u₃	annu u šittu	この そして 眠り
				giškim agrig	tukultu ittu abarakku	保護 前兆 会計
				sig₅ kur₇	damāqu	素晴らしい 美しい
				hul	lemnu lumnu šalputtu	嫌う 不幸 破壊
				ur₂	sūmu	腿骨
				du gen gub di₆ tum₂ kas₄	alāku uzuzzu abālu	行く(sg.maru) 行く(sg.hamtu) 足、立つ(sg.) もたらす(sg.hamtu) もたらす(sg.maru)
				suhuš suh₆	išdu	基礎
				lah₄ sub₂ re₇ sug₂	redû	もたらす(pl.) 行く(pl.maru) 行く(pl.hamtu) 立つ(pl.)
				il	šaqu	上げる
				ib₂ tu₄(tum) dam₄	qablu agāgu	胴体 怒る
				egir	arku arki	後続の 〜の後に
				na₂(nad₃) nu₂	eršu itūlu	寝台 寝る

6　常用楔字（アッシリア文字による目次）　67

バビロニア・アッシリア

絵文字	古拙文字	古典楔形	後期楔形	音価		意味
				シュメール	アッシリア	
				lu₂	amēlu	人
				lugal	šarru bēlu	王 主
				uzu šir₄	šīru	肉体 前兆
				alan	lanu ṣalmu	様子 像
				ugu muh	muhhu eli	頭蓋骨 ～の方へ
				il₂ gil₃	našu šaqu nāgiru malu	上げる 高い 使者 太った
				tal₂ wa pi, bi₃ geštu	rapāšu pānu uznu	大きい (容量) 耳
				ša₃ šag₄	libbu	心、真ん中
				har kin₂ hur ur₅	semēru ešēru hašu šanānu	輪 描く 肺、内臓 等しい
				ellag₂ pir₃	kurṣiptu kalitu sapāhu	蝶々 腎臓 散らす
				gab kap₂ du₈(duh)	irtu mahretu paṭāru	胸 反対側 開放する
				mi₂ rag sal bal	sinništu raqāqu	女 痩せた
				zum sum₂ zu₃	mašādu šassuru	櫛 子宮
				nin nim₂ eriš	bēltu ahātu	貴婦人
				geme₂	amtu	下女

68　Ⅱ　シュメール文字の発生

バビロニア・アッシリア

絵文字		古拙文字	古典楔形	後期楔形	音価 シュメール	音価 アッシリア	意味
					dam tam ta₄ tam₂	mutu	配偶者 つれあい
					a₂	itti idu emūqu	と共に 腕 力
					da	idātu idu	傍らに 脇
					kab gub₃	hupper šumēru	ダンサー 左
					kin(g) gur₁₀	šipru eṣēdu šapāru	仕事 刈り入れる 特使、神託
					šu	qātu	手
					hub tun	tahtu hatu	敗北 撃ち殺す
					tuk tug du₁₂ tu₁₂	ahāzu rāšu zamāru	掴む 債権者 音楽を演奏する
					suh muš₂	uššu nasāhu tišpak	設立 引き出す ティシュパク神
					zag	paṭu idu adi kanzūzu	辺境 肩、腕 にまで 顎
					gir₃ ger₃	šēpa paru	足 雄らば
					anše	imēru	ろば
					az as	au	熊
					ug pirig	umānu uggu nāšu	動物 怒り ライオン
					ug₂ ne₃	šakkan labbu emūqu nergal	シャカン神 ライオン 力 ネルガル神

6 常用楔字（アッシリア文字による目次） 69

バビロニア・アッシリア

絵文字	古拙文字	古典楔形	後期楔形	音価 シュメール	音価 アッシリア	意味
				alim	kusarikku / kabtu	バイソン / 重い
				ruš / huš / hiš₄	ezzēzu / huššu	怒る / 赤い色の
				lib / nar / lul / ka₅	nāru / parrişu / šēlibu	歌手 / 嘘つきの狐
				dar₃	ţurāhu	イベックス 山羊
				kiš	kiššatu / kiš	全体、力強さ キシュ町
				sig₉ > / si	qarnu / attaru	つの / 支払い
				dir / diri(g) / mal₂	atāru / eli	過剰である に加えて
				gud / gu₄	alpu	牛
				ab₂ / rim₂ / lid	arhu	雌牛
				am	rīmu	野生の牛
				ud₅ / uz₃	enzu	山羊
				lu / šib / udu / tib / dib	immeru / şabātu	雄羊 掴む
				lik / ur / teš₂ / daš	eţlu / kalbu / bašu	英雄 犬 恥じる
				nig / nik	kalbatu	雌犬
				uh₃ / kušu₂	kušu	蛙、蟹

70　Ⅱ　シュメール文字の発生

バビロニア・アッシリア

絵文字		古拙文字	古典楔形	後期楔形	音価 シュメール	音価 アッシリア	意味
					pisan ga₂ mal(ma₅)	pisannu anāku bītu šakānu	容器 私 邸宅 置く
					dag tag₂ par₃	šubtu šeṭu	住宅 網を広げる
					bit e₂	bītu	家
					ul du₇	šatu kakkabu asamu	過ぎた 星 ふさわしい
					nab nap	kakkabu	星
					mul nap₂	nabāṭu kakkab	輝く 星
					unu(g) iri₁₁	uruk uruk	ウルク町(Erech) 邸宅
					kur gin₃ lad šad	šadu mātu napāhu ekallu	山 国 現れる 宮殿
					engur zikum	apsū nammu šamu	深海 ナンム神 天
					id₂(i₇)	nāru	川、運河
					du₆(dul) til	mūlu tillu katāmu	高さ 丘 覆う
					ki	erṣetu	土地
					edin	ṣēru	平野
					kar₂ gan₂ ga₃	eqlu iku	農地 イク(面積単位)
					ub ar₂	tubqu kibrātu karmu	内部 区域 破壊

6 常用楔字（アッシリア文字による目次） 71

バビロニア・アッシリア

絵文字	古拙文字	古典楔形	後期楔形	音価 シュメール	音価 アッシリア	意味
				e i₁₅	qabu īku	話す (hamtu, maru pl.) e (hamtu pl.のみ dug₄) 水路
				ug₃ > un kalam	nišū mātu	国民 国
				kas iš₂ kaskal raš	harranu	道路
				par₄ kisal bur₆	kissalu	前広場
				ka₂ baba₃	bābu	門
				kuš₃ u₂ bu₃ šam	ammatu akalu šammu	肘 食料 芝、植物
				kar qar	kāru eṭēr	港、倉庫 支払う、持ち去る
				ezen hir šer kešda	isinnu zamāru rakāsu	祭り 音楽演奏 結ぶ
				ambar zuk suk	appāru ṣuṣū	沼 芦の生えた
				tul₂ hab₂ pu₂	bušānu būrtu kalakku	有害な 泉 倉庫
				a	abu mu aplu	父 水 子、息子
				murgu sig₄	būdu libittu	肩 煉瓦、壁
				bad₃ ug₅	duru matu	高壁 死ぬ
				šurun us₅ u₈ lahar	rubṣu lahru	寝藁 雌羊
				gigir	narkabtu	馬車

II シュメール文字の発生

バビロニア・アッシリア

絵文字		古拙文字	古典楔形	後期楔形	音価		意味
					シュメール	アッシリア	
					bar₂ bara(g)₂	parakku	至聖所
					me išib mi₃	paršu meatu ellu	法規、命令 百 純な
					en₂	šiptu	呪文
					garsu	paršu billuda	典礼 所有権
					gug	pendu guqqu ellu	烙印 月々の奉献 純な
					siskur₂	nīqu	捧げ物
					aš₂ ziz	arāru kunāšu	呪う エンマ小麦
					nun silз zil	rubu	王子
					nir	etellu	権威者、英雄
					en	bēl bēlu	バアル神、マルドゥク神 主君
					sig₃ pa had ugula	mahāṣu artu ḫaṭṭu aklu	叩く 小枝、翼 王権 監督
					nigir dun₄	nāgiru ṭēpu	執事 武器
					galga	malāku	助言者、審査官
					šab šap	nakāsu baqāmu	切る 刈る
					erin₂ pur₂ nuru zalag₂	šābu ummānu nūru namāru	傭兵 軍 光 輝く

6 常用楔字（アッシリア文字による目次） 73

バビロニア・アッシリア

絵文字	古拙文字	古典楔形	後期楔形	音価 シュメール	音価 アッシリア	意味
					gašan	bēltu	女主人 イシュタル
				sip₂ sipa šab₃	rē'u	牧者
				laḫ₄ sukkal	mesu galātu sukallu	洗う 震える 大臣、使者
				de₂ simug	šasu abāru nappāḫu	叫ぶ 運ぶ 鍛冶屋
				umun₂ murub	qablu šakkanakku	大きさ、戦い 胴体、中央 長官
				šiš uru₃ šeš	marāru murru aḫu naṣāru	つらい、苦しい 没薬 兄弟 保護する
				dagal ama	rapāšu ammu	大きい 母
				tur dumu	ṣeḫēru māru	小さい 子
				ša zur₃ naₐ	mānu pitnu ša	外観 太鼓 〜の
				kir₃ šem₃ ub₃ lipiš	kirru uppu libbu	ビール容器 ティンパニ 心
				dub₂ balag ḫum₂	napāṣu balaggu tarāku	引き裂く 管楽器 叩く
				al	allu	鍬
				mar war₂	marru	鍬
				ban	qaštu	弓

74　Ⅱ　シュメール文字の発生

バビロニア・アッシリア

絵文字		古拙文字	古典楔形	後期楔形	音価		意味
					シュメール	アッシリア	
					dilim₂ liš	itqurtu	小鉢
					sa	gidu mašādu	筋肉 押し潰す
					kad kut₂	petu kitu kum	門番 リネン 亜麻
					giš iz is	işu	木材
					dim tim ti₈	dimtu riksu	マスト、支柱 紐
					peš₃ ma	tittu ma	いちじく 船？
					ma₂	elippu	船
					urudu	erū	銅
					kib tur₄ ul₂ šennur	ullu šalluru	鎖、手綱 花梨の木
					šudun	nūru	くびき
					rap rab	rappu	足かせ
					kur₄ lugud₂ lagab nigin₂	kabru karu lagabbu lamu	厚い 短い 塊 囲む
					iš kuš₇ mil sahar	ištar našpantu kizu epēru	イシュタル神 破壊 召使い 砂、ほこり
					za₂ na₄	abnu	石
					dub	ṭuppu šapāku	粘土板 注ぐ

6 常用楔字（アッシリア文字による目次） 75

バビロニア・アッシリア

絵文字	古拙文字	古典楔形	後期楔形	音価 シュメール	音価 アッシリア	意味
					kibir gibil₂	kibirru qilutu šarāpu	おがくず たいまつ 燃やす
					gul sun₂	abātu habātu nartabu rīmtu	壊す 盗む ビールモルト容器 野牛
					gir₄	kīru	かまど
					geštin	karānu	葡萄酒
					zi₂ ze₂	martu	苦い物、胆汁
					uhu₂ uh₂	rutu	泡、唾
					ur₄	esēdu hamāmu	刈り入れる 集める
					gu qu₃	qu	紐 食用植物
					hul₂ ukuš₂ bibra	hadu qiššu	喜ぶ 胡瓜
					še₃ tuk₂ zi₃(zid₂)	zu šubātu qēmu	耳垢 織物 小麦粉
					git lil₂ ge₂ ke₄	šāru salāu (kid) kitu	風 汚れた （能格）筵
					gal kal₂	rabu	大きい
					aga mir uku mere	rēdu agu agāgu šāru	憲兵 冠 怒り 風
					lu₃ gug₂ kuk	dalāhu adāru kukku	混乱する 薄暗い 菓子
					mi, me₂ ges(gig₂) ku₁₀	ṣillu ṣalāmu tarāku	日陰 夜になる 暗い

76　Ⅱ　シュメール文字の発生

バビロニア・アッシリア

絵文字	古拙文字	古典楔形	後期楔形	音価 シュメール	音価 アッシリア	意味
				uri tilla	akkadū urartu	アッカド アルメニア
				uru ur₃	ūru šakāku sapānu	屋根、まぐわ まぐわ 転がす
				erin šeš₄	erēnu pašāšu	杉 塗油する
				kar₃ gar₃	karru abbuttu	刀の柄、握り 髪型
				šik₂ šig₂ ua₃ u₁₆	šipātu	羊毛
				ib dara₂ urta	tubqu nēbettu (nin)urta	内の 腰のベルト ニヌルタ神
				zik zib₂ haš₂	tēlītu šabru	熟練 腿
				ta	itti ištu > ultu	〜と共に 〜から
				ku₃(kug) kuk₂	ellu	純な
				el il₅ sikil	ebēbu	純である
				ši₃ šeg šik	enēšu šehru zaktu	弱い 小さい 尖った
				dugud	kabātu nakbatu	重い 力強さ
				qiq gig	kibtu marāṣu	小麦 病気 病む
				ra	mihṣu zaqātu	叩く 刺す そちらに (奪格)
				qim gim gin₇ dim₂	itinnu kīma banu	企業主 〜のように 作る

6 常用楔字（アッシリア文字による目次） 77

バビロニア・アッシリア

絵文字		古拙文字	古典楔形	後期楔形	音価		意味
					シュメール	アッシリア	
					ku dur₂ tuš gi₇ eš₂	ašābu nadu ṣubātu tukul	存在する 作る 衣服 武器
					dun₂ tin din	ḫajjātu balāṭu	視察官 生きる
					ši₇ sig₇	arāqu	緑である 生きる、居る pl （単数は til）
					ri dal	ramu zâqu parāšu	叩く 息をする 飛ぶ
					tuku₄ bul pul bu₄	eššebu napāḫu našu	ふくろう 吹く 震える
					tum₃	abālu	持ち来る (sg.maru) tum₃ (sg.ḫamtu は di₆) (pl.は共に laḫ₄)
					guruš kala(g) lab esig	eṭlu danānu lamassu ušu	英雄 強くある 守護神 閃緑岩
					na₃ ag ša₅	nabu epēšu ḫaṣāṣu	ナブ神 作る 切る
					ti sa₂ šub₃ silim	dīnu šanānu salāmu šalāmu	裁判する 比べる 好ましい 完全である
					šu₂	saḫāpu erēqu katāmu kiššatu	投げる 暗い 隠す 合計
					gam gur₂ gum₄	kapāpu matu kamāšu	穴を掘る 死ぬ 曲げる
					me₃	tāḫāzu	戦う
					kun₃ qu gu₈(gum)	ḫašālu	砕く
					lum ḫum kus₂	unnubu ḫamāšu	実を結ぶ 押し潰す
					zar sar₆	šarāru	湧き出る 流れる

78　Ⅱ　シュメール文字の発生

バビロニア・アッシリア

絵文字		古拙文字	古典楔形	後期楔形	音価 シュメール	音価 アッシリア	意味
					gal₆ te temen	letu ṭeḫū temennu	ほほ 近づく テラス
					lal	šaqālu kamu maḫāṣu	支払う 繋ぐ 遠のく
					ram ag₂	rāmu madādu	愛する 量る
					gaz kas₃	dāku ḫepu ḫašālu	殺す 破壊する 押し潰す
					nigin	lamu paḫāru	取り囲む 集める 10 sila₃
					lil	lillu	間抜けな
					galam	naklu	巧みな、ずるい
					aga₂ gin₂ tu du₆	pāštu šiqlu mēlu šuplu	斧 シェケル（重さ） 高さ 深さ
					gur taru kur₃	kurru	（容量単位） 1gur=144sila₃ （120L） 1gur・lugal =300sila₃
						taru kapāru	回す 磨く
					lal₂	šamādu šaqālu	手当てする 支払う
					meš miš	meš miš	（複数）
					kam ka₁₃ udul₂	kam qam₂	（序数詞）
							（重複音）
					kimin u₇		（反復記号）

6 常用楔字（アッシリア文字による目次） 79

バビロニア・アッシリア

| 絵文字 || 古拙文字 | 古典楔形 | 後期楔形 | 音価 ||意味|
					シュメール	アッシリア	
					sa₄	nabu	明言する
						nebu	輝く
					tur₃	tarbaṣu	家畜小屋で飼う
					umbin	ṣupru	爪
					bulug	kudurru	子孫
						pulukku	国境
					si₄ su₄ gun₃	pelu barumu	赤い 雑色の、輝く
					um	umma	母、老婦人
					ninnda₂	namaddu illūru	秤量フラスコ アネモネ
					azu ušbar₂	bāru išparu	占い 機織り
					gizzal	gišallu matāku	櫂 ポタポタ落ちる
					sila₄ išhara₉	puhādu ištaru	子羊 イシュタル神
					arhuš ama₅	rēmu rēmtu	母胎 女部屋 憐れみ深い
					suhur suh₂	purādu qimmatu	大鯉 毛
					šaman₂ šakan	šappatu šiqqatu šamallu	水差し 小瓶 見習い
					Dalla idigna	dalla šūpu idiglat	ダラ女神 輝かす チグリス川
				(maš-tik-gar₃)		kamkammatu	環

III シュメール文例

1 ア・アン・ネ・パッダの奉献文
2 ウルナンシェの奉納額
3 ウルナンシェ碑文
4 禿鷹の碑文
5 エンテメナの壺の銘
6 エンテメナ碑文
7 エラム国への人材派遣
8 エンエンタルジの記録
9 ルーガル・アンダの記録
10 ウルカギナ改革碑文
11 ウルカギナの記録
12 ルーガル・ザゲシの壺碑文
13 アッカド王朝シャルカリシャル時代の文献
14 グティウム時代のグデア
15 グデア像の碑文
16 ウルナンム碑文
17 シュルギ賛歌
18 アマル・シン時代の領収書
19 小作料（地主ハハアの収入）
20 シャルムバニからの手紙（シュ・シン王宛のもの）
21 裁判資料
22 土地台帳
23 シュメールの動物たち
24 シュメールの人生訓

1 ア・アン・ネ・パッダの奉献文

　古拙文字の後、シュメール文が多く残っているのはウル王朝以後である。イギリスの考古学者レオナード・ウーリーがウルの発掘に成功し、数千枚の粘土板を発見したが、その一つはウル第一王朝二代の王ア・アン・ネ・パッダ（アンが選んだ父、の意）がニン・フルサグに神殿を捧げた、と言う粘土板である。（紀元前 2800 年頃）

　　^{d}nin-hur-sag
　　神ニン・フル・サグに
　　a-an-ni-pad$_3$-da
　　ア・アンネ・パッダは
　　lugal urim$_2$（= šeš-unug）
　　王　ウル（ウリム）の、
　　dumu　mes-an-ni-pad$_3$-da
　　息子、　メス・アンネ・パッダの
　　lugal　urim$_2$
　　王の　ウルの
　　^{d}nin-hur-sag　　　 e$_2$
　　ニン・フル・サグ神殿を（建てた）----

紀元前 2500 年頃からラガシュに連続六代の王が続くウル・ナンシェ王朝が生まれるが、彼らが多くの碑文を残したためかなりシュメールのことが分かるようになった。ニン・フルサグは出産の神であった。

2 ウルナンシェの奉納額

　次の字はラガシュの王ウルナンシェがラガシュの守護神であるニンギルスの神殿に絵馬のように納めた奉納額の字である。額には家臣や王子たちが祝宴を開いている様があり、左端に立っているウルナンシェの肩の所に「ラガシュのルーガル、ウルナンシェ」と書かれている。日本語では数字の順に読む。

2　ウルナンシェの奉納額　83

ウルナンシェの奉納額(1)

5	uru-ᵈnanše	ウルナンシェは
4	lugal	王の
3	lagaš	ラガシュの
2	dumu gu-ni-du	グニドゥの子の
1	dumu gur-sar	グルサールの子の
6	e₂ ᵈnin-gir₂-su	ニンギルスの神殿を
7	mu du₃	建てた

　意味は「グルサールの子、グニドゥの子のラガシュの王ウルナンシェはニンギルスの神殿を建てた」である。
ここで絵では語の順序不同が目につく。理由は奉納額の場合、神（dingir）の字を文字の頭に置きたいためである。元来ニンギルスは名の通り、もとはラガシュのギルス区の女神であったが後にラガシュ町全体の男神となる。ギルス区は位置ではウンマとラガシュの丁度中間にある。　次も奉納額の言葉である。

ウルナンシェの奉納額(2)

uru-ᵈnanše	ウルナンシェは
lugal	王の
lagaš	ラガシュの
e₂ ᵈnanše	ナンシェの神殿を
mu du₃	建てた、
zu-ab ban-da	地下水(神殿)を
mu du₃	建てた、
ma₂ dilmun	ディルムンの船で
kur ta	外国から
gu₂-giš mu gal₂	丸太を運んだ

古いシュメール語であるため、gir₂-su の後に -ak（～の）の表現がない。また mu du₃ の間に na（それを）がない。

zu-ab はアッカド語の ap-su から移入されたもの。banda という字は dumu とも tur とも読めるが、ここでは送り仮名 -da を付けてあえて banda と読ませている。小さな海、で地下水のこと。ここでは水神エンリルの神殿を建てた、の意。dilmun は苦しみがなく年を取らない理想の国と考えられたがそれを表現するには ni tuk つまり油を（豊富に）持つ所、と一字で書いた。現在のバーレーンだと言われる。

3 ウルナンシェ碑文

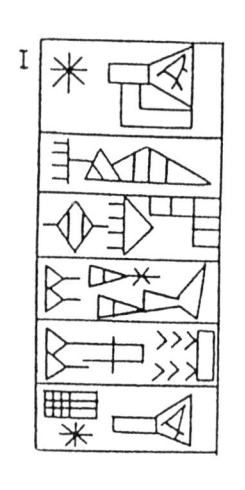

第一欄

ur-ᵈnanše	ウルナンシェ	ᵈnanše の下に ur と書いている
lugal	王、	
lagaš		la は側線も兼用
	ラガシュの	lagaš = SIR₄-BUR-LA
		（からすの群がる所、の意味）
dumu gu-ni-du	グニドゥの子、	gu の下に ni-du
dumu gur-sar	グルサールの子の	
e₂ ᵈnanše	ナンシェ神殿を	まだ能格は記されないで、名詞の羅列に過ぎない

3 ウルナンシェ碑文　85

第二欄

mu du₃

建てて

ᵈnanše　　　　　　nin uru₁₆

ナンシェ神（の像）を、気高い女王

mu tur₅

入れ給うた。又

eš₃　gir₂-su　　mu du₃

社を　ギルス地区の　建てて

ᵈsul-ša-ga

シュルシャガ神（の像）を

mu tur₅

入れ給うた。

ib-gal

イブガル神殿を

第三欄

mu [du₃]

建てて

[ᵈlu]gal ur[-tur₃]

ルガル　ウルトゥル神（の像）を

mu tur₅

入れ、　また

lugal URU × KAR₂

ルガル・ウルガル神（の像）を

mu tur₅

入れ給うた。

na　はこの時代はまだ表記してない

ᵈnanše の下に nin uru₁₆

nin uru₁₆　uru₁₆ = en 気高い

mu 上位者への敬語

ᵈsul の字は長い事に注意

ib-gal 地区名

gal は左側記入

ウルカル（不明の都市）は
uru の中に kar₂ の字だが
正しい発音も不明
後にエアンナトゥムはウル
クのイナンナ神を招来して
この神と置き換えた

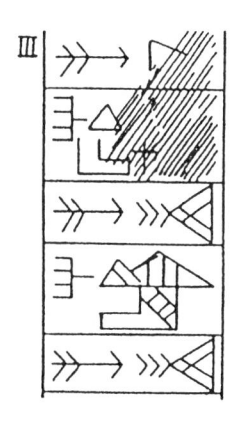

86   Ⅲ　シュメール文例

4　禿鷹の碑文

次は紀元前 2450 年頃ラガシュのウル・ナンシェ王の孫エアンナトゥム王が、隣の都市ウンマと戦い勝った記念碑（禿鷹の碑）に彫られた例である。

エアンナトゥムの禿鷹碑文（次図中で鮮明な第五欄、第六欄のみ次に紹介する）

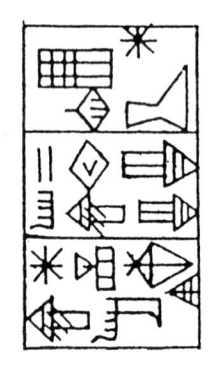

第五欄

e₂-an-na-tum₂
エアンナトゥムが
a-ša₃ ga šu du₁₁ ga
生まれた
ᵈnin-gir₂-su₂ ka da
ニンギルスから。

a-ša₃ ga ＜ a-šag₃ a
du₁₁ ga ＜ dug₄ a
畑に手を触れる、で「生産する」の意味

-ka da ＜ -ak ta

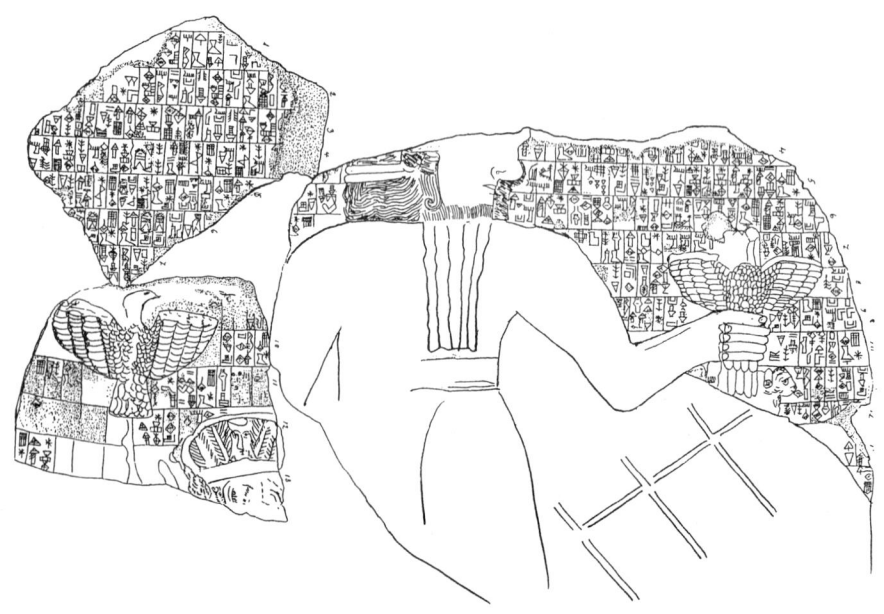

禿鷹の碑文

エアンナトゥムがウンマに勝利した（前2440頃）記念碑の一部。ラガシュの守護神ニンギルスが網で捕まえた敵兵に槌（マイスヘッド）を打ち下ろしている。遺体を禿鷹が啄んでいるので禿鷹の碑という。

4 禿鷹の碑文 87

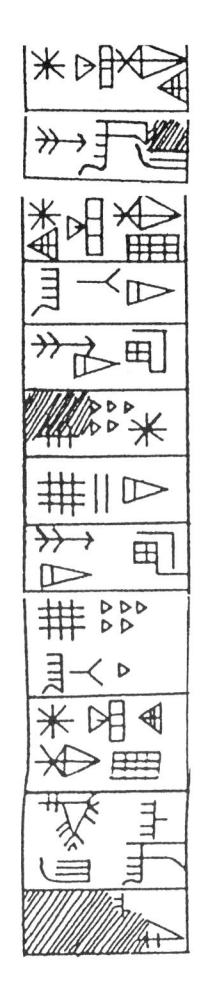

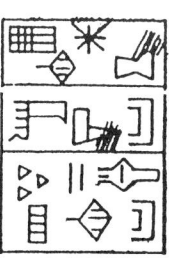

^{d}nin-gir$_2$-su$_2$
ニンギルスは
mu da [hul$_2$]
喜ばれた。
^{d}nin-gir$_2$-su$_2$ ke$_4$　　　　　　ke$_4$　ak e ニンギルス
ニンギルスが　　　　　　　　　　はギルスの女神なので　ak
zapah(= ŠU-BAD) ni　　　　　～の、が付く
彼女の掌幅で
mu ni ra　　　　　　　　　　　　＜　　nir a
計った(ところ)
[kuš$_3$]　5 am$_6$　　　　　　　　an = am$_6$ = it is ～
5エレの長さがあった。
kuš$_3$ a-ni　　　　　　　　　　kuš$_3$ は腕又はその長さ　エレ
彼女の腕で
mu ni ra
計った(ところ)
kuš$_3$　5　zapah(= ŠU-BAD)　1
5エレと 1スパンあった。
^{d}nin-gir$_2$-su$_2$ ke$_4$
ニンギルスは
nam gal-hul$_2$ da
大いなる歓喜で
[nam lu]gal ----
王権を ---。
e$_2$-an-na-tum$_2$
エアンナトゥムは
a$_2$ tuku e　　　　　　　　　本文 da は a$_2$ の間違い
力を持つ所の
kur a-ne še$_3$ na e
異国 彼の に向かって いう。

88　Ⅲ　シュメール文例

e₂-an-na-tum₂ ra
エアンナトゥムに対し

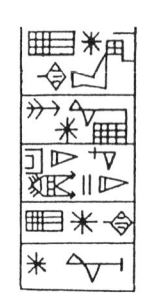

mu ᵈinanna ke₄　　　　　　a 所の、が mu にかかる
名は イナンナ女神が　　　　エアンナトゥムはウルクと同盟
e-ni sa₄ a ni　　　　　　　しイナンナ神を招来し自分の名
(そこで)命名した所の 彼の　　もこじつける

e₂ an-na
「エアンナ神殿に

ᵈinanna
イナンナの

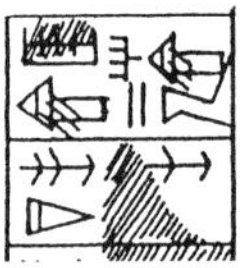

ib-gal ka ka a tum₂　　　　ka ka く ak ak
イブガルの 適わしい」と　　　～の～の
mu mu ni [gar]　　　　　　a-tum₂ く i₃-tum₂
　名づけられ---　　　　　　mu ～ gar 名づける

第六欄

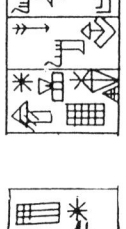

a₂ tuku e
力を持つ---

mu pa₃(d)-da
名づけた名前が

ᵈnin-gir₂-su₂ ka ke₄　　　ギルスの女神の---が なので
ニンギルスの　　　　　　　ka ke₄ く ak ak e

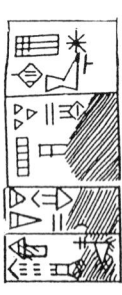

e₂-an-na-tum₂ me　　　　　e は能格
エアンナトゥムで、

kur a-ne še₃ ga₂-[ga₂-de₃]
異国 彼の に向かって投げながら---

nig₂ ul-li₂-a da
古いしきたりにより

gu₃ nam mi de₂　　　　　　gu₃ ～ de₂　叫ぶ
叫んだ。　　　　　　　　　nam mi de₂ く i₃ bi de₂
　　　　　　　　　　　　　nam 強意

5 エンテメナの壺の銘   89

ensi₂	ensi₂ = PA-TE-SI
「エンシよ	町長、王
umma^ki	umma= GIŠ-UH₃ と書く
ウンマ町の、	
me　an-ni　še₃	Me 原理、規則
真理 アン神の にかけて	
lu₂ da ---	
人に ---。	
gu₂ eden-na	
グエデンナで	地名、直訳すれば、エデンの首
ª⁻ˢᵃ³GAN₂　ki-ag₂	a -ša₃ 畑の限定詞
畑である　愛する	
ᵈnin-gir₂-su₂ ka	
ニンギルスの、	
e-da　ku₂ -e	ku₂ e 食事する
共に利益を得る事を	šub be₂ ＜ šub e
he₂ šub -be₂	投げ捨てる
よう　中止し」と。	he₂ 〜しよう

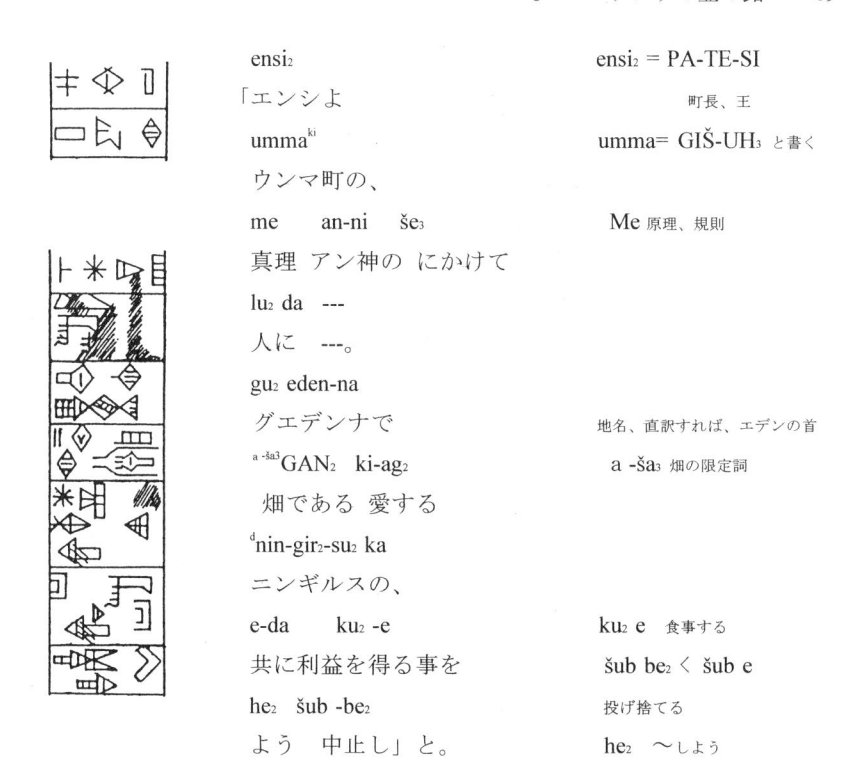

5　エンテメナの壺の銘

次の文はエアンナトゥムの甥、エンテメナの壺に書かれた文である。

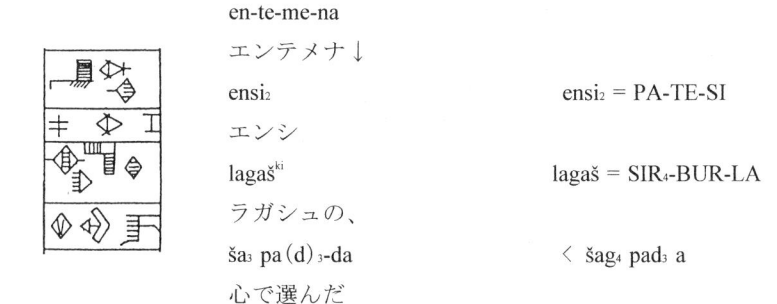

en-te-me-na	
エンテメナ↓	
ensi₂	ensi₂ = PA-TE-SI
エンシ	
lagaš^ki	lagaš = SIR₄-BUR-LA
ラガシュの、	
ša₃ pa(d)₃-da	＜ šag₄ pad₃ a
心で選んだ	

エンテメナの壺

テロ出土、高さ35cm
エンテメナがニンギルス神に奉納した銀の壺。鳥はライオンの頭を持つ鷲で、アンズー鳥（シュメールではイム・ドゥグドつまり嵐の鳥）と呼ばれる。
ニンギルス（後のニヌルタ）はアンズー鳥を打ち破り、アンズー鳥に化身したニンギルスが二頭のライオンを摑んでいる。

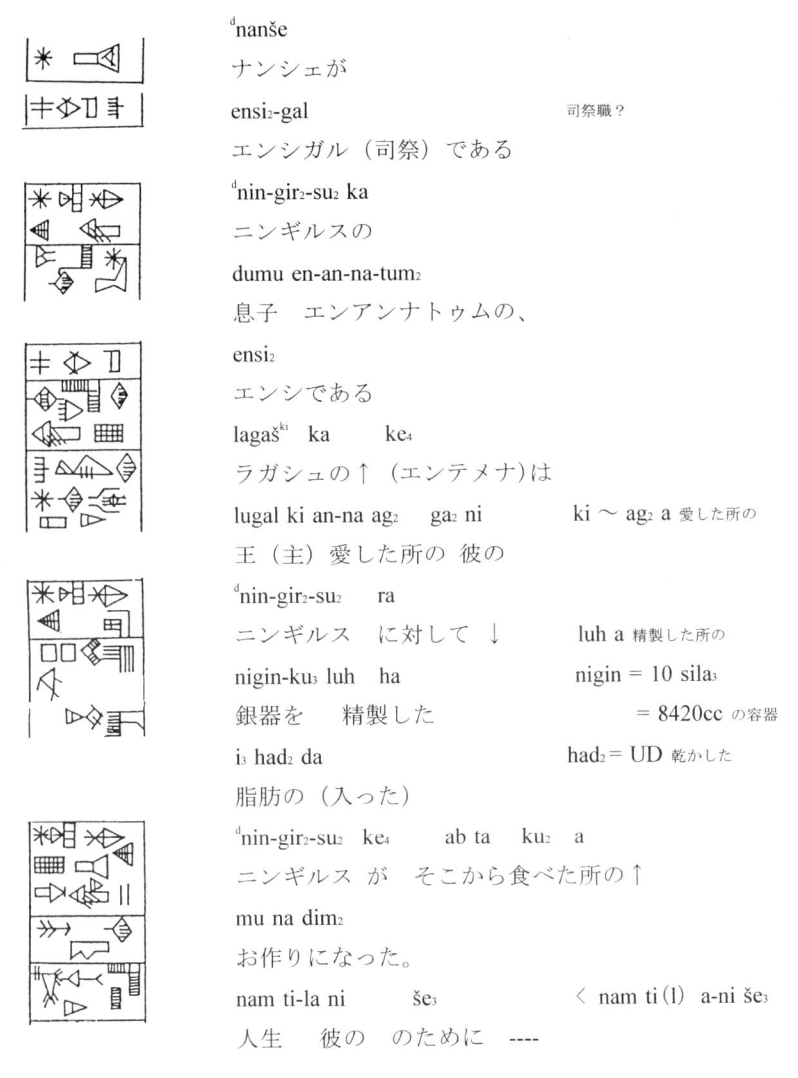

5 エンテメナの壺の銘　　91

^{d}nanše
ナンシェが

ensi₂-gal　　　　　　　　　　　司祭職？
エンシガル（司祭）である

^{d}nin-gir₂-su₂ ka
ニンギルスの

dumu en-an-na-tum₂
息子　エンアンナトゥムの、

ensi₂
エンシである

lagaš^{ki} ka　　ke₄
ラガシュの↑（エンテメナ）は

lugal ki an-na ag₂　ga₂ ni　　ki ～ ag₂ a 愛した所の
王（主）愛した所の　彼の

^{d}nin-gir₂-su₂　ra
ニンギルス　に対して↓　　　luh a 精製した所の

nigin-ku₃ luh　ha　　　　　nigin = 10 sila₃
銀器を　精製した　　　　　　= 8420cc の容器

i₃ had₂ da　　　　　　　　had₂ = UD 乾かした
脂肪の（入った）

^{d}nin-gir₂-su₂ ke₄　　ab ta　ku₂　a
ニンギルス　が　そこから食べた所の↑

mu na dim₂
お作りになった。

nam ti-la ni　　še₃　　＜ nam ti(l) a-ni še₃
人生　彼の　のために ----

訳
　ラガシュのエンシであったエンアンナトゥムの子であり、且つ神ニンギルスの司祭であるナンシェが心から選んだ、ラガシュのエンシであるエンテメナは、ニンギルスがそこから牛脂を食べた所の（この）精製銀器を、彼の愛した王ニンギルスのためにお作りになった。彼の人生のために----

6 エンテメナ碑文

　第四代のエンアンナトゥム、第五代のエンテメナもグ・エディン（平野の首）と呼ばれる肥沃な土地をめぐって、都市国家ウンマとの長い戦いに明け暮れしていた。次はエンテメナ（一説にエンメテナ）の碑文の一部である。

uš	ensi₂	umma ᵏⁱ	ke₄		ensi₂ = PA-TE-SI
ウシュ	エンシである	ウンマの	は		

nam-enim ma	diri-diri	še₃	e-ag		umma = GIŠ-UH₃
苦情を	長々と		申し立てた。		lagaš = SIR₄-LA-BUR

na-ru-a bi	i₃ pad	edin	lagaš ᵏⁱ	še₃	i₃ gen
境界石を その	破壊して	平野	ラガシの	の方へ	進軍した。

ᵈnin-gir₂-su	ur-sag	ᵈen-lil la₂	ke₄
ニンギルス	英雄である	神エンリルの	は

dug₄ si-sa₂	ni	ta	umma ᵏⁱ	da
言葉 正しい	その	によって	ウンマ	と

dam-ha-ra	e-da-ag	dug₄	ᵈen-lil la₂	ta
戦闘を	行い	言葉	神エンリルの	によって

sa-su₂	gal	bi₂-su₂	sahar-dul	tag₄	bi
投げ網を	大きな	投げた。	埋葬塚を	残された	その

6 エンテメナ碑文　93

edin -na　　ki -ba　　　　i₃ -uš -uš
平野に　　　そこに　　　　積み上げた。

e₂ -an -na -tum　　ensi₂　　lagaš ᵏⁱ
エアンナトゥム↓　　エンシである　ラガシの

pa -bil₃ -ga　en -te -me -na　ensi₂　lagaš ᵏⁱ　ka　ke₄
祖先にして　　エンテメナ　　エンシである　ラガシの　の↑　は

en -a₂-kal -le　ensi₂　umma ᵏⁱ　da　ki　e　da　sur
エナカルレは　エンシである　ウンマの　　と共に　境界を　定めた。

　　　　　　　　　　　　　　　　　　　　　　gu₂-edin-na
e　bi　ⁱᵈ²　nun　ta　gu₂ -edin -na　　še₃　< gu₂ edin ak
運河を　その　ヌン運河　から　グエディン（平野の首）まで

　　　　　　　　　　　　　　　　　　　　　　e₃ = ud-du
ib₂　ta　ni　e₃　　　　--------------------　ib₂ ta ni e₃
（そこからそこで）　導いた。　　　　　　　< i₃ b-ta ni e₃

na -ru₂ -a　bi　izi　ba　si₃　i₃　pa(d) -pad
記念碑を　その　火に　　投げ込み　粉砕した。

bar₂ -ru -a　dingir re₂ -ne　nam -nun-da -ki -gar ra
チャペルを　神々の　　　　ナムンダキガラ　　で

III シュメール文例

𒂍 𒁕 𒈾 𒁳 e ma dib₂
ab -du₃ a i₃ gu(l)-gul kur-kur e ma dib₂ ⟨ i₃ b na dib₂
建てた 所の 壊し、 国々を 彼が占領した。

e ki -sur -ra ᵈnin-gir₂-su ka ka e ma ta bal
溝を 境界の ニンギルス の 連結した。

en-an-na-tum₂ ensi₂ lagaš ᵏⁱ ke₄ u₃-gig-ga
エンアンナトゥム エンシの ラガシュの は ウッギガで

a-ša₃ gan₂ ᵈnin-gir₂-su ka ka giš ur-ur še₃ e da lal
野にある 土地 ニンギルス の の 棒を 喧嘩 で 振り上げた。

en-te-me-na dumu ki-ag₂ en-an-na-tum₂ ma ke₄
エンテメナ 息子 愛する エンアンナトゥムの は

tun₃ še₃ i₃ ni si₃ ur-lum-ma ba da kar
斧 で 打ち倒した ウルルンマを 逃げた。

ša₃ umma ᵏⁱ še₃ e gaz ne₃-ni erim 60-an
中 ウンマの で 彼が切った 軍の 彼の 兵 60人を。

gu₂ ⁱᵈ² lum-ma-gir₂-nun-ta ka e še₃ kid₂
川岸に ルンマギルヌンタ川 の（そこに）残した。

解説

エンシ（王）は pa-te-si と三文字で表す。煙の草と書いて、タバコと読むようなものである。シュメール文化が基本的に一文化でなかった事を証明する。ラガシュの町も実際には sir₄-bur-la 又は sir₄-la-bur と表す。又、ウンマの町は giš-uh₃ と二文字で表す。

地名の後に来る ki は地名である事を示す限定詞で、特に発音しないので小さい文字で書く習慣がある。この場合 ke₄ ＜ ak e （〜の〜は）の前の名詞については主格でなく、能格であることを示している。

nam-enim （＜ nam-inim）は inim（言葉）に nam（抽象名詞化する単語）を付けて、苦情の意味。diri-diri は dirig （踏み越えていく、前に進むの意味）から出た言葉で、一杯で溢れ出た〜の意。そこでダラダラと、長々との意味になる。文字も si + a （水が溢れる）と書く。e（言う）の単数過去は dug₄ である。

e-ag, e ak は話しをする、の意味。edin（平野、エデンの園）は ▩ だが ga-hur-dul ▩ ▩ ▩ と三文字でも書かれ、首のような所があったらしい。sahar は土砂、dul は堆積物、kid₂ は残った物の意味。uš の字は元来 giš₃ と読みペニスのこと。ここでは積み上げる、保持するの意味。pa-bil₃-ga については、pab は男性・父・兄弟で、且つ pab-bil₂-gi 又は pab-(giš-) bil₂-ga は祖父の意味だが、pab を pa で代理させて pa-(giš)-bil₂-ga という言葉になった。ここではエアンナトゥムはエンテメナの伯父であるからである。

〜 pa-bil₃-ga entemena ensi₂ lagaš^ki ka ke₄ について、ka ke₄ ＜ ak ak e であり、この意味は lagaš の ensi、entemena の祖先〜は、となる（e 能格）。ki e da sur ＜ ki i da n sur ki 〜 sur で境界を作る、の意。id₂ は二字で川の限定詞である。i₇ と書く事もある。ib₂ ＜ i₃ b は動詞の前置詞。e₃ (＜ e₃(d)) は二字で、出るの意味。元来は太陽が出る、であった。e-ki-sur-ra ＜ e ki-sur ak 境界の溝 ᵈnin-gir₂-su ka ka ＜ ᵈnin-gir₂-su ak ak ギルスの神ニンの〜 a-ša₃ は a-šag₄ でもよい。ur-ur は犬と犬が寄るとすぐ吠えるから、喧嘩の意。ne₃ は軍隊、erim は兵隊特に雇われたもの。蒲鉾型 D は 1 又は 60 を示す。印度では桁を上げたときは ＊ を打った。つまり 1 は 1 だが、1＊ と書けば 10 である。これが「零の発見」といわれるものであるが、シュメールではこれがなかった。そこで

1 を書けば 1 及び 一桁上の 60（60 進法であるから 10 ではない）を示すのである。もっとも二桁上の 60 × 60 = 3600 を示すときは 〇 を書いた。

ib₂ ta ni e₃ ＜ i₃ b-ta ni n e₃　　全体は代名詞を含む動詞句で、対格+方向詞+所格+主格+動詞　となる。b-ta ni は、そこからずーッとここまで、の意味。所格の ni は口語体では a となる。na は主格、彼は。e₃ は完了 hamṭu の動詞 で、出した、導いたの意味である。

7　エラム国への人材派遣

表

I 列目

　　　2.20　　guruš

　　　　　　140（60 × 2 + 20）人の労働者を

　　　lu₂ dab₅ unug ᵏⁱ

　　　　　　人は受ける、ウルクから。

　　　3.35

　　　　　　215（60 × 3 + 35）人を

　　　adab（ud-nun）ᵏⁱ

　　　　　　（読みと書きに違いがある）
　　　　　　アダブから。

　　　1.14

　　　　　　74（60 × 1 + 14）人を

II 列目

　　　nibru（en-lil₂）ᵏⁱ

　　　　　　（ニップルはエンリルが守護神）
　　　　　　ニップルから。

　　　1.50

　　　　　　110（60 × 1 + 50）人を

　　　lagaš（šir-bur-la）ᵏⁱ

　　　　　　（šir-la-bur とも）
　　　　　　ラガシュから。

　　　1.06

　　　　　　66（60 × 1 + 6）人を

　　　šuruppak（su-kur-ru）ᵏⁱ

　　　　　　シュルッパクから。

III 列目（裏右）

　　　2.08

　　　　　　128（60 × 2 + 8）人を

98　Ⅲ　シュメール文例

　　　　[楔形文字]　（不鮮明）

　　umma (giš-kušu₂)ᵏⁱ　　　　　　　　　ウンマから。

Ⅳ 列目（裏左）

　　　　[楔形文字]

　　an -še₃-gu₂- (dir)　　　　　　　　　小計（上までを含めて）

　　　　[楔形文字]

　　11.00 la₂ 10　guruš　　　　　　　　650 (600 + 60 − 10) 人を

　　　　[楔形文字]　　　　　　　　　　（en-gi-ki は ki-en-gi と読む）

　　lu₂ dab₅　en-gi -ki　　　　　　　　人は受ける、シュメールから。

　　　　　　　　　　　　　　　　　　　[記号] = 1
　　　　　　　　　　　　　　　　　　　[記号] = 10
　　　　　　　　　　　　　　　　　　　[記号] = 60
　　　　　　　　　　　　　　　　　　　[記号] = 120

8　エンエンタルジの記録

第一　表

168 (2 × 60 + 50 − 2) グルの
　še gur   sag gal₂
大麦と　山盛りの

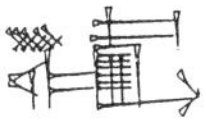

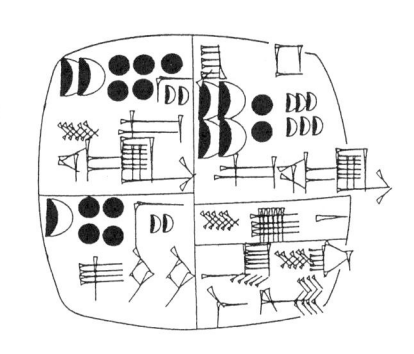

98 (60 + 40 − 2) グルの
ziz₂ babbar 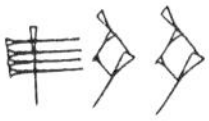
エンマ小麦とを　白い
šu nigin₂
合計した、 
266 (4 × 60 + 20 + 6)
gur   sag gal₂
グルは　山盛りの

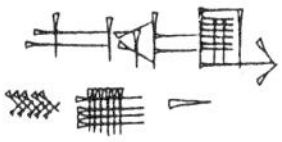

še   u₂-rum
麦である　の所有の 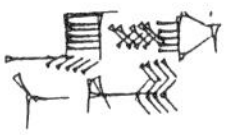
en-en₃-tar-zi
エンエンタルジ。

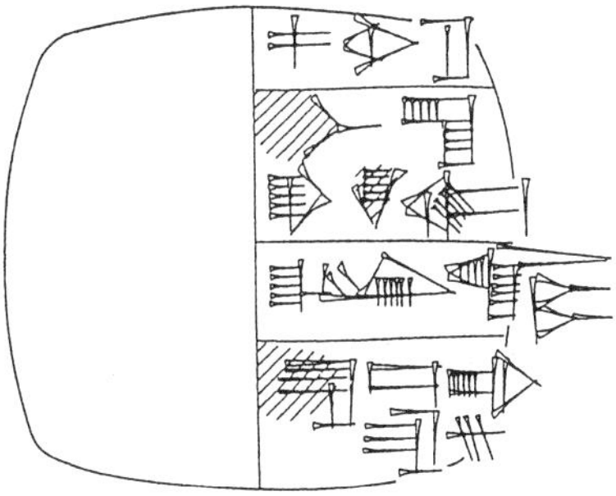

裏

ensi₂
エンシである
lagaš^{ki} ka
ラガシュの
lugal-pirig-tur
ルガル・ピリグ・トゥール*（が承認する） 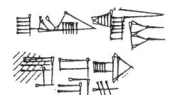
sanga　　^{giš}kaš-ra　III
サンガ。　酒の封印の　治世 III 年。　　*小獅子王の意

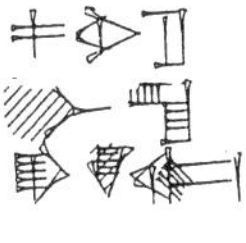

第二 表

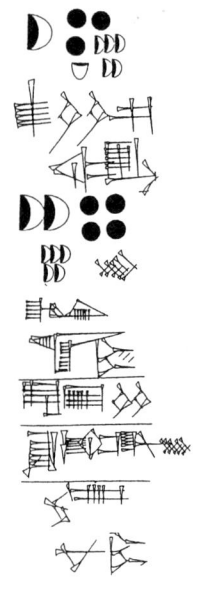

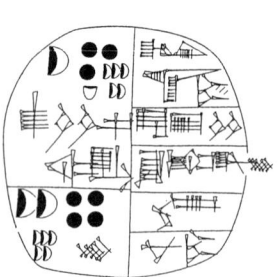

95 (60 + 30 + 5)　　1 barig　　1 barig = 36 シラ
95 グル 36 シラの
ziz₂ babbar　gur　sag gal₂
白いエンマ小麦と 山盛りの
165 (2 × 60 + 40 + 5) še
165 グルの　　大麦とを、
lugal-pirig-tur
ルガル・ピリグ・トゥールが
sanga　e₂ babbar
サンガの 白い神殿の、
šu　a-ne　gi₄
手で 彼の 取り戻した（ので）、
šubur　nu-banda 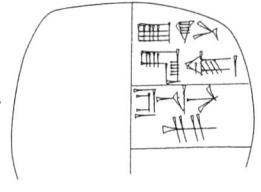
シュブール 監督は

裏

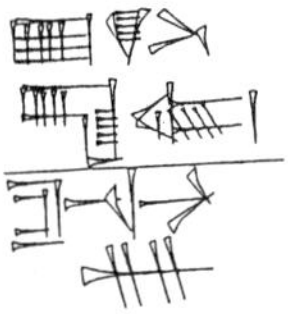

e₂　ki-sil₂- la ka
神殿の キシラ の、　　　ki-sil₂- la ka < ki-sil₂-la ak
e bal　　　　　　　　IV
（倉庫に）移した。 治世 IV 年。

第三

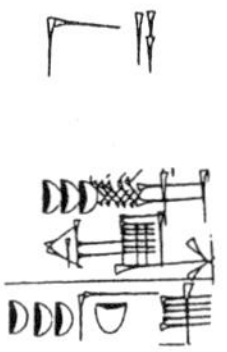

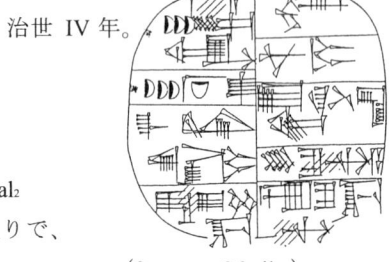

la₂-a
借方としては、
3 še gur　　　　sag gal₂
3 グル 大麦と 山盛りで、
3 gur - 1 ziz₂　　　　　(3 gur - 36 sila₃)
2 グル 108 シラの白いエンマ小麦を
lugal-pirig-tur 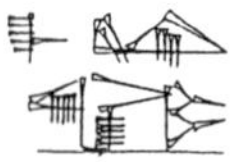
ルガル・ピリグ・トゥールに対し、

8 エンエンタルジの記録　101

ルーガル・アンダの記録

1

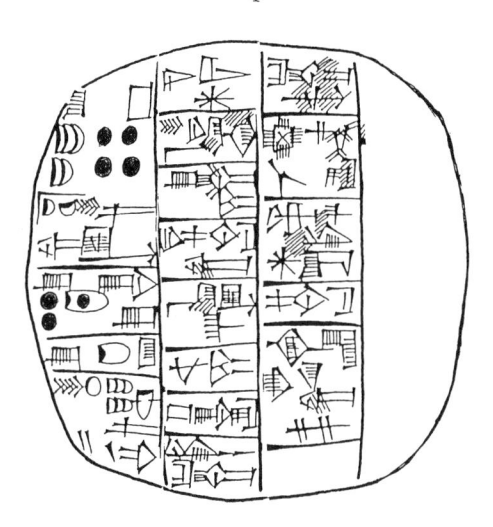

2

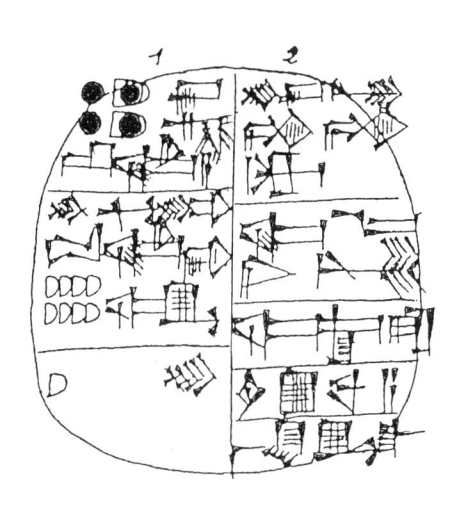

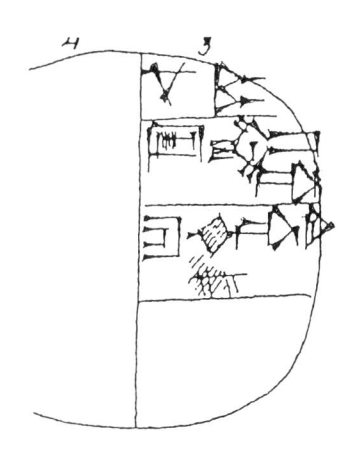

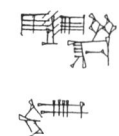

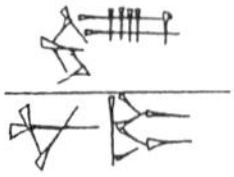

sanga　　e₂ babbar ra₂　　　babbar ra₂ < barbar ak
サンガの　白神殿の、

šubur　　　　nu-banda
シュブールが　監督の

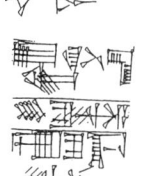

e₂　　　ki-sil₂-la ka
神殿の　キシラの、

še　　　　e　　bal a
麦量を（倉庫に）戻すべき所の

dub　　　e　da bal
粘土版に　書き込んで、

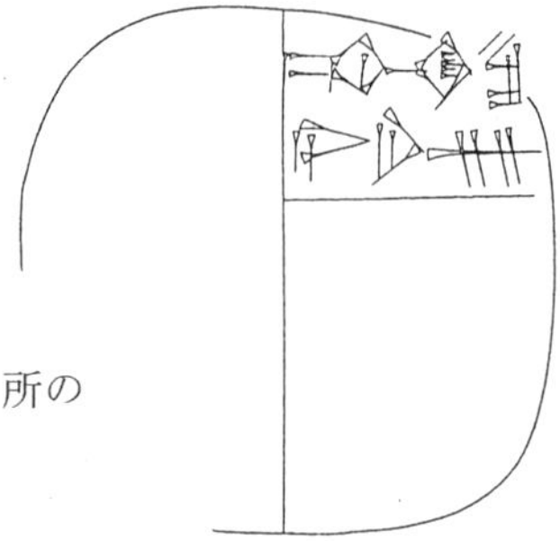

裏

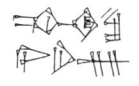

gu₂　na e　i₃ gar　　　IV
首に　彼の　置いた（負債とした）。　治世 IV 年

　　　　　　　　　　gu₂ 〜 gar 負債を負わす

9　ルーガル・アンダの記録（前頁参照）

第一

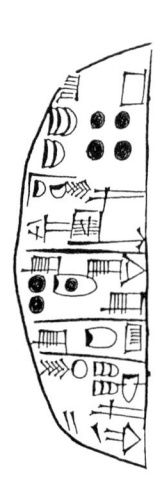

šu nigin₂　340.0.0
合計　*340 グルから

la₂ 1.1.0 še gur
マイナス 1 グル 36 シラの

sag-gal₂
山盛りの大麦は

gan₂ bi 2 1/3 (bur₃)　gan₂
畑 その 2 ブル 6 イクにて（収穫した。）

gan₂　1 (iku)　še
つまり 1 イクの畑について

še 16.0.1　gur-2-ul
大麦 16 グル 6 シラを

*初期王朝の単位では 1.1.1 は
1 グル D、1 バリク ⌣
6 シラ（1 バン）⌣ を示す

1 gur = 4 barig = 24 ban₂
= 144 sila₃

ここでは 338 グル 108 シラ

1 bur₃ = 18 iku

1 iku = 60 m 平方

2 ウル・グルでは 1 グル = 72
シラ そこで正しくは 16 グル
9 シラのはず

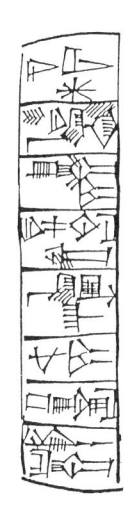

9　ルーガル・アンダの記録　　103

i₃ tuk am₆
収穫した事となる。　　　　　　　　　初期王朝では am₆ = an

še nig₂-en-na**　　　　　　　　　　　ウル第三王朝では
直営地の大麦は　　　　　　　　　　　am₃ = a an

gan₂-gibil-tur
ガンギビルトゥール(小新地)の　　**土地には三つある

kur₆ ensi₂ ka　　　　　　　　　　　　nig-en-na 直営地(エンシ、
エンシのクル地である　　　　　　　　国の土地)と

en-ig-gal nu-banda₃　　　　　　　　　gan₂ apin la₂ 小作地
監督のエンイガルが　　　　　　　　　(貸付の土地)と

giš be₂ ra　　　　　　　　　　　　　gan₂ kur₆ 委託地(割当
脱穀の　　　　　　　　　　　　　　　地、納税後は農民の物となる)

lu₂ didli e ne　　　　　　　　　　　　アマルシンの頃はその比は
個々の人達に　　　　　　　　　　　　67: 8: 25 であったという

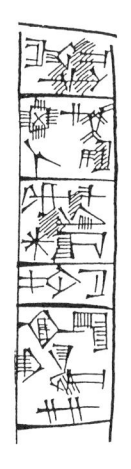

e ne bal
持って行かせた。

bara₂-nam-tar-ra
バラナムターラ

dam lugal-an-da
ルーガル・アンダの妻

ensi₂
エンシである

lagaš^{ki} ka IV
ラガシュの　　治世 IV 年。

　紀元前 7000 年頃メソポタミアの地で二条大麦から突然変異で六条大麦が出現した。体型が太短く粒数が多い物で、これは主としてアジアに広まっていく。紀元前 3000 年モヘンジョダロに伝わり中国には神農の時代に既に五穀として載せられており、殷の頃紀元前 1000 年には広範に栽培されている。

第二

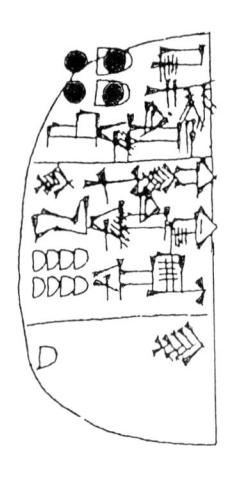

2（bur₃） 12 iku bir₅-   半丸の中に丸印は普通
48 イクの畑では   600 だが gan₂ の前では
re₂ ku₂ a   6 iku
バッタが食べたところの
ṣe numun ṣe gud   bir₅-re₂ = nam-uru
大麦 種子用の と大麦 牛の   gud ra₂ ＜ gud(r) a
-ra₂ ku₂ bi
食べる分の   bi 〜と（位置に注意）
8.0.0.0（gur） sag gal₂
8 グルであった 山盛りで。
1.0.0.0 ṣe
（さらに）1 グルの大麦は

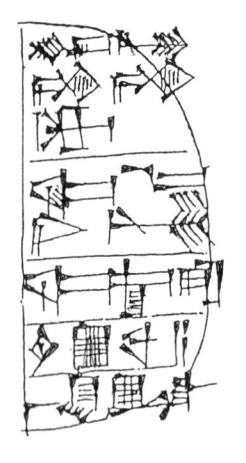

ṣe GAN₂-ge   この場合 a-ṣag₄ e と読
畑で   むので -ge
tag-tag dam   tag 触れること
バラ撒くためのものである   dam ＜ de am₃
inim-ma-
イニマ
ni-zi
ニジが
sag APIN ra   APIN ra = engar ak
耕作人長の。
itu sig₂ ba a
シグバの月（5 月）   sig₂-ba ＜ sig₄-ga
en-ig-gal
エンイガルが

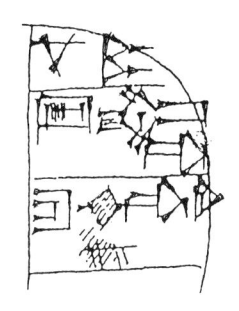

nu-banda₃
監督の
ganun gibil ta
倉庫 新しい から
e na ta   gar
(そこから)出庫した。

　土地に付いては丸が 1 ブル、横向きの半丸　D　が 1 イク、その中に丸を入れると 6 イクを示すが、収穫量では丸が 10 グル、横向きの半丸は 1 又は 60 グルを示す。そして上向き半丸　⌒　は初期王朝では 1/4 グルつまり 36 シラ、ウル第三王朝では 1/5 グルつまり 60 シラを示す。この上向き半丸には横線を 6 本まで引くが、初期王朝では一本毎に 6 シラ増え、第三王朝では一本毎に 10 シラづつ増える。つまりウル第三王朝では 1 グル ＝ 300 シラとされた。

10　ウルカギナ改革碑文

第一欄　　　　　　　　　　　　　　　　　　　先王ルーガルアンダへの批判
　　　　　　　　　　　　　　　　　　　　　　神聖政治への復帰が特徴

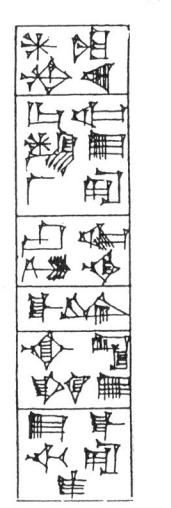

ᵈnin-gir₂-su
ニンギルス神に
ur-sag   ᵈen-lil₂-la₂ ra
英雄である　神エンリルには
uru-ka-gi-na　　　　　　　　　　uru-inim-gi-na とも読む
ウルカギナ
lugal
王である
lagaš^ki　　　　ke₄
ラガシュの　　～は
e₂ gal　　　ti-ra-aš₂
大神殿を ティラシュの

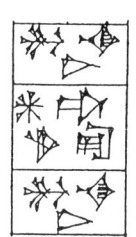

III シュメール文例

mu na du₃　　　　　　　　　　na 彼に
　　建て給うた。(また)
an-ta-sur-ra
　アンタスラ(の神殿)を
mu na du₃
　　建て給うた。

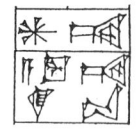

ᵈnanše
　ナンシェ神には　　　　　　　-ir の略
i₇ ninaᵏⁱ du
　運河 ニナ地区に通ずる
　　　　　　　　　　　　　　愛する 彼女の
i₇　　ki-ag₂ ga₂ ni　　＜ ki-ag₂ a-ni
　運河を 愛する 彼女の
al mu na du₃
　鍬で堀り作った。
kun　　　bi
　尾(出口)は その
　　　　　　　　　　　　　　　海　の中に
ab ša₃-ga　　　　　　　　＜ a-ab-ba šag a
　海の中に
mu na ni la₂　　　　　　　ni 焦点化代名詞という
　　繋げ給うた。　　　　　　　正にそこに、の意味

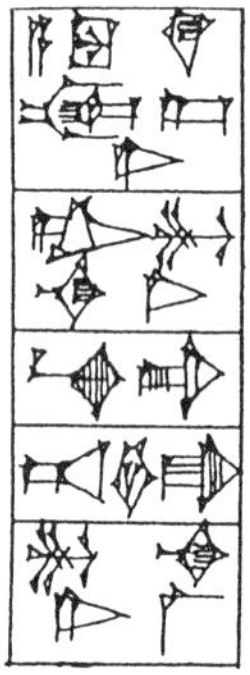

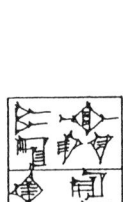

-----

dumu lagašᵏⁱ
　子 ラガシュの (市民つまり)
ur₅-ra ti-la
　利息で生きている人
gur gub-ba
　返却を滞る人 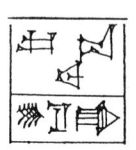
še　　si-ga
　大麦量を隠している人　　　sig-ga ＜ sig₉-a 地中に隠す

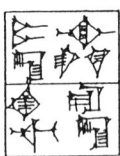

10 ウルカギナ改革碑文　　107

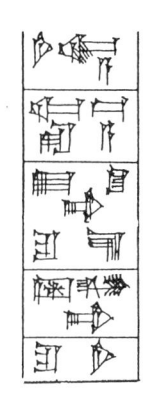

nig₂ zuh a
物を盗んだ人

sag giš ra a
頭を木で叩いた人について

e₂-še₃　　bi　e luh
罪科（？）それらの を洗い

ama-gi₄ bi
自由を その

e gar
確立した。

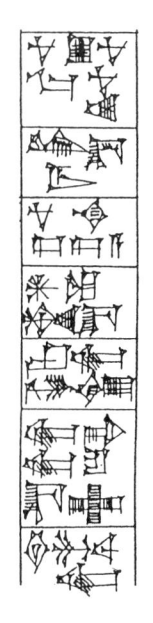

nu-sig₂ nu-ma₂-nu-su
孤児 や 寡婦を

lu₂-a₂-tuk
有力者に

nu na ga₂-ga₂ a
ず（それを）任せ、

ᵈnin-gir₂-su da
ニンギルス と

uru-ka-gi-na ke₄
ウルカギナ　が

inim bi ka e da keš₂　　　ka〜 keš₂ 契約する
言葉に その 契約を結んだ。

ša₃ mu ba ka　　　　〈 ša₃ mu bi ak a
の内 年 その に

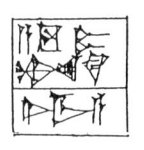

i₇ tur　　　　gir₂-suᵏⁱ
小川（小運河）を ギルスに

i₃　tuk a
持っていた所の

III シュメール文例

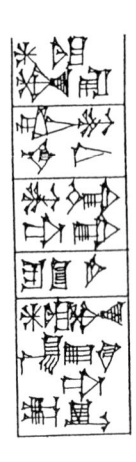

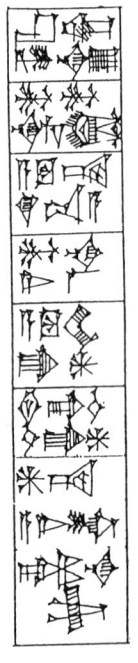

ᵈnin-gir₂-su ra
ニンギルスのために
al mu na du₃
　　堀削し給うた。
mu u₄ bi ta bi
名を 時 その より その
e še₃ gar
そこに設置し給うた(所の)　　　nir-gal₂　眺める
ᵈnin-gir₂-su nibru^{ki} ta nir-gal₂
「ニンギルスがニップルから眺めた(運河)」と
uru-ka-gi-na ke₄
ウルカギナ が
mu mu na sa₄
名称として(それに)名付け給うた。(そして)
i₇ NINA^{ki} du a
運河 ニナにまで流れる に
mu na ni la₂
(それを)繋げられた。
i₇ ku₃-ga am₆　　ku₃ ga ＜ kug a
運河で 清められた それは、　am₆ ＝ it is 〜
sa₃ bi dadag-ga am₆　　dadag ＜ dag₂-dag₂
流れは その きれいであった。　　＝ UD-UD
ᵈnanše a -zal-le he₂ na tum₃
ナンシェよ 水を 流れる 給え もたらし

11　ウルカギナの記録

	uru-ka-gi-na	ウルカギナ、(すなわち)
	lugal	王であり
	lagaš^{ki}	ラガシュの　　*第五十神
	lu₂　e₂	者よ　神殿を
	-ninnu	ニンヌ*の
	du₃　a	建てた所の。
	dingir-ra ni	神(守護神)の　彼の
	ᵈnin-šubur	シュブル女神
	ke₄	が、
	nam-ti	生命の
	-la　ni še₃	彼の　ために、
	u₄-ul-la še₃	永遠に
	ᵈnin-gir₂-su	ニンギルス神
	ra	に、
	kiri₃ šu	キリシュガル*で
	he₂	祈り給え。
	-na	
	gal₂	*祈り方(鼻に手を置く意)

現在の Ave Maria の祈り文にある

　　　Sancta Maria　ora pro nobis ！
　　「聖マリアよ　我らのために(キリストに)祈り給え」

と同じような、取りなしを願う祈り方が既に存在していた事を示す。

　次はラガシュでの行政経済文書の一つであるが、皇后の后宮(e₂-mi₂)での独立の経済活動として、大麦を脱穀し倉庫に納入する間に še-ba とか še-gar とかいう大麦給付が行われていた事を記しているのである。

110   Ⅲ　シュメール文例

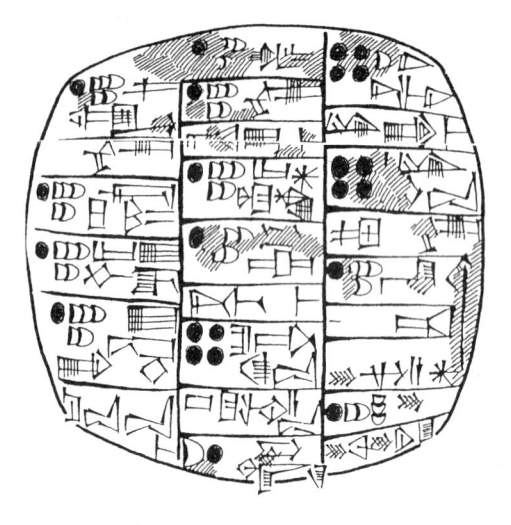

15 še gur-sag-gal₂	大麦 15 グルを（山盛りで）
šubur	シュブルが、
15 gala-tur	15 グルをガラトゥールが、
15 ur-e₂ gid-da	15 グルをウレギッダが、
---- 略	（運んだ）

以下大麦の脱穀搬送した量と人名が続く表であるが、第3欄の最後つまり右下の最後に、še-ba še-gar še と言う言葉がある。

これは女奴隷用の še-ba として 2 グル、豚の飼料用 še-gar として 10 グルを全体の中から給付したとする記事の一部である。では še-ba とは何か。

岩波書店の世界歴史シリーズ第一巻、古代 Ⅰ の第三章（京都大学　山本　茂氏、前川和也氏）の説明によると、后宮は支配者と別の経済活動を持っており、そこの使用人達への現物給与として大麦支給制度が始まったと言う。

使用人の内訳では、女奴隷（実際には下女のような者）とその子供達、めしい達（igi-nu-du₈）、運搬労働者が先ず挙げられる。彼らは后宮内の雑事は勿論、家内手工業的作業場での生産や果樹園、菜園での労働をしていたが、生活にはどうしても定期的大麦支給が必要であった。これを še-ba という。

ルーガルアンダの時代にはいると更に拡張されて、lu₂-igi-lagab （視力の弱い人？）と呼ばれる　倉庫管理人、書記、使者、御者、酌取り人、料理人、侍女、家畜飼育者、醸造や機織りの各種職人にも大麦支給が行われ、これらは še-gar といわれた。それから šub-lugal（王の基礎）と呼ばれる屯田兵にも一時的な大麦支給が行われた。通常は収穫前の端境期の 4〜5 カ月のみであった。それは支配者より各人に耕地（封地）が割当てられてあり、そこから出る生産の一部を分け前（kur₆）として入手出来たからである。以上后宮についてであるが、王にも同様な、それの 20 倍以上のシステムがあったのである。ウルカギナの頃は一万人弱の大麦被支給者があったという。

12　ルーガル・ザゲシの壺碑文

　ᵈen-lil₂　　lugal kur-kur　ra　lugal-zag-gi-si　　　kur-kur ra < kur-kur ak
エンリルから　王　国々の　ルガルザゲシ、すなわち

lugal　unuᵏⁱ-ga　lugal kalam-ma　　　　　　　　　　unuᵏⁱ-ga < unu(g)ᵏⁱ ak
王　ウルクの、　王　国（シュメール）の、

išib　an-na　lu₂ mah　ᵈnisaba　　　　　　　　　　　an-na < an ak
司祭　アンの、人　偉大な　神ニサバの、

dumu　u₂-kuš₃　　ensi₂　umma ᵏⁱ　　　　　　　　　nisaba = ŠE-NAGA
子　ウクシュの、エンシの　ウンマの

lu₂　mah　ᵈnisaba　ka　igi　zi　bar-ra　　　　　　　igi 〜 bar 眺める
人　偉大な　神ニサバの、眼差しで　熱い　見られる者

ᵈlugal　kur-kur ka　　　ensi₂ gal　ᵈen-lil₂　　　　　kur-kur ka < kur-kur ak
神　王の　国々の　によって、エンシガル　エンリルの、　　　ensi₂ gal 僧職？

geštu　sum-ma　ᵈen-ki　　　　　　　　　　　　　　geštu = GIŠ-PI-ŠE₃
知識を持ち　与えた　エンキの　　　　　　　　　　　　sum-ma < sum a

mu pad₃-da　ᵈutu　　sukkal mah　ᵈsin　　　　　　　ᵈsin = ᵈEN-ZU
名を呼ばれた者　神ウトゥによって、首相　神シンの、

šagan　ᵈutu　u₂-a　ᵈinanna　　　　　　　　　　　　šagan = gir₃-nita₂
代理者　神ウトゥの、食糧供給者　神イナンナの、

III シュメール文例

dumu tu(d)-da ᵈnisaba ga zi ku₂ a 　　　　tu(d)-da < tud a
息子 生まれた 神ニサバから、乳で 命を養われた者

ᵈnin hur-sag　　lu₂ ᵈMEŠ₃ sanga unuᵏⁱ-ga　　unu(g) ウルク町
神ニンフルサグによって、人 神メシュの、僧 ウルクの、

sag ehi a ᵈnin a-bu-ha-du　　ehi = a₂-hi-du 保育児 <(akkad.)ahu 兄弟
一番の秘蔵っ子 女神アブハドゥの

nin unuᵏⁱ-ga ka agrig mah dingir-re-ne ra　　unuᵏⁱ-ga ka < unu(g)ᵏⁱ ak ak
女王の ウルク の、 執事 偉大な 神々の へ ----、　　agrig = igi-dub

u₄ ᵈen-lil₂ lugal kur-kur ra ke₄　　kur-kur ra ke₄ < kur-kur ak e
時に↓ エンリル 王 国々の が

lugal-zag-gi-si nam lugal kalam-ma
ルガルザゲシに 王権を 国の

e na sum-ma a igi kalam-ma ke₄　　-a (関係詞) 所の、は u₄ へとぶ
(彼に) 与え、所の 目 国の が

si e na sa₂ a　　si 〜 sa₂ 正しく、真直ぐに
注がれた 彼に まっすぐ、(そして)

kur-kur gir₃ na e ni sig₁₀-ga a　　sig₁₀ = sum 与える
国々が 足元に 彼の 与えられた 所の↑

　　　　　　　　　　　　　　　　　　　　e₃ = u₄-du

12 ルーガル・ザゲシの壺碑文　113

　　　　　　　　　　　　　　　　　　　　　　gu₂ ～ gar 首を置く、服従
u₄　e₃　ta　u₄　šu₄　še₃　gu₂　e　na　gar-ra　a
日の昇る所から　日の沈む所まで　(彼に)服従した。　　buranun=UD-KIB-NUN^ki

u₄-ba　a-ab-ba　sig-ta　ta　idigna　buranun　-bi
その時、　海　　下の　から　ティグリス、ユーフラテス (を経て)

　　　　　　　　　　　　　　　　　　　　-bi そして igi-nim 上の
a-ab-ba　igi-nim-ma　še₃　gir₃　bi　si　e　na　sa₂
海　　　　上の　　　まで、道を　その　彼は　真直ぐにされた。

u₄　e₃　ta　u₄　šu₄　še₃　^den-lil₂　l-e　-e 能格
日の昇る所から日の落ちる所まで　エンリル　は

[gaba]　šu　gar　nu　mu　ni　tuk
反抗者に　手を　置き、なかった　彼に　保たせ。

【訳】

　「国々の王エンリル神より、ルーガル・ザゲシ即ち、ウルク王、シュメール国の王、アン神の司祭、ニサバ神の偉大な人、又ニサバ神の偉大な人で、ウンマのエンシであったウクシュの子、国々の王の神によって熱い眼差しで見られる者、エンリル神のエンシガル、エンキ神の与えた知識を持ち、太陽神によって名を呼ばれた者、シン神の首相、太陽神の代理者、イナンナ神の食料供給者、ニサバ神から生まれた息子、ニン・フルサグ女神によって乳で命を養われた者、メシュ神の人、ウルクの僧、ウルクの女王アブハドゥ女神の一番の秘蔵っ子、偉大な神々の執事、へ----

　国々の王エンリル神が、国の王権をルガル・ザゲシに与え、国の目が彼に真っ直ぐに注がれた所の時に、そして国々が彼の足元に与えられた所の時に、日の昇る所から日の沈む所まで、彼に服従した。その時、下の海からティグリス、ユーフラテスを経て、上の海までその道を真っ直ぐにされた。日の昇る所から日の沈む所までエンリルは反逆者に手を置き、彼に保たせなかった。」

解　説

　既にアッカド人による影響で、かなりセム化が進んで(例えば、エンズ神をシン神という)いるのだが、文字はあえて古風な象形文字に近いものにしている。当時パキスタンのインダス川流域のハラッパやモヘンジョダロにインダス文明が栄えて、ペルシャ湾経由で交流があった。紀元前 2500 年頃の事である。
金、銀、銅、ガラスなどの首飾りや、彩文土器(赤い釉薬を掛けた上に墨色で幾何学模様を上書きした物)や円筒印章などが十進法や六十進法で取引されていた。その仲介をしたのがディルムン(バーレン島)であった。
　lugal-zag-gi-si の名は最初の頁と次の頁とに出て来るが、文字は後の方が分かり易い。本書のフォント字では 𒈗𒍠𒄀𒋛 となる。bar　は普通＋で表される。ensi$_2$　は PA-TE-SI　と書かれる。unug(ウルク)町の、と言う時は unug -ak　であるが unug^{ki} の表現の時は unug^{ki}-ak　ではなく　unu^{ki}-ga(k)となる。
nam　は元来時を告げる鶏であったが、権利、力、抽象概念を示す言葉となった。指示代名詞「その」は普通 bi であるが、u$_4$-ba < u$_4$-bi-a のように ba となることもある。下の海とはアラビア湾で、上の海とは地中海のことである。下の海から上の海までとは正に日の出る所から日の沈む所までの意味である。
ud-kib-nun^{ki}は地名で、ここではその地を流れる川をさす。通称　id$_2$ bur-nun (id$_2$:川 bur:窪地、転じて川 nun:大きい、第一の)のことで現在のユーフラテス川である。　gir$_3$ は anše　と読むと驢馬のことだが、　gir$_3$ と読むと足跡とか道の意味となる。チグリス川の方は激しさの故に神の横たわる姿で表記する。
sa$_2$ は比較する、完成する、の意味だが si〜sa$_2$ は秩序正しくすることである。日(ud)は図の通り地平線から出る太陽だが、日(day)の意味と、表音的には u という音を表す。なお足の形は行った、というときは gen　だが、行く、というときは du と読む。　e$_3$ (< e$_3$(d))　は二文字で一字だが、出る、持ち出すこと。ud の本来の意味は死んでいる。e$_3$ を e$_{11}$ に代える事もある。　ud e$_3$ は u$_4$ e とも読まれる。日が昇る、の熟語。tug は　tuk とも読むが、掴む、保つ、結婚すること。kur は山、転じて国の意味。kur-kur で国々となる。e は話す、告げるの意味。単数過去の時だけは dug$_4$　である。e は元来、道や畝の溝で、水が流れ易いように傾斜をつけられたもの。

13　アッカド王朝シャルカリシャル時代の文献

シュメール王国の歴史には一時アッカド王朝が出現するが、そのシャルカリシャリ王の頃（紀元前2300年頃）のラガシュの文献として発表されている。

Obv.

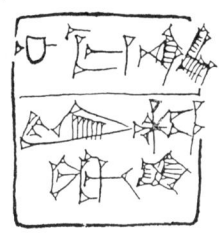

表　1/2　ma-na　ku₃
　　1/2 ミナの銀を
　　lu₂-ᵈutu / dam-gar₃
　　ルウトゥが　商人

Rev.

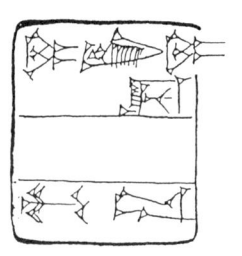

裏　dumu lu₂-ban₃- / da
　　息子の　ルバンダの
　　　　mu- du
　　　　持ってきた。

Obv.

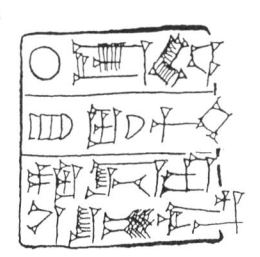

表　10 gin₂　ku₃-babbar
　　10 シェケルの銀と
　　4 udu　1 maš₂
　　羊 4 子山羊 1 を
　　sipa-da-ri₂ /
　　シパダリが
　　sa-gi（SILA₃.ŠU.DU₈）mah
　　酌取人長の

Rev.

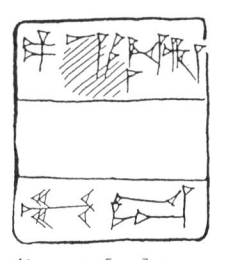

裏　ugula [zu₂]-ha-ar
　　監督で　ツハルの
　　　　mu- du
　　　　持ってきた

解　説

　蒲鉾を輪切りにしたような字は 1 （又は 60）を表す古い表現である。それに横に櫛を通したような字は 1/2 を表す。丸は 10 （又は 3600）を表す。
太陽二つを書くと bar₆-bar₆ 光輝く、という意味になるが、後太陽は一つになり発音も babbar となった。ku₃（< kug）は元来仏像などに描かれている背光を字にしたもので、意味は聖なる、純粋なる、である。ここでは ku₃-babbar で銀のことをいう。
1/60 mana = 1 gin₂ は金属の重量単位で、アッカド語では 1 gin₂ = 1 シェケルであった。1 mana は今の 500 g 位という。
dumu と banda と同じ文字を使い分けるが、後に da という送り仮名があるので banda と読む事が分かる。mu-du は この場合 mu-tum₃(持ってくる)と読むのであろう。
SILA₃-ŠU-DU₈ はアッカド語では sagi という。

重量は　　180 še （グレイン）= 1 gin₂ （シェケル）
　　　　　　60 gin₂　= 1 ma-na （ミナ）
　　　　　　60 ma-na = 1 gu₂　（タレント）（< gunu）

ついでに面積は

　　　　　1 šar （約 35 m²）　 = （1 gar-du）² = 1/100 iku
　　　　　1 bur₃　　　　　　 = 18 iku
　　　　　1 šar₂　　　　　　 = 60 bur₃

容量は　　1 sila₃ (0.85 L)　 = 60 gin₂
　　　　　1 gur　　　　　　 = 144　sila₃
　　　　　1 gur-lugal　　　 = 300　sila₃

14　グティウム時代のグデア

　ペルシャのグティウムの支配時代に、シュメールの各都市は何回も破壊されては、建設されていた。その例外はラガシュであった。多くの都市は荒廃に帰したが、その時ラガシュのエンシのみは独立を全うした。理由は、グティウムは政治的反抗をしない限り、ラガシュのエンシ（知事）の活動を容認したからである。その第一代エンシがウル・バウである。ウル・バウはグティウム王と和を結び、ラガシュに多くの神殿を建て、また彼の娘をウルの守護神であるナンナ神殿の巫子として、ウルの町を支配し続けた。ウル・バウには三人の義理の息子がいた。それはグデア、ウルガル、ナムハニ（ナムマフニ）である。そしてこの順に次々とエンシとなる。このようにラガシュは代々グティウムと親密な関係を結び、協定に従って税の支払には応じたため、平和的にその支配力を強めた。そして南シュメールの王とまで見なされたのである。この時ラガシュの人口は 21 万、ギルス以下 25 の都市 40 の村落より成っていた。
次はグデア王の持つ円筒の銘文の一部を紹介する。

ša₃	ma	-mu-da	ka	lu₂	diš	am₃	am₃ = a an
中	夢	の	で	男が	一人	居た。	

utu	ki	šar₂ -ra	ma	ta	e₃	mi₂	diš	am₃	ma ta e₃ < mu ta e₃ (から)
日が	地	全ての		から	昇った。	女	一人が	居た。	

gi	dub -ba	ku₃-gi₉-a	šu	im -mi du₈	im-mi du₈　＜ i₃ b ni du₈ (それをそこに)
葦ペンを	粘土版の	聖とした	手に	保ち、	

dub	mul -an-dug₃ -ga	im -mi	gal₂	mul-an-dug₃-ga　＜ mul an-dug₃ ak
粘土版を	星 天の 良いの		持って、	

118　Ⅲ　シュメール文例

　　　ad　im　da₅　gi₄-gi₄　　min-kam　　ur -sag -ga₂　am₃　　ad（da₅）gi₄ 相談する
　　　計画していた。　　　二人目は　英雄で　あった。

　　　a₂　mu　gur　li -um　　za -gin₃　　šu　im -mi　du₈
腕を　曲げて、　銘版を　ラピスラズリの　手に　保ち、

　　　e₂ -a　　ᵍⁱˢhur　bi　im　　ga₂ -ga₂
神殿の　　設計を　その　　　書き込んでいる。

　　　igi　gu₁₀　še₃　dusu　kug　i₃　gub
　　　前　私の　に　　篭が　輝かしい　置かれた。

　　　ensi₂　　ra　ama　ni　　ᵈnanše
　　　エンシ　に対し　母　彼の　　女神ナンシェは

　　　mu　na　ni　ib₂　gi₄ -gi₄　-- sipa(d)　gu₁₀
彼に(そこでそれを)答えた　:保護者よ　わが

　　　ma -mu　zu　ga₂　ga　mu　ra　bur₂ -bur₂
　　　夢を　貴方の　私は　たい　貴方のため　解きあかし

　　　lu₂　an gim　ri　ba　ki gim　ri　ba　še₃
所の人は↓天の如く　長さが　その、地の如く　長さが　その　にして、

14　グティウム時代のグデア　　　*119*

```
𒊕  𒅅  𒀭   𒀉  𒉌   𒅅        ri ba <  ri bi a (において)
sag -ga₂ še₃  dingir a₂ -ni  še₃ -----
頭（から）では 神であり、傍ら 彼の には -----

𒀀 -ma -ru  še₃  zi -da  gub  na  ug  i₃  na₂ -na₂
洪水があり、には 右 と 左 彼のライオンが 横たわっている↑

šeš  gu₁₀  ᵈnin -gir₂ -su  ga -nam  me -am₃
兄弟 わが 神ニンギルスです。確かに そうです。
```

外国人支配でありながら、グデアの時代はシュメール文化は絢爛豪華な花を咲かせるのである。そこで多くのグデア像が作成された。

この銘文に付いて説明すると、

ša₃ mamuda-ka ＜ ša₃ mamu(da) ak a
　　　　　　　₃中　₁夢　₂の　₄で

日本語でもセンターを中心というが、ša₃ には心（ハート）という意味と、中という意味がある。lu₂ diš am₃ は、伊勢物語ではないが「昔、ひとりの男ありけり。---」と同じ表現である。　a -an と書いて am₃ と読む。

ma ta e₃ ＜ mu ta e₃, e₃ ＜ ud-du ta は (地から) 離れての意味で e₃ を強調し、日が高く上がるの意味。　　ku₃ gi₉ a ＜ kug ak 聖なる～の
im-mi du₈ ＜ i₃ bi n du₈ ここで šu ～ du₈ は手に保つ、という熟語。
良い天の星で飾られた粘土版は不明だが、星の良い運勢を示す表があるらしい。
ad ～ gi₄ は、自分と相談する、計画する。e₂ a は、神殿については、の意味。
im ga₂ -ga₂ は現在形で、書き込んでいる、の意味。　私の、は -MU の字を書くが、鼻音で -gu₁₀ と発音する（エメサルでは -mu）。　lu₂ 人は、は最後の -am₃ に繋がる。すなわち ～する所の人はそれは～である、となる。　ga-nam me-am₃ は、確かにそれであるの意味。　ga- は ha- と同様に願望の前置詞。

　さてグデアはグチウムの支配に拘らず、当時の文明国と積極的に貿易を行った。

即ちアナトリアやエジプトから金を、タウルスから銀を、ザグロスから銅を、エジプトからディオライト（閃緑岩：斜長石を主体とする化成岩で花崗岩に似たもの）を、エチオピアから紅玉髄を、アマヌス（レバノン）から杉の木を、ディルムンつまり今のバーレインから木材を輸入し国内加工して輸出した。

グチウムの家臣としてエラム近くのアンシャンの攻略にも成功している。

グデアはラガシュのエ・ニンヌム神殿のみならず、ウルにもタンムズ神殿やニンダル神殿を築いている。

グデアB像の頭部

神殿設計図を膝に乗せたグデア（左）高さ93cm、ラガシュ出土、紀元前22世紀、閃緑岩製。グデアの像は３C程発見されて、各A，B，C…と呼称されているが、これはルーブル博物館でB像と呼ばれるものである。

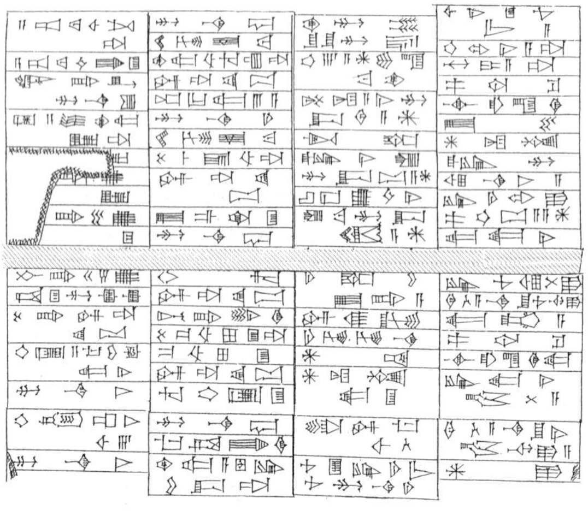

15　グデア像の碑文

グデアB像の碑文

　前頁のグデア像の腰掛け前左端から右端にかけて膝回りに書かれた文字を再現する。

第一段（左から）

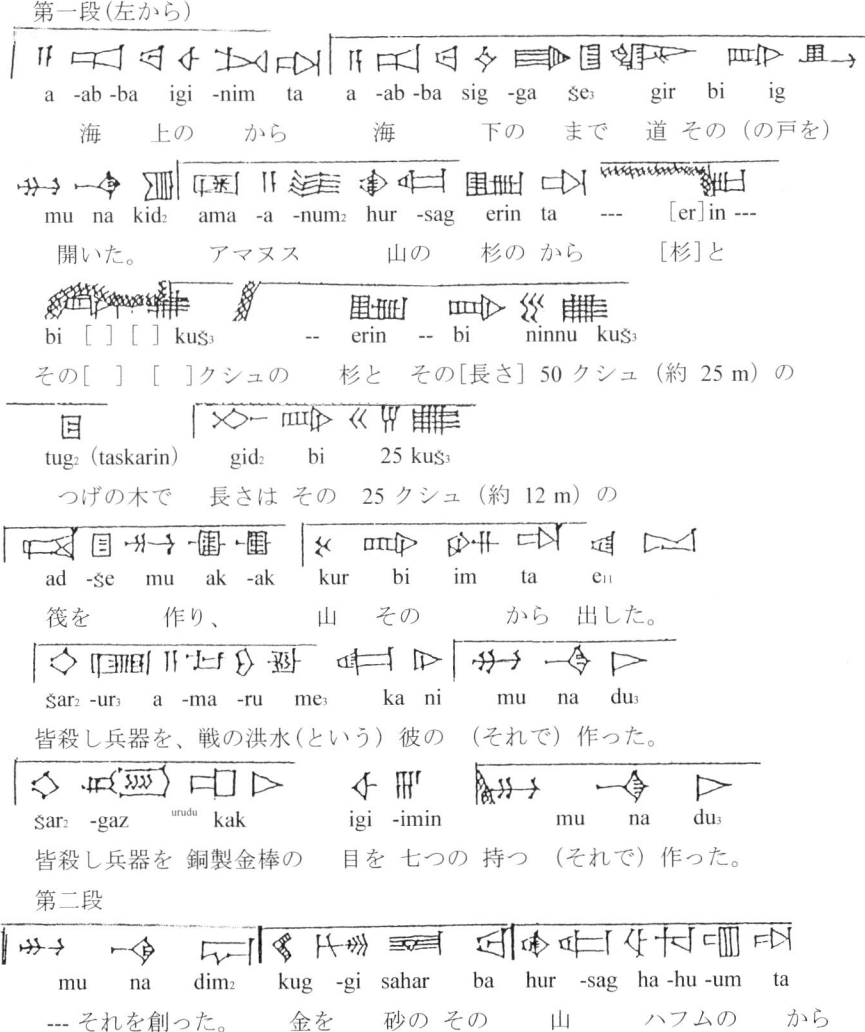

a -ab -ba	igi -nim	ta	a -ab -ba	sig -ga	še₃	gir	bi	ig
海上の	から		海下の		まで	道	その	（の戸を）

mu	na	kid₂	ama -a -num₂	hur -sag	erin	ta	---	[er]in ---
開いた。			アマヌス	山の	杉の	から		[杉]と

bi	[ ]	[ ]	kuš	--	erin	--	bi	ninnu	kuš₃
その	[ ]	[ ]クシュの		杉と		その	[長さ]	50 クシュ（約 25 m）の

tug₂ (taskarin)	gid₂	bi	25 kuš₃
つげの木で	長さは	その	25 クシュ（約 12 m）の

ad -še	mu	ak -ak	kur	bi	im	ta	e₁₁
筏を	作り、		山	その		から	出した。

šar₂ -ur₃	a -ma -ru	me₃	ka ni	mu	na	du₃
皆殺し兵器を、	戦の洪水（という）	彼の	（それで）			作った。

šar₂ -gaz	ᵘʳᵘᵈᵘ kak	igi -imin		mu	na	du₃
皆殺し兵器を	銅製金棒の	目を 七つの	持つ	（それで）		作った。

第二段

mu	na	dim₂	kug -gi	sahar	ba	hur -sag	ha -hu -um	ta
--- それを創った。			金を	砂の	その	山	ハフムの	から

III シュメール文例

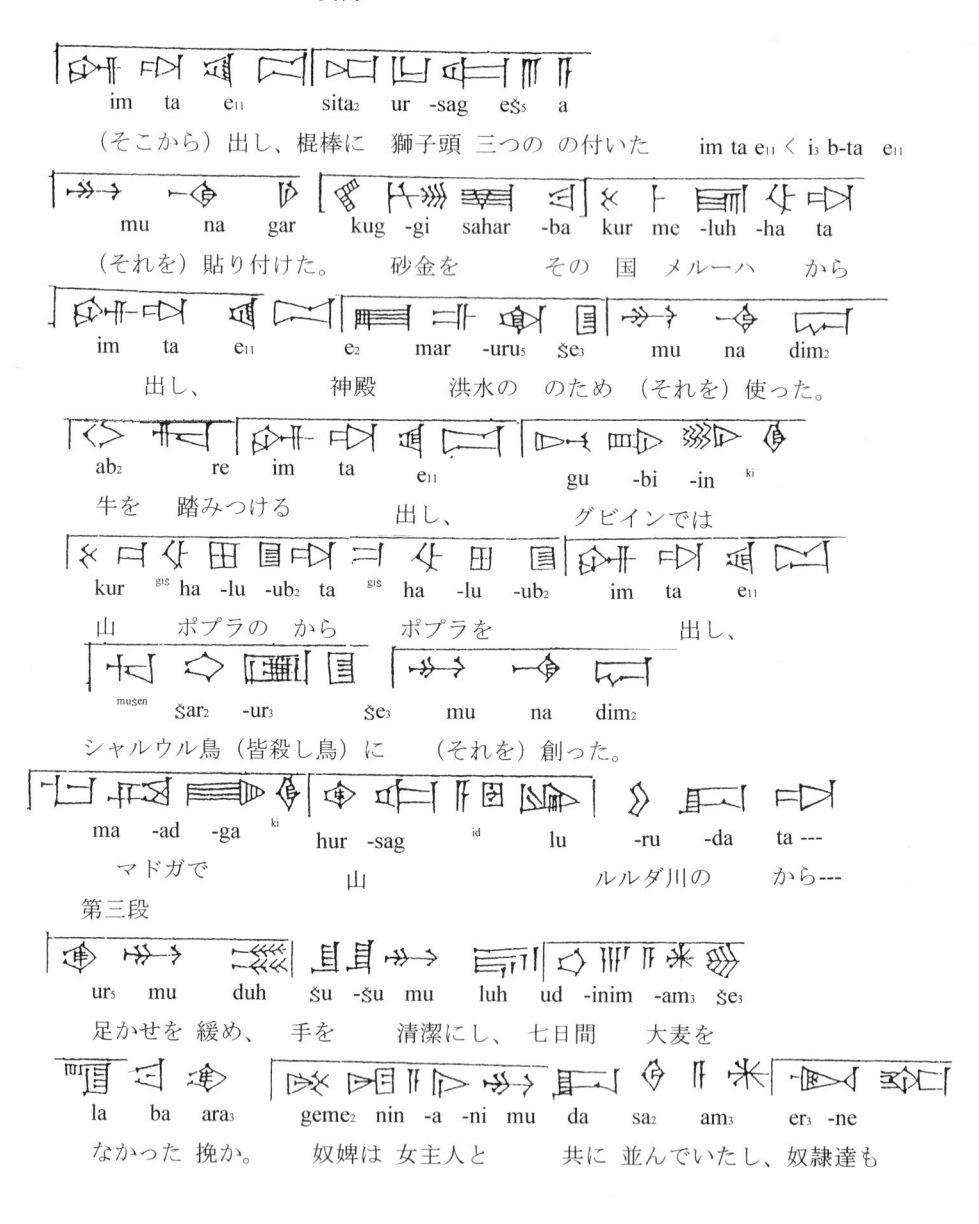

　　　im　ta　e₁₁　　sita₂　ur -sag　eš₅　a
（そこから）出し、棍棒に　獅子頭　三つの　の付いた　　im ta e₁₁ < i₃ b-ta e₁₁

　mu　na　gar　　kug -gi　sahar -ba　kur me -luh -ha ta
（それを）貼り付けた。　砂金を　　その　国　メルーハ　から

　im　ta　e₁₁　　e₂　mar -uru₅　še₃　mu　na　dim₂
　出し、　　　　神殿　洪水の　のため（それを）使った。

ab₂　re　im　ta　　　e₁₁　　gu -bi -in ᵏⁱ
牛を　踏みつける　　　出し、　グビインでは

kur ᵍⁱˢha -lu -ub₃ ta　ᵍⁱˢha -lu -ub₃　im ta　e₁₁
山　ポプラの　から　ポプラを　　　　　　出し、

　　　šar₂ -ur₃ᵐᵘˢᵉⁿ še₃　mu　na　dim₂
シャルウル鳥（皆殺し鳥）に　（それを）創った。

ma -ad -ga ᵏⁱ　hur -sag　ⁱᵈlu -ru -da ta ---
マドガで　　　　山　　　ルルダ川の　から---

第三段

ur₅　mu　duh　šu -šu　mu　luh　ud -inim -am₃ še₃
足かせを　緩め、　手を　清潔にし、　七日間　大麦を

la　ba　ara₃　geme₂　nin -a -ni　mu　da　sa₂　am₃　er₃ -ne
なかった　挽か。　奴婢は　女主人と　　共に　並んでいたし、奴隷達も

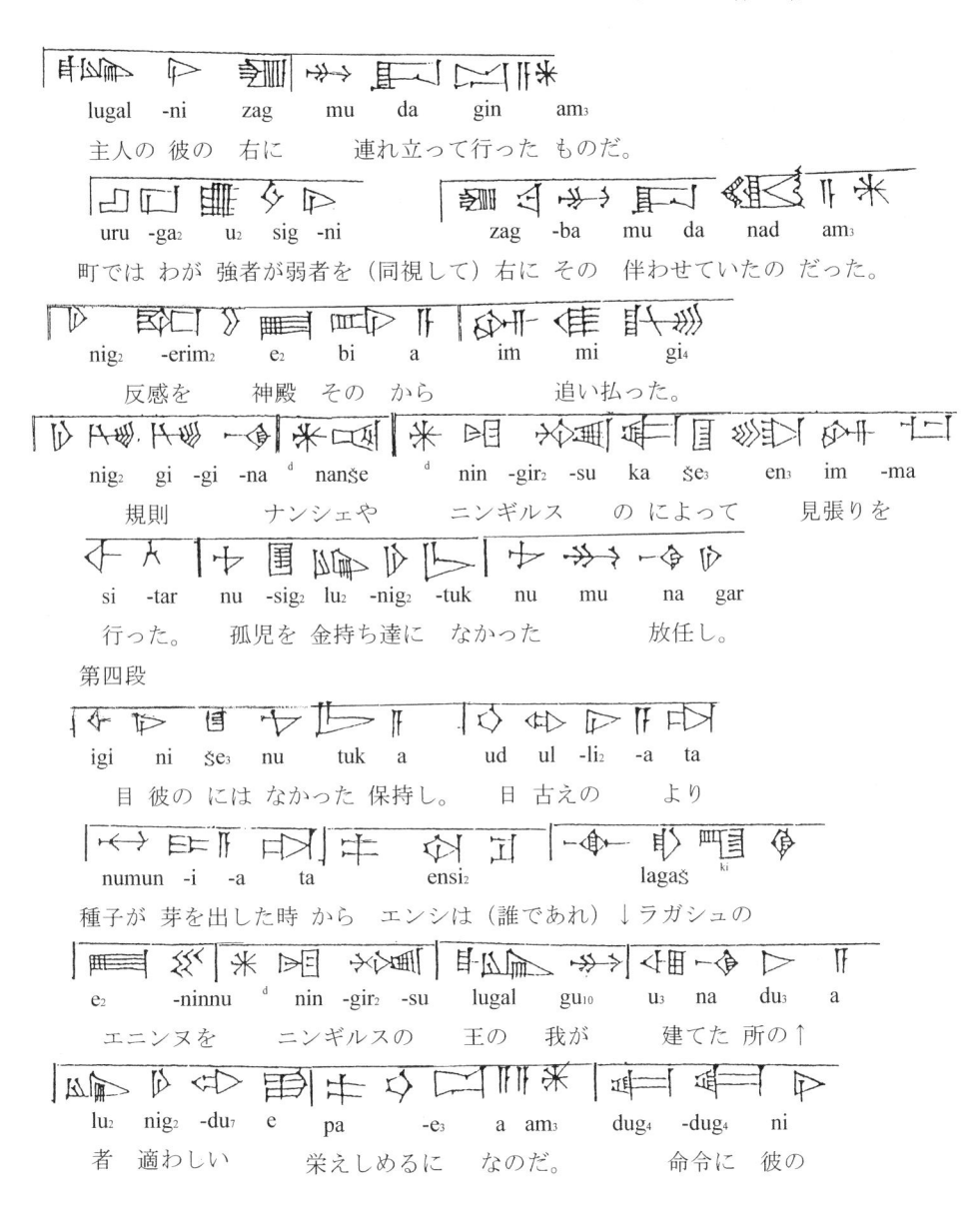

15　グデア像の碑文　　*123*

lugal -ni zag mu da gin am₃
主人の 彼の 右に 　連れ立って行った ものだ。

uru -ga₂ u₂ sig -ni　　zag -ba mu da nad am₃
町では わが 強者が弱者を（同視して）右に その 　伴わせていた のだった。

nig₂ -erim₂ e₂ bi a im mi gi₄
反感を 　　神殿 その から 　　　追い払った。

nig₂ gi -gi -na ᵈnanše ᵈnin -gir₂ -su ka še₃ en₃ im -ma
規則 　　　　ナンシェや ニンギルス 　　　によって 　見張りを

si -tar nu -sig lu₂ -nig₂ -tuk nu mu na gar
行った。 孤児を 金持ち達に 　なかった 　　　放任し。

第四段

igi ni še₃ nu tuk a ud ul -li₂ -a ta
目 彼の には なかった 保持し。 日 古えの 　より

numun -i -a ta ensi₂ lagaš ki
種子が 芽を出した時 から エンシは （誰であれ） ↓ ラガシュの

e₂ -ninnu ᵈnin -gir₂ -su lugal gu₁₀ u₃ na du₃ a
エニンヌを ニンギルスの 王の 我が 　建てた 所の ↑

lu nig₂ -du₇ e pa -e₃ a am₅ dug₄ -dug₄ ni
者 適わしい 　栄えしめるに なのだ。 　命令に 彼の

lu₂ nu u₃ kur₂ e di-kud -a na šu nu-bal e gu₃ -de₂ -a
人 ない 敵対し には 裁決を 変えない。 グデアは

ensi₂ lagaš^ki ka lu₂ dug₄ ni ib₂ kur a
エンシの ラガシュ の 人には 言葉に 彼の 敵対する 所の

di-kud -a na šu ni ib₂ ti e a an e ---
裁決を 手で グデアの 変えた。 アン神 を ---

アマヌス国の糸杉は有名だった。　ur₃ には屋根、梁、削る、消す等の意味がある。a-ma-ru は洪水、嵐。　シャルウルもシャルガズも皆殺し、の意味。
igi-imin は七つの目のことだが、叩く金棒（mace-head）についていた、いぼ状突起。 kug-gi は guškin と読んだらしいので大文字で KUG-GI と書いても良い。
mu na du₃　のような mu 動詞、は下から上への尊敬を表す。したがって、作り奉った、と訳すのがよい。　エニンヌ = 50 神の神殿。
mar-uru₅ = a-ma-ru 洪水の意味だが、洪水の神殿の意味は不明。また ab₂ re 踏みつける牛の意味も不明。なぜ七日間だけ奴婢も奴隷も主人同様に扱われ、強者も弱者も差別がなかったかは分からない。　en₃ ～ si-tar　監視する

グデアに関する碑文の一つの中に次のようなものがある。

ᵈdumu-zi zu-ab	深淵のドゥムジ(のため)
gu₃-de₂-a	グデア
ensi₂	エンシの
lagaš^ki ke₄	ラガシュの　が
e₂ gir₂-su^ki ka-ni	彼のギルス区の神殿を
mu na du₃	建て給うた

解説

zu-ab と書くが元来アッカド語の apsu からの移入語であるため、ab-zu と読む。
e₂ gir₂-su^ki ka-ni < e₂ gir₂-su^ki ak ani 彼のギルス地区の神殿
ここで従属文では mu na du₃ は in du₃ となる。

深海のドゥムジの為に創った、というのはドゥムジ（後のタンムーズ）が妹であり妻であるイナンナ（後のイシュタル）の不興を買い、黄泉の国に落とされたからである。ドゥムジは元来牧神であり、植物再生の神。イナンナは冥界を支配しようとして、冥界へ降りていく。多くの困難の後、諦めて再び地上に戻る事が出来たが、代理を黄泉の国に送らねばならない。そこで夫であるドゥムジを代わりに送ったという次第である。エンリルとニンリルにも似た神話があるが、黄泉に落ちたエンリルを、恋しいあまりニンリルが後を追いかける、となっている。イザナミの後を追うイザナギの黄泉下りの日本神話の原型である。

テロ出土　グデア（A像）、前22世紀

グデアA像の碑文

第一欄

^{d}nin hur-sag
神ニンフルサグ（山の女神）、

nin uru-da mu₂ a -a 〜した所の
女王 町と共に育った所の、

ama dumu-dumu-ne dumu-dumu ne 子供達
母 全ての子供達の、

nin a-ni (-ir) -ir く -ra は省略
女王 彼の のために

gu₃-de₂-a ensi₂
グデア エンシ（知事）

lagaš^{ki} ke₄ ke₄ く -ak e
ラガシュ市の は e は能格を示す

e₂ uru gir₂-su^{ki} ka ni ka ni く ak ani
神殿を 地区の ギルス 彼女の

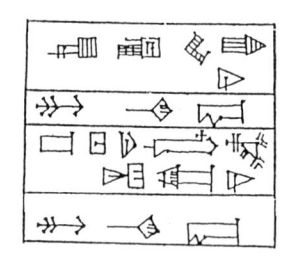

mu na du₃
彼女に建て奉った。

第二欄

^{dub}šen ku₃-ga ni kug a 聖とした所の
盥を 聖なる 彼女の

mu na dim₂
彼女に作り奉った。

^{giš}dur₂-gar mah dur₂ gar（尻を置く、の意）
（又）椅子を 立派な

nam-nin ka ni
女神の権威を 彼女の（示す）

mu na dim₂
彼女に作り奉った。

15 グデア像の碑文   127

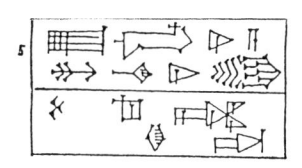

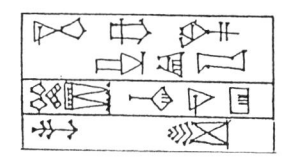

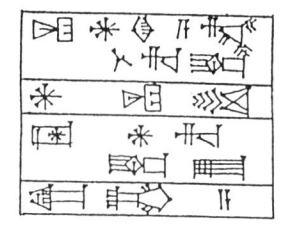

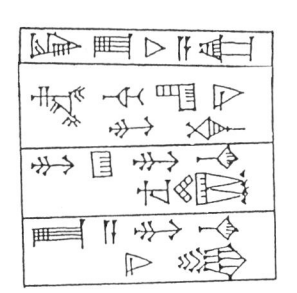

e₂   mah   ni   a   a 〜の方へ
エマー(大神殿)彼女の に

mu   na   ni   ku₄
(それをそこに)運び入れ給うた

kur   ma₂-gan^ki   ta   マガンは今のオーマン？
国 マガンの から。

第三欄

na₄ esi(KAL) im ta e₁₁   esi(kal) 固い
閃緑岩を   下ろし   im-〈 i₃ m- こちらへ

alan na-ni še₃ mu tu(d)   e₁₁ = dul+GIN 下ろす
像 彼女の へと作り給うた。(そして) še₃ 〜の方へ

nin   an-ki a   nam   nam 〜 tar 運命を決する
「女神であり 天地において

tar-re de₃   -de₃ 不定法、〜ように
運命を決する所の、

ᵈnin-tu(r)
ニントゥ

ama dingir-re- ne ke₄   -re-ne 複数
母の 神々の が、   ke₄ 〈 ak e

gu₃-de₂-a   -e は能格で、〜の〜が
グデア

第四欄

lu₂   e₂   du₃ a   ka   -a-ka 〈 ak a   a は
人 神殿を 建てた〜について、 先行属格で後へ

nam-til₃ la ni mu su(d)₃
生命を 彼の 長らえしめ給う」(という句)を

mu se₃ mu na sa₄   sa₄ 名付ける
名として それに 命名し、

e₂ a mu na ni ku₄
神殿に (それをそこに)運び込み給うた。

16 ウルナンム碑文

　インドにインダス文明が生まれ、メソポタミアにはセム語族の世界、古アッシリア時代が生まれる紀元前 2000 年がすぐ目の前にきていた。
紀元前 2100 年シュメールに最後の大輪の花を咲かせたのはウルナンムの創設したウル第三王朝である。

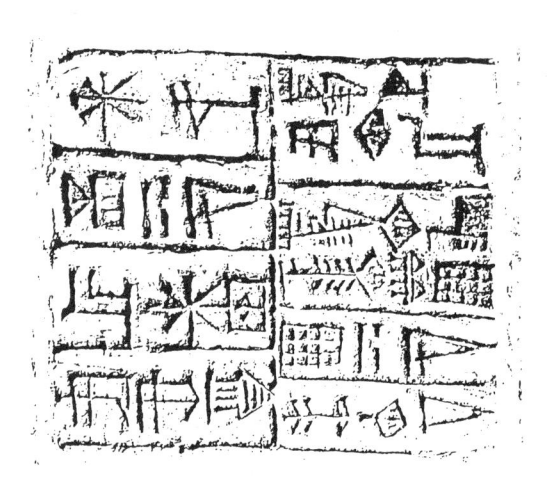

ウル・ナンムの碑文

ウルナンム碑文(1)

　　　ᵈinanna　　nin　a-ni　　ur-　ᵈnanmu　　nita　kala -ga
　　　イナンナ(のため)女王 彼の、ウル・ナンム　男　力強い

　　　lugal　　urimᵏⁱ -ma　lugal　ki -en -gi　ki-uri　　　keː₄
　　　王　　　ウル　の、王　シュメール国　アッカド国の、は

　　　e₂　a- ni　　　mu -na -du₃
　　　神殿を 彼女の　　建て給うた。

【訳】

　シュメール国・アッカド国の王でウリム（ウル）町の王、力強い男のウル・ナンムは彼の女王、イナンナのために彼女の神殿を建て給うた。

解　説

　ウルの町は文字では šeš abu と書き、uri(m) と読む。そこで、土地の限定詞 ᵏⁱ をつけて uri₂ᵏⁱ と書く。しかし uri(m)-ak という場合、その省略では urim-ma となり、その時には uri(m)ᵏⁱ-ma と書く。(uri₂-maᵏⁱ ではない。)
この uri₂ と間違えてはいけないが、ki-uri はアッカド国である。シュメール人は自らの国をキ・エン・ギ（ル）と呼んだ。
ki-uri ke₄＜ ki-uri ak e　アッカド国の、の意味。元来　ak は、する、作るの意味だがここでは〜の、の意味で使っている。e は能格で、意味の強調を表す。
hamṭu の動詞句は mu＋与格＋主格＋動詞 の形で表されるので、mu na du₃ は彼に建てて差上げた、奉ったの意味となる。従属文では in＋動詞 の形になる。

130　Ⅲ　シュメール文例

シュルギ賛歌の一部

アマル・シン時代の領収書

ウルナンム碑文(2)

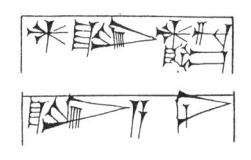

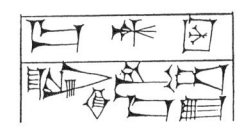

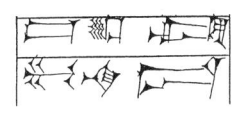

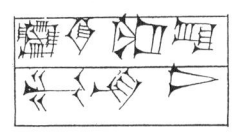

an　lugal dingir-re-ne		< dingir re ne ak
アン 王　神々の		
lugal a-ni		-ir の略
王　彼の　のため、		
ur-^d nammu		
ウルナンム		
lugal urim^ki-ma ke₄		urim^ki-ma < urim^ki ak
王　ウルの　は		
^giš SAR　mah		^giš SAR = kiri₆
公園を 大きな		
mu　na　gub		
（彼に）設置し		
bara(g)　ki　sikil -la		< sikil -a　a ～に
至聖所を 場所 神聖な に		
mu　na　du₃		
（彼に）作り給うた		

17 シュルギ賛歌

1. lugal me-en ša₃ ta ur-sag me-en ša₃ < šag₄ 心、胎
   王　私は、胎内より　英雄　私は～であった 元来の文字はバビロニア化している

2. ᵈšul -gi me-en ba tu -de₃ an na ta < tu(d)-en na ta
   シュルギ 私は、生まれた時　　　より ba の前に u₄ 省略

   nita kala ga me-en tu-da < tu(d) a
   男　力ある　私は～である

3. pirig igi huš ušum-gal tu-da me-en gal は前に出す
   獅子 顔の 獰猛な 龍によって 生まれた 私は～である

4. lugal an -ub -da- limmu₂-ba me-en limmu₂-ba < tattab-ba 四方
   王　　空間の　四方の　　　私は～である an-ub-da 周辺の空間

5. na-gada sipa(d) sag -gi₆-ga me-en sipa(d)=PA-UDU
   牧者、 守護者 頭の 黒い者*の 私は～である gi₆ < gig₂
                                              *頭の黒い者 = シュメール人

7. dumu tu -da ᵈnin-s[un] kam me-en kam < ak am₃
   息子 生まれた 神ニンスンの 私は～である am₃ 強調

8. ša₃-ge pa₃ -da an ku₃-ga m[e-en] ša₃-ge < šag₄-e
   (者)心で 選んだ アンが 聖なる 私は～である pa₃-da an < pad-a an
                                              kug -a 聖とした所の

17 シュルギ賛歌　　133

9. 〔楔形文字〕
　　lu₂　nam　tar -ra　　ᵈen-lil₂-la　　　me-en
　　者　運命を定められた　神エンリルによって　私は〜である

17. 〔楔形文字〕
　　anše-kur-ra　har-ra-an-na　kun　su₃-su₃　me-en
　　　馬　　　　　道路で　　尾を　振り乱す　私は〜である

18. 〔楔形文字〕　　　　　　　　　　　　　　　　dur₃ = ANŠE-NITA₂
　　dur₃-　ᵈšakan (-na)　im₂-e　kin-ga₂　me-en　　ᵈšakan = ᵈUG₂
　　種馬　神シャカンの　レースで走る　私は〜である　　kin-ga₂ < kin-gi₄-a

19. 〔楔形文字〕　　　　　　　　　　　　　　　　　　　　強調
　　　　　　　　　　　　　　　　　　　　　　　　kam < ak am₃
　　dub-sar -gal　zu　ᵈnisaba　kam me-en　　　　nisaba = nidaba
　　大書記　賢い　神ニサバの　私は〜である　　　　　　　= še-naga

me-en は、私は〜である、貴方は〜である、の両方に用いるので前後から判断する。なお、彼は〜である、というときは -am₃
anše は野生の馬や驢馬類、ヒッポスのことで、普通の馬は、山から来たヒッポスと呼んだ。特に dur₃ は雄の駿馬であった。
神ニサバはサルゴン（シャルケーヌ）の個人神であった。シュルギはアッカド王朝に傾倒していたから、シャルケーヌの個人神にも敬意を払う。
har-ra-an < harranu （アッカド語）道路　　　su₃-su₃　流す、散らす
im₂　　速度、レース　　　　　　　　kin-gi₄-a　派遣する者
kam < ak　am₃　　この場合、am₃ は強調。

20. 〔楔形文字〕
　　nam　ur -sag　gu₁₀ gim　[nam]kala-ga　gu₁₀ gim
　　英雄らしさ　私の　のように　権力　私の　のように

134 Ⅲ シュメール文例

21. 𒁾𒃲𒋗𒈬𒉌𒆕𒀀𒂵𒄠 geštu₂ < GIŠ-TUG₂-PI
    geštu₂[ga] šu hu mu ni du₇ am₃   geštu₂-ga <geštu₂ gu₁₀ a
    知識で 私の したい(そこで)完全に ものだ   šu 〜 du₇ 完全にする

22. 𒅗𒄀𒈾𒉈𒄩𒈠𒁕𒊓𒀀𒄠   私と
    ka gi-na bi ha ma da sa₂ am₃   < hu mu a-da sa₂
    口の堅さを その たい 私と比べ ものだ

23. 𒅍𒋛𒊓𒂊𒆠𒄩𒁀𒉘𒂵𒀀𒄠
    ni₃-si-sa₂ e ki ha ba ag₂ -ga₂ am₃   ki 〜 ag₂ 愛する
    正義を   たいが 愛し、

24. 𒅍𒀖𒂊𒆠𒆷𒁀𒊏𒉘𒂵𒀀𒄠
    ni₃-erim₂ e ki la ba-ra ag₂-[ga₂] am₃   erim₂ = ne-ru
    悪口を   ない 決して愛さ ものである   la アッカド語の否定詞

29. 𒁕𒈾𒄩𒈬𒄀𒂍𒃲𒃶𒉈𒆕
    danna hu mu gi e₂-gal he₂ bi₂ du₃   e₂-gal ここでは宿場
    一里塚 を定めて 城砦を よう そこに建て   danna = kaskal-gid₂

30. 𒍝𒁀 𒆧 𒃶𒉈𒁺𒆠𒉌𒁾𒃶 𒉈𒃻
    za₃ -ba kiri₆ he₂ bi₂ gub ki -ni₂-dub₂ he₂ bi₂ gar
    側に その 庭園を 建て 休憩所を よう そこに設置し

hu mu- < ha mu-   he₂ im- < ha i m-
ha-接頭辞は māru（未完了）に付くと祈願、希望を示す。〜するように、の意。

40. 𒉌𒅁𒊒𒋫𒋞𒌴𒈠𒂠 𒂗𒆤
    nibru^ki ta sig₄ uri₂^ki ma še₃   nibru^ki = en-lil₂^ki
    ニップルから 煉瓦（工場）ウル のまでが   uri₂^ki = šeš-unug^ki

17 シュルギ賛歌　　135

41. （楔形文字）
    danna-aš gim šu-nigin　　a₂ -ša₃ ha ma ab du₁₁
    一里かの如く　せかすよう　精神力を　よう　　開かせ

44. （楔形文字）
    tu^mušen nir-DU šur₂-bi dal-la -gim　a₂[gu₁₀]　hu mu su₃-su₃
    鳩の　蛇に　猛然と　飛びかかる如く　腕を　我が　たい　振り回し

45. （楔形文字）　　　　　　　　　　　　il₂-la く il₂ a 上げた所の
    anzu^mušen　kur bi še₃ igi il₂ -la　me-en　anzu = an-im-dugud
    アンズ鳥　山　その に　目を上げた　私は〜である

    （楔形文字）
    du₁₀ gu₁₀　　　hu mu bad-bad
    膝を　私の(そのように)たい　開き

46. （楔形文字）
    uru^ki ma-da　ki gar-gar -ra　ha ma su₈-su₈-[ge] eš am₃
    町や生物は　土地の　私の開いた　ほしい　立上がって迎えて

47. （楔形文字）
    un sag gi₆-ga u₈ -gim　lu-a u₃ -du₁₀　[ha ma ab du₁₁]
    人々に　頭の黒い　小羊のような　大勢の　嬉しい驚きを　たい　開かせ。

シュルギ王は紀元前 2100 年頃のウル第三王朝第二代の王である。
šu 〜 nigin 急がす。　　　nir-DU く mir-DU 蛇の一種という。
ha ma ab du₁₁ く ha mu b du₈
anzu^mušen = ᵈIM-DUGUD^mušen　嵐の鳥　（6 エンテメナの壺、参照）
ma-da = a₂-dam 生物。　　su₈-su₈-ge- と読んだが、eš は hamṭu の
三人称複数の動詞語尾ゆえ、sug₂ (sug₂)eš 多数が起立した、の意味。(māru では
sug₂ sug₂ ne となる、いずれも単数では gub)　u₆ 驚いて見る事　lu-a 大勢で

18 アマル・シン時代の領収書

1 udu -niga   大麦で太らせた羊 1、

ᵈen -lil₂   ᵈnin -lil₂   神エンリル、ニンリルへの

        nanna = šeš-ki

1 udu -niga   ᵈnanna   大麦で太らせた羊 1、ナンナへの

a₂ -gi₆ -ba -a   夜中には、

4 udu -niga   大麦で太らせた羊 4

ᵈen -lil₂   ᵈnin -lil₂   神エンリル、ニンリルへの

1 maš₂-gal -niga   ᵈnanna   ナンナ神への、大麦で成熟させた山羊 1、

   a₂ -u₄ -te -na   夕刻には、

lugal kur₉ -ra   国王が入堂した

        tu₅ = šu-naga

4 udu -niga a -tu₅ -a   大麦で太らせた羊 4、お浄め用の

  ᵈnin -t[in-ug₅-ga]   ニンチヌガ女神の

18 アマル・シン時代の領収書　　*137*

(裏)　gir₃ a-t[u]　　　　　　　　　アトゥの管轄下で、

1 udu-niga 1 maš₂-gal　　　　大麦で太らせた羊 1、成熟山羊 1

šul-ga₂-a-ad lu₂　　　　　　　シュルガード（より届いた）市民

zi-da-ah-ri ᵏⁱ　　　　　　　　ジダフリ町の

gir₃ šu ᵈšul-gi sukkal　　　　シュシュルギの管轄下で、飛脚

ir₃-mu maškim　　　　　　　　イルムが徴税官であった時

iti u₄-1 ba-zal　　　　　　　　月の一日過ぎに

ša₃ tum-ma-al　　　　　　　　トゥンマルにて

ki en-dingir-mu ta ba-zi　　　エンディンギルムから（以上は）支払われた

iti šu-eš₅-ša　　　　　　　　　シュエッシャの月に、

mu hu-uh₂-nu-ri ᵏⁱ ba-hul　　フヌリ町の破壊された年の。
　　　　　　　　　　　　　　　　　　　　　　（アマル・シン 7 年）

a₂ u₄-te-na は「太陽が消える頃」。　アマル・シンはウル第三王朝第三代王。

ドレヘム粘土版

6 udu 3 sila₄ 8 u₈　　　　　　6匹の羊、3匹の子山羊、8匹の雌羊

2 maš₂-gal 2 uz₃　　　　　　　2匹の成熟山羊、2匹の雌山羊（などが）

šu -gid₂ e₂-muhaldim　　　　　税として 食堂の

mu aga -us₂ e -ne [še₃]　　　mu 〜 še 〜の代わりに
　　　　　　　　　　　　　　　軍への(補給の)代わりに

ir₃ -mu maškim　　　　　　　　イルムが徴税官の時

u₄   7 -kam　　　　　　　　　　7日の日に

ki du₁₁-ga ta ba zi　　　　　　ki 〜 ta 〜の所から
　　　　　　　　　　　　　　　ドガの所から 支払われた

gir₃ nu -ur₂ -ᵈ EN -ZU dub -sar　管轄下で ヌルシンの 書記

iti ki -sig₂ ᵈ nin -a -zu　　　　月に 哀悼の、 ニン・アズ女神の

mu en ᵈ nanna kar-zi -da ba -hun　nanna = šeš-ki
　　　　　　　　　　　　　　　年の 女司祭 ナンナ神の、カルジダが
　　　　　　　　　　　　　　　就任した所の。（アマル・シン9年）

シュメールの数字は60進法をとるため、1が1であると同時に60でもある。インドのように桁上がりを示す印、零を発明しておれば間違えないわけだが、どちらであるかは内容によって判断するより仕方がない。

19 小作料（地主ハハアの収入）

0.1.0.0 še　　　gur-lugal　　　　a-ra₂ 1 kam
大麦 60 シラを　グル・ルーガルで秤り 一度目は、

0.1.0.0　a -ra₂ 2 kam　　0.0.3.0 * a-ra₂ 3 kam　　*0.0.3.0 などの表現については
60 シラを　　二度目も、　　　30 シラ　三度目は、　　度量衡、参照のこと

še　　ur₅-ra　　mu 4 bi 0.2.0.8 sila₃　　itu　še gur₁₀ ku₅
大麦は　利子付きで　4 年目に、128 シラとなった。月　大麦の収穫の（12 月）。

mu ha -ar -ši ᵏⁱ　ki -maš ᵏⁱ　　　ta
年　ハルシとキマシュの（シュルギ 46 年）から

mu gu-za ᵈen -lil₂ -la₂　　　　　še₃
年　王座の　エンリルの（アマル・シン 3 年）まで。

2.0.0.0　　še　　ur₅-ra　　maš₂　mu 1 a bi 0.2.0.0
2 グルの　大麦では　負債の、利子として一年目 その 120 シラ、

igi 3 gal₂　ku₃-babbar　maš₂　　a -ša₃ še₃　mu en-mah-gal-an-na
1/3 シェケルの銀　使用料として　農場 の。年　エン・マーガランナの。
　　　　　　　　　　　　　　　　　　　　　　　（アマルシン 4 年）。

横一は 1 グル、縦一は 60 シラを示す。gur ははじめ 600 シラであったが、後 144 シラに改められた。これを
gur-lugal という。a-ra₂ は度数、回数、の意味。kam = ak-am で am は数字を示す。
ハルシとキマシュの年、というのはこれらが破壊された年でシュルギ 46 年に当たる。

140　Ⅲ　シュメール文例

0.2.1.5　　sila₃　še　　　　igi 3 gal₂　　　10 la₂ 1　še kam

なお135 シラの 大麦を(銀で) 1/3 シェケルと　9　グレンの数字で(求めた)。

1.1.0.0　　gur　　ta　　am₃　　　　　　　　(1 グル＝ 144 シラ)

大麦 1 グル 60 シラあたり(銀 1 シェケルが普通)である。

　　　　　　　a₂　　gu₄　ᵍⁱˢur₃　　0.0.1.6 sila₃　　še a₂ al　aka

(次に)賃借料については 牛の馬鍬(マグワ)の、16 シラ (除草の)耕作料として、又

0.0.1.6 sila₃　　še a₂ lu₂　ᵍⁱˢur₃　　mu　en　ᵈinanna　ba hun

16 シラ　　労賃として 馬鍬の。　年 大祭司が イナンナの任命された。

　　　　　　　　　　　　　　　　　　　　　　　(アマルシン 5 年)

šu-nigin₂ 2.4.3.5 sila₃　　še gur　šu-nigin₂　igi 3 gal₂ ku₃-babbar

合計　2 グル 275 シラ 大麦では。合計　1/3 シェケル 銀では。

[h]a-ha-a　šu ba ti　　šaz bi ta　igi 3 gal₂　ku₃-babbar　0.1.3.0　še

(全て) ハハアが受け取る。その中から 1/3 シェケル 銀 と 90 シラ 大麦 は

maš₂　a-ša₃　apin-til-gan₂　　　　kam

使用料 農場の アピン・ティル・ガンの であり

1.4.3.0　　še　gur　　ba u₃ a-ša₃　mu tum₂

1 グル 270 シラの大麦は 抵当と農場用に 充当した。

19　小作料（地主ハハアの収入）

la₂ ni　　1.3.2.5　sila₃ še gur　ki ha-ha-a　gal₂-la am₃
残り 1 グル 205 シラの大麦は　所に ハハアの　あるのである。

ni₃ ka₉ ak še ur₅-ra　ha-ha-a
(以上)利子付きで大麦を貸した ハハア(が 計算した)。

itu gan₂ maš　　　　　mu us₂-sa　en　ᵈinanna ba hun
月 ガン・マシュの(ラガシュの三月) 年　次の 大祭司 イナンナの 任命された。
　　　　　　　　　　　　　　　　　　　　（アマルシン 6 年）

【訳】

　一度目は大麦 60 シラを グル・ルーガルで秤り、二度目も 60 シラを、三度目は 30 シラを、4 年目に大麦は 利子付きで、128 シラとなった。大麦の収穫の月 (12 月)。ハルシとキマシュの年(シュルギ 46 年)からエンリルの王座の年（アマル・シン 3 年）まで。

　貸した 2 グルの大麦は、その一年目の利子として 120 シラを、農場の使用料として 1/3 シェケルの銀を(得た)。エンマーガランナの年。(アマルシン 4 年)。135 シラの 大麦を、(銀で)1/3 シェケルと 9 グレンの価で(売った)。(普通、銀 1 シェケルあたり)大麦 1 グル 60 シラ(つまり 204 シラ)である。

　(次に)牛の馬鍬(まぐわ)の賃借については、(除草の)耕作料として 16 シラ、馬鍬の労賃として 16 シラ(を得た)。イナンナの大祭司が任命された年。(アマルシン 5 年)。かくて大麦では合計 2 グル 275 シラ、銀では合計 1/3 シェケルを、(全て)ハハアが受け取った。その中から銀 1/3 シェケル と大麦 90 シラはアピン・ティル・ガン農場の使用料であり 1 グル 270 シラの大麦は抵当と農場用に充当した。そこで残り 1 グル 205 シラの大麦がハハアの所にある。
(以上は)利子付きで大麦を貸したハハアが 計算したものである。
ガン・マシュ月(ラガシュの三月)、イナンナの大祭司が任命された年の次の年。(アマルシン 6 年)。

20 シャルムバニからの手紙（シュ・シン王宛のもの）

原文は殆どアッカド文字である。シュメール文字に改めると、以下になる。

[ᵈšu- ᵈen -zu lugal gu₁₀ ra]　u₃　na　a　dug₄　　　直訳では、そこで彼にいうなら
シュシン、王 わが に、下さい 言って（飛脚に）。　　　　　　の意味

šar-ru -um -ba-ni　gal-zu unken-na　ir₃ -zu　na　ab be₂　a
シャルムバニ、 委員長 公会の、 僕は 貴方の 伝えます 以下を。
　　　　　　　　　　　　　　　　　　　　　　　　しもべ

bad₃ gal　mu -ri -iq tidnim　　e dim₂-me de₃　tidnim = GIR₃-GIR₃
大長城（ムリーク）を　アモリ人の　作るために、　「足足」でアモリ人を指す

kin -gi₄ -a　aš　bad₃　gi₄　　　aš = še₃　の間違え
使者　　として（長城へ）派遣した所の、　mu e gi₄ が正しい
　　　　　　　　　　　　　　　　　　　　e は二人称主格

igi zu　ma an gar ma　mar -tu(d)　ma-da aš　ma an gar< mu na gar
貴方に報告します。　アモリ人は　国土に　igi ～ gar 見つめる
　　　　　　　　　　　　　　　　　　　　　ma そして < akkad.

mu un šub-šub -bu du　bad₃ du₃-u₃-de₃ gir₃ bi ku₅-de₃　< mu šub-šub e de₃
降りて来つつあります。長城を作って 道を その 切る（塞ぐ）ため　< du₃-e-de₃

　　　　　　　　　　　　　　　　　　　　bi = and の意味
ⁱᵈ²idigna　　ⁱᵈ²buranun　bi　da　idigna は一字だが maš
ティグリス、ユーフラテスの　　　　　　-tik-gar₃ と読める

　　　　　　　　　　　　　　　　　　　　buranun=UD-KIB-NUN
gu₂-gir₂　bi a -ša₃ -e nam ba　ib šu₂-šu₂　町名では zimbir と読むが
突破で その 畑に ないように それ（水）を被せ　シッパル町のこと

20 シャルムバニからの手紙（シュ・シン王宛のもの）

𒀉 𒊺 𒈬 𒂊 𒁕 𒀉 𒍣 𒍣 𒁕 𒄘 𒉌 še₃ そのように
a₂ še₃ mu e -da ag₂ zi -zi -da gu₁₀[de₃]   a₂ 〜 da ag₂ 〜に命令する.
　　私に命令しました。出立に　私の 際して、 ab-gal=NUN-ME ＜ apkallu

𒅅 𒁀 𒃲 𒋫 [𒂗 𒈾 𒈠 𒁕] 𒍣 𒈬 𒁰[𒆠 𒊏 𒊺₃]
gu₂ ^id2 ab -gal ta [en-na ma-da] zi -mu-dar [^ki -ra še₃]
　　土手 アブガルの から　限れば 国土に　　　ジムダールまで----

𒁁 𒁉 𒌋𒌋𒐋 𒁕𒈾 𒀄 [𒁶 𒂊 𒁕 𒈬 𒁲] danna = kaskal gid₂
bad₃ bi 26 danna am₃ [dim₂ e da mu de₃]   am₃ （前が数字を示す）
　　土手は その 26 里で　　私が作り上げた後、

𒁮 𒁀 𒈾 𒄯 𒊨 𒈫 𒀀 𒁉 [𒅗 𒁲 𒁲 𒁕 𒈬 𒁲] a-a は間違い min-a が正
dal -ba -na hur-sag min-a bi [inim di-di da mu de₃] da-mu-de₃ 〜ようとした時
　　谷合いに　山の 二つの その 言葉を 私が伝えようとした時、

𒁶 𒈨 𒄘 𒊺 𒈥 𒌅(𒀭) [𒄯 𒊨 𒂵] dim₂-ma 総合判断
dim₂-me gu₁₀ še₃ mar -tu(d) [hur-sag-ga]   dim₂-ma 総合判断
　　知識 私の として アモリ人は山に

𒄿 𒅁 𒌅 𒄑 [𒈬 𒅆 𒅔 𒀝] getu₂ ši ak 気に懸ける
i ib₂ tuš geštu₂ [mu ši in ak]   getu₂ ši ak 気に懸ける
　　住み込んでいると耳にしていた。（その上）

𒋛 𒈬 𒌨₄^ki 𒉆 𒋰 𒁀 [𒉌 𒊺₃ 𒅎 𒈠 𒁕 𒁍]
si -mu -ur₄^ki nam tab-ba [ni še₃ im ma da gin]
　　シムルム町が 応援の 彼らの ために やって来た。

𒁮 𒁀 𒈾 𒄯 𒊨 [𒂊𒁉^ki 𒆤 ----]   ebih^ki = en ti^ki
dal -ba -na hur -sag [ebih ^ki ke₄ ----]
　　谷合い　　山の エビーの では

^d šu -^d en-zu シュシンはエンズ（シン）神の手、の意味だが、王も神と見なされて
^d を付ける。unken-na ＜ ukkin ak 公会の。 na ab be₂ a ＜ na b e a
貴方に それを いう 次を

21 裁判資料

[di]-til-la
　判決

šeš-kal-la　dumu　a₂-[na-na]　gal-ni　　ke₄　　gal-ni 菜園で働く人、サンタナ
シェスカラ　息子　アナナの　サンタナの　は

igi　ni　in ᵍᵃ²gar-ra　mu　lugal　　　　　　in 〜 gar 誓う
法廷で　誓いを立て　名で　王の、　　　原義は、彼の前で王の名によっていう事
　　　　　　　　　　　　　　　　　　　ga₂ は不必要だが gar の振りがな

nin-ab-ba-na　dumu　ur-gar　ha-a-tuk　bi₂ in dug₄-ga
ニンアバナと　子の　ウルガルの　たいと　結婚し　述べた。（それに対し）

ur-ga　nin-e-in-zu　ur-ᵈnin-a-zu　lu₂-ᵈga₂-tum₃-dug₃
ウルガ、ニン・エ・インズ、ウル・ニンアズ、ル・ガトゥン・ドゥグが

nam-erim₂　am₃　　u₃　inim　a₂-na-na　ab-ba　ta　am₃
抗議したのであるが、しかし言葉　アナナの父の　〜によって

šeš-kal-la　a　nin-ab-ba-[na　ba]　an tuk
シェスカラ　と　ニン・アバナとは結婚した。

　　ha-a 〜したい。　bi₂ 接頭辞の珍しい例。
　　am₃ 〜である、強調の間投詞にも使う。　　erim₂ = ne-ru 敵。

22 土地台帳

それぞれの長さは下に記載の通りである。六分割したそれぞれの面積は右に

* 　1　　1/2　　iku　＝　　150 シャル（100 ＋ 50）
　　1 eše₃　1/2　iku　＝　650 シャル（6 × 100 ＋ 50）
　　1 eše₃　5　1/2　iku　＝ 1150 シャル（6 × 100 ＋ 5 × 100 ＋ 50）
　　1 bur₃ 1　eše₃　2　1/2　iku ＝ 2650 シャル（3 × 6 × 100 ＋ 6 × 100 ＋ 250）
　　1 eše₃　4　1/2　iku　＝ 1050 シャル（6 × 100 ＋ 4 × 100 ＋ 50）
　　5　iku ＝ 500 シャル　（5 × 100）　と書かれている。

左側の横に書かれた文字は

** aša　　u₂-du　　nin　a-ra　　ka　　　　u₂-du 〈 u₂-dul₂
　　土地　牛飼いの　ニン・アラの

（合計）3 bur₃　1 eše₃　1 iku ＝ 6100 シャル（3 × 3 × 6 × 100 ＋ 6 × 100 ＋ 100）

但しこの計算は間違いで 50 シャル不足している。
実寸に近い形状はもっと細長いもので、改めて計算の仕直しをすると、合計は 6190 シャルであった。（次頁参照）

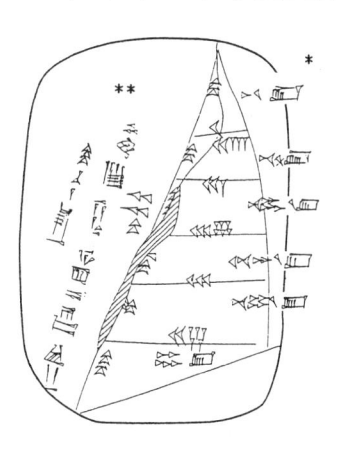

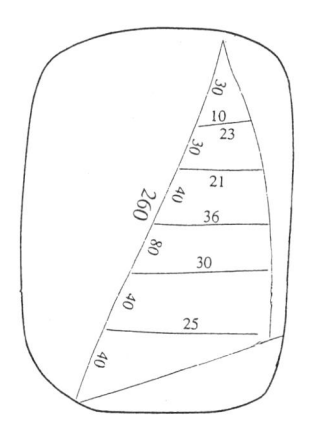

146 Ⅲ　シュメール文例

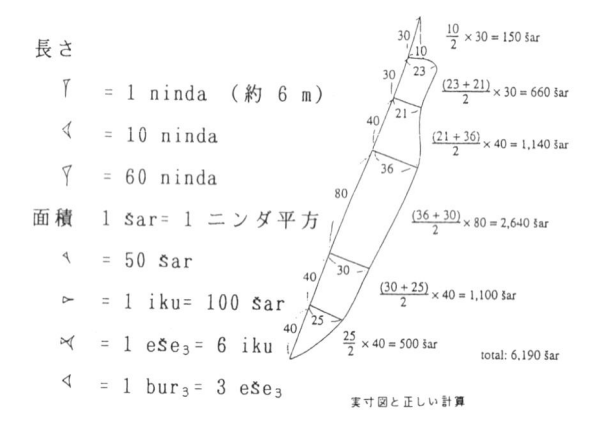

長さ
- 𒁹 = 1 ninda （約 6 m）
- 𒌋 = 10 ninda
- 𒁹 = 60 ninda

面積　1 šar= 1 ニンダ平方
- 𒌋 = 50 šar
- 𒑐 = 1 iku= 100 šar
- 𒐕 = 1 eše₃= 6 iku
- 𒌋 = 1 bur₃= 3 eše₃

$\frac{10}{2} \times 30 = 150$ šar

$\frac{(23+21)}{2} \times 30 = 660$ šar

$\frac{(21+36)}{2} \times 40 = 1{,}140$ šar

$\frac{(36+30)}{2} \times 80 = 2{,}640$ šar

$\frac{(30+25)}{2} \times 40 = 1{,}100$ šar

$\frac{25}{2} \times 40 = 500$ šar

total: 6,190 šar

実寸図と正しい計算

23　シュメールの動物たち

● 象

【大　意】

　「動物の世界で私のように大きくて、私と比べられるものはいないだろう。」と象は自慢そうに言った。
それを聞いた、世界で一番小さい鳥といわれるキクイタダキ鳥が彼に答えた。
「そうかもしれない。だが体の仕組みについては、私もあなたと同じように作られているのだよ。」と。

【原　文】

am-si　ni　ta　na　maš₂-anše　ᵈšakkan　ka
象は　彼自身に、「野生動物　動物界の　の中(を見ても)

nig₂　ga₂　gi-na-nam　al sa₂　me-en nu gal₂
ものは　私のようなもので、比べうる　私に　いない」

na ab be₂　al-ti-ri-gu mušen　na ni ib gi₄-gi₄
と　いった。キクイタダキ鳥が　彼に そこで　答えた。

u₃　ga₂-e　i-gi-ten　gu₁₀　uš
だが 私は、　体型　私の　については

za a-gi-nam al sa₂　me-en e-še
あなたのようなものと 比べうるよ　と。

解説

シュメール語には同音異文字が多いので、現在は番号を付して区別する。元来ハイフンはないが、これも分かり易くするため便宜上付けている。

ni ta na ＜ ni₂ te a-ni 彼自身に、 ni₂ 自身。 ani（彼）と anene（彼ら）だけは 無意味な ta 又は te が間に入る。

maš₂-anše 子羊から驢馬にまで至る小動物のこと。

ᵈšakan ka ＜ ᵈšakan ak a ＝ ᵈGIR₃ ak a 神シャカンの 〜 で。ᵈšakan（文字は ᵈGIR₃ と書く）＝ 神シャカン（動物界の支配者）。以上全体で、小動物の群、を指す。

ga₂ gi-na-nam ＜ ga₂-gin₇ am₃ 私の如く〜である。 am₃ ＝ it is

al sa₂ me-en 私が争う。me-en 私は〜である。 nu gal₂ 存在しない。

na ab be₂ ＜ na i₃ b e それを言う。 ここで na は肯定の強調。

al ti ri gu キクイタダキ鳥は an-ti-ri₂-gu₇ᵐᵘˢᵉⁿ とも。ヒタキ科のオリーブ色の小鳥で翼長 5.5cm、ユーラシア大陸中部の針葉樹林に住む。

i-gi-ten ＝（akkad.）igitēnu 比率、調和、プロポーション。

mu uš ＜ mu še₃　　　　 a-gi-nam ＜ gin₇ am₃

狐

【大意】

だいたい、狐は攻撃的で、誇大で、自己主張が強い。

狐は海に向かって彼のペニスを押し出して小便した。

そして「この海の水はみんなオレの小便だ。」と言った。

狐は常に杖を携帯して、誰を叩こうかと考え、時には役人のように行政書を取り出しては、誰をやりこめてやろうかと思案していた。

その狐がある日、友達の山羊の家にやってきた。日頃住む洞穴のほかに狐は家を建てることが出来なかったからである。その劣等感を脅しでごまかすのが狐である。狐は山羊に向かってこう言った。「この家はオレ様の家だ。オレの靴を置いておくことにしよう。」と。山羊はすかさず言った。

「では、犬が来たとき直ぐ分かるように、掛け釘に掛けておきましょう。」

23 シュメールの動物たち　　149

　「ちょっと待て、犬が来てこの家に逗留するというのか。それはまずい、その靴を持ってこい。オレは夜のもめ事は嫌いだからな。」と言って引き上げた、と。
　その狐がアカシアの中の自分の洞穴にいたとき、大嫌いな犬が入り口にやって来て、「さあ、出てこい、それともこちらから入って行こうか」と怒鳴った。狐は歯ぎしりして、頭を震わせた。そして「私は貴方が私を追いかける限り、出て行くつもりはありませんよ」と答えた。
　向こう見ずに野牛に立ち向かった狐がいた。野牛のひずめに彼の足の爪を立てたが、これは野牛のひずめの方が強かった。
(狐は考えた。野牛が強いのは角を持っているからだ。そこで)狐はエンリル神に野牛の角を与えて欲しいと望み(何事も可能な神エンリルから)野牛の角を得て身につけていた。
　さて、急に空が曇り、風神が雨を降らせたので、狐は急いで洞穴に入ろうとしたが、角が邪魔になって入ることが出来なかった。その夜中じゅう雨が降り、風が吹き荒れたため狐は家の外で全身ずぶぬれになった。狐は言った。「頭から早く乾くように。乾いたら先ず頭の角をエンリルに返したい。」と。

　九匹の狼が十匹の羊を捕まえた。しかし一匹が余り、分け前を配れないでいた。そこへずる賢い狐がやって来て言った。
　「私が貴方達に配ってあげよう。九匹の貴方達には羊一匹で十分だろう。後の九匹は私が頂こう。これは私好みの分配法だ。」とさ。

【原　文】

　　　ka₅-a-a　　a-ab-ba　še₃　giš₃　a-ni　bi₂ in sur
　　　狐は　　　海に　向かって ペニスを 彼の 押し出した（小便した）。

　　　a-ab-ba　du₅　bi　kaš　mu　um　e-še
　(そして)海は　みんな その 小便 私の だ、とさ。

150　Ⅲ　シュメール文例

解　説

狐は自己主張が強い。
bi₂ in sur ＜ bi₂ n sur　それを押し出す。bi₂ は対格のみ許す。
i は 所格、方向格の助詞でここでは še₃ を受ける。そこに、の意。
du₅　　　　　＜ dun₃ = GIN₂ 深さ、全体
um　　　　　＜ am₃ = it is ～

【原　文】

ka₅ -a -a　gidri　an da gal₂　 a -ba -am₃　an tud₂ de₃ en
狐は　　杖を　　携えて、　誰を　　　　　叩こうか　（といい）、

dub an ši sur₅　　 a -na -am₃　 ab gur re en
行政書を 下げていって、何を　　　　却下しようか（という）。

解　説

狐は防備していて、且つ攻撃的である。
gidri = PA　王笏（おうしゃく）
an da gal₂　　＜ i₃ n-da gal　それと共に持つ、携える。
an tud₂ de₃ en　＜ al tud₂ e en　私は叩く、e は未完を示す。
tud₂ = PA-UZU　杖と肉体、と書き tud₂ と読む、即ち叩くの意。
an ši sur₅　　　＜ i₃ n še sur₅　彼から吊り下げる。
ab gur re en　　＜ i₃ b gur en　それを戻す、私は。

【原　文】

ka₅ -a -a　e₂　a -ni　nu mu un da an du₃
狐は　家を 彼の　ず　　られ　建て、

e₂ ku -li na　še₃ al -tar re　ba gen
家 友の 彼の に 権力者として やって来た。

解　説

狐は劣等感を脅しで誤魔化す。

ka₅-a-a ＜ ka₅-a e　　e は能格を示す。狐と言う奴は。

mu un da an du₃ ＜ mu n-da n　du₃　　n 主格、彼は。

n-da できる　　　　　ku -li na ＜ ku-li a-ni ak　彼の友の〜。

ba　gen の ba は利己的ニュアンスを持つ。勝手に上がり込む意。

【原　文】

ka₅-a uz₃ de₃ ʃe₃ an na ab be₂
狐は　山羊に　向かって　　言う。

ᵏᵘˢ̌e-ib₂ mu e₂ zu a ga mu ni ib₂ gar
「靴を　私の　家　お前の　に、たい（そこにそれを）置き」（山羊は）

du -u₃ -da ur -gi₇ ra ka ᵍⁱˢkak ta ga mu ni ib₂ la₂
「来た時には　犬の、　　掛け釘　から　ましょう　それを　下げ」（狐は）

tukum -bi ur -gi₇ -re e₂ zu a ur₅ -ra ʃe₃ an ti
「もし　　　犬が　家 お前の　に興味 を持って 留まるのであれば、

ᵏᵘˢ̌e -sir₂ mu gen -u₃ gi₆ na an sa₂ e en e -ʃe
革のサンダルを 私の 持ってこい、夜は　ない　争わ 私は」とさ。

解　説

狐は山羊には強いことを言うが、犬が怖い。

uz₃ de₃ še₃ ＜ uz₃ e še₃　　山羊に向かって。e 能格。

an na ab be₂ ＜ i₃ na b e　　彼にそれを言う。　e 言う。

ᵏᵘšе-ib₂ 革のベルト、ここでは ᵏᵘše-sir₂ の間違い。

du u₃ da ＜ du -ed a　　行くことに。　　-ed 不定法。

〜 ur-gi₇ ra ka ＜ 〜 ur-gir₁₀ ak a 犬の 〜 で。

ᵍⁱškak 木製なので giš（木）の限定詞が付く。発音はしない。

ga 〜 したい。　　tukum-bi = ŠU-GAR-TUR-LAL-bi　　もし。

ur₅-ra še₃　興味により。

ᵏᵘše-sir₂ 革製サンダル。　kuš 革の限定詞、但し読まない。

gen -u₃　＜ gen i₃ 来い、du の命令形。（命令は hamṭu をとる。）

na an sa₂ ＜ nu al sa₂ en　　争わない、私は。

【原　文】

ka₅ -a dur₂　ᵍⁱškiši₁₆ (a)　še₃ (mu ni) in ku₄ ma

狐が　巣　アカシアの　に　（そこに）彼が　入った　時のこと。

　　（原文一行欠落）

ur -gi₇ -re ka₂ na ba an tuš　　　ga₂ -nu e₃　im ta

犬が　　門に　その　座って（言った。）「さあ、　出てこい。」（しかし）

e₃ -de₃　nu　ub　zu　am₃

出方が　なかった　それには　分から　のである。（犬は言う。）

ᵍⁱškiši₁₆ = ᵍⁱšu₂-ad₂　アカシア

23 シュメールの動物たち   153

gu₂   e   bi a -na -gin₇-nam   i₃   ku₄   re   en
「か？ 土手を この どのように 入ろう、オレは」 （狐が答えた。）

en -na bi še₃   am₃   na   an   sar -sar   al   tuš   en   e -še
「限り そこまでで ない 私を 追いかけ、座っている 私は」と。

解説

giš は樹木の限定詞。
kiši₁₆ a = GIR₂ ak アカシアの   ma 〈 am₃ = it is 〜のことである。
(mu ni) in ku₄ 〈 mu n i n ku₄   ku₄ が hamṭu であるため n は主格。
ka₂ na   〈 ka₂ a-ni a   その門で。 a 所格。
ba an tuš   〈 ba n tuš   ba には自分勝手に、の意味がある。
ga₂-nu   〈 gen i₃ 〈 du   行け。命令は hamṭu を先頭に出す。
e₃ im ta   〈 e₃ i₃ b -ta   出ろ、そこから。 e₃ = ed₂ = UD-DU
  ここで e₃ の字は書き間違い。
e₃-de₃   〈 ed₂ e   出ることは。 e 能格。
nu ub zu   〈 nu i₃ b zu   それは知らなかった。b は主格。
zu 知る、は hamṭu
gu₂ 〜 i₃ ku₄ re en 〈 ga 〜 i₃ kur₉ e en 入ろう、私は。e は未完。
bi še₃ am₃   そこまでであって。
na an sar-sar 〈 nu n sar-sar en   私を追いかけない、貴方が。
n は対格、1,2 人称に使用する。

154　Ⅲ　シュメール文例

【原　文】

ka₅ -a zu₂ bi₂ in sud₂-sud₂　　sag nam mi bul-bul
狐は　歯を　　歯ぎしりして、頭を　　　　震わせた。

bi₂ in 〜　＜ bi₂ n 〜　それを〜する。
nam mi 〜　＜ na i₃ bi 〜 = na bi₂ 〜　　　　na は強調の助詞。

【原　文】

ka₅ -a ᵍⁱʳ³MUL am -ma -ka　　gir₃ -ni bi₂ in gub
狐は　　ひずめに　野牛 の　　　足を　彼の　　立てたが

nu ub si₃　　　e-še
なかった　怪我させ、とさ。

解　説

MUL = šuhub₂ 普通、星だが、ᵍⁱʳ³ （足の限定詞）があるのでここは
ブーツやひずめの意。
大文字で書くのは読み方が未だ決定していないため。
〜 am-ma-ka ＜ 〜 am ak a 野牛の〜において。
bi₂ in gub ＜ bi₂ n gub それが立てた。gub は hamṭu なので n 主格。
nu ub si₃ ＜ nu i₃ b sig₁₀ それを傷つけない。b は対格。
e-še 直接話法を示す。〜だとさ、に当たる。

23　シュメールの動物たち　　155

【原　文】

（二行欠落）

ka₅-a　ᵈen-lil₂-le　si　am　e　al　u₃　bi₂　in　dug₄
狐は　エンリル神に　角を　野牛の　のち　　望んで（入手した）、

si　am　e　ba　ni　in　la₂
角を　野牛の　身に　着けていた。（ところが）

im　im-šeg₃　mu　na　an　zi-zi
風神が　雨を　　　彼に　起こした（ため）、

habrud-da　na　nu　mu　da　an　ku₄-ku₄
洞穴に　彼の　ない　　　でき自身を　入れることが。

gi₆-sa₉　bi　　　im　mir-mir　ra　im　im-šeg₃　---
夜中　その（まで）風は　吹き荒れ、風神が　雨を　---（狐は言った）

ugu　na　in　til　la　ta　he₂　bu　ta　lah
「頭　その　終わった所の　から、ように！（そこから）乾く。（直ぐにも）

garza₂-lugal　a-ni［ir］　ga　ba　ni　ib　gur　e-še
所有権　　彼の　に　たい！　それを戻る。」　と。

【解　説】

　狐は頭の角にこりごりした話。一部原文不明。
　si am e ＜ si am ak 野牛の角。　　am ak 野牛の。
　シュメール語以降、セム語族も形容詞は名詞の後に付くようになる。

al ～ dug₄ 要求する。bi₂ in dug₄ ＜ bi₂ n dug₄ それは要求した。
bi₂ は al 同様、動詞句の接頭辞であるが、動詞の前に対格のみ可能。
但し dug₄ は hamṭu（完了）のため n は対格でなく主格、それは。
ba ni in la₂ ＜ ba ni n la₂ そこでそれは運ぶ、la₂ は hamṭu。
ni そこで。ba- 自分のために、の意味を持つ接頭辞。
mu na an zi -zi 彼にそれを立ち上げ給う。mu- 敬語。
zi-zi 起こす、は marū（未完）（hamṭu は zig₃）。habrud = KI x U
穴のある所。habrud-da na ＜ habrud a-ni a 彼の洞穴で。a 所格。
mu da an ku₄-ku₄ ＜ mu n-da n ku₄-ku₄ それを入れる事が出来る。
ku₄-ku₄ は da-da となっているが間違い。
n-da 可能。ku₄-ku₄ は marū なので主格は三人称単数 彼は、となる。
ugu na ＜ ugu ba ＜ ugu bi a 直訳すれば、その頭蓋骨で。
in til la ＜ i₃ n til a それが終わった所の ～。a 関係代名詞。
he₂ bu ta lah ＜ ha i₃ b-ta lah そこから乾燥するように。
～ a-ni（ir）＜ ～ a-ni ra 彼の ～ に対して。
ga ～したい。eše ということだ。garza₂ = PA-LUGAL 所有権。

【原　文】

ur -bar -ra （9 bi） 10 am₃ udu u₃ mu ni in dab₅
狼が（九匹の その） 十匹を 羊 時(そこで彼らが)捕えた、

diš am₃ ab si [am₃] ha-la bi ne nu [ha]-la a
一匹が 余り、 分け前を 彼らの なかった 配れ。

ka₅ -a ugu bi še₃ u₃ un gen
狐が 所 その へ のち やって来た（言った）。

23 シュメールの動物たち 157

ga₂ e ga mu e -ne ha -la
　　　　　　　　　　　　　　　ga の字は古バビロニア時代を示す
「私が よう 彼らを 配ってあげ。

9　za e en -ze₂ -en diš am₃　šu ti ba ab ze₂ -en
九匹 貴方方は だが、羊一匹がある、それを取りなさい。。

ga₂ e dili　mu de₃ 9　šu ga ba ab ti
私は ひとり だが、九匹を たい（それを）頂き。

ne -e ha -la ša₃ gu₁₀ e -še
これが 分配だ 好みの 私の」とさ。

解　説

羊一匹しか取れなかったと思え、という狐の狡さ。
9 = 5 + 4
ur-bar ra 〈 ur-bar e　狼が。 e 能格の助詞。
am₃ = it is　ここでは数詞であることを示す語。
ab si am₃ 〈 i₃ b si-a am₃ 〈 i₃ b diri am₃　それは余分である。
diri は SI-A と書く。二字で一語の例。ha-la bi ne の ne は複数。
ugu bi še₃　その所へ　ugu は頭蓋骨。
u₃ un gen 〈 u₃ i₃ n gen　彼が来た時。
dili mu de₃ 〈 dili me-en de₃　　šu ～ ti(te)　取上げる。
šu ga ba ab ti 〈 šu ga ba b ti （自分のため）それを取りたい。
命令形では ti が前に出て　šu ti ba b ze-en
ša₃ mu 〈 šag₄ gu₁₀ (kam) 〈 šag₄ gu₁₀ ak am₃　私の心の～である

● ライオン

【大　意】

　　ライオンは吠えた。「盗んできたものをワシに捧げるでない。」と。
このようにライオンは王者の貫禄を見せて、一般におっとり構え、どちらかというと洒落も分からなかった。しかしライオンらしくない変わり者もいた。
例えば人間がライオンの前で肉を食べて見せても、自分は魚の方が好きだと言って、魚ばかり食べているライオンがいた。どうしても魚を放さず、取り上げられなかったという。
又ライオンのくせ、酒場の亭主のように、気が小さく、他人の心を気にして、そわそわ気配りに余念がない奴もいた。
あるライオンが草むらで豚を捕まえた。しかし豚は金切り声で悲鳴を上げ続けた。
「お前の肉は食欲を満たすほどないが、食べる前にワシはツンボになるわい。」と言ってライオンは豚を放した。

　　ある時ライオンは、弱いが、頭の良い山羊を捕まえた。
山羊は言った。「手を離して下さい。そうすれば代わりに仲間の羊を差上げます」
ライオンは言った。「よろしい。おまえの名前を教えたら手を緩めてやろう。」
山羊はそこで「私の名をご存じない？　私の名は umun-mu e-dak ak-e　（貴方よりは利口に振舞う）ですよ。」
ライオンは「よし、許してやろう。」と言ったが、山羊は脱兎の如く逃げながら言い返した。「私を許して、貴方は利口に振舞った。でも、この近くには羊はいないよ。」と。

ライオンが野井戸に落ち込んだ。そこへ狐が通りかかった。
狐は助けようともせず、内心いい気味だと思いながらもオタメゴカシに言った。
「貴方の革のサンダルは、私が家まで代わりに運んで置きましょう。」と。

23　シュメールの動物たち

【原　文】

ur -mah　e　gu₃　u₃　mu　un　　ra -ra
ライオンは　　後に　　それに　吠えて（言った。）

nig₂　zuh　zu　　nam　ba　šub　[be₂]　en
「物を　盗んだ　お前が　な　　捧げる　お前は」。

【解　説】

　　mu un ra-ra ＜ mu n ra-ra、ra は marū 未完であるから n は対格。gu₃ 〜 ra
叫ぶ。ra -ra 何遍も叫ぶ。nam ba šub be₂ en ＜ na ba šub₂ e en 捧げる
な、貴方は。ba 自分のためにする行動を示す。 šub₂ は e があるので
marū na + marū 動詞では禁止の na（但し na + hamṭu 動詞では肯定の na）

【原　文】

igi　ur -mah　a　ka　uzu　al　ku₂　e
前　ライオン　の　で　肉を　食べる　彼は。

【解　説】

　　igi ur -mah a ka ＜ igi ur-mah ak a　ライオンの前で。a 所格。
al ku₂ e　食べる、彼は。al は代名詞の接中辞なしに動詞に付く接頭辞。
e は動詞の未完を示す。人称を示す接尾辞がないが主格は三人称単数。

【原　文】

ku₆　ur -mah　aga　　　ki　-ag₂
魚　ライオン　の　について（魚）好きでも

ku₅ -de₃　nu　ub　zu
切離し方は　ない　分から。

160　Ⅲ　シュメール文例

解　説

魚を夢中で食べている時、魚の取り上げ方は分からないものだ。
ku₆ ur-mah aga < ku₆ ur-mah ak a　　ak 〜の。a について。
nu ub zu < nu i₃ b zu e それを知らない、彼は。zu は未完。

【原　文】

ur-mah e　nam　lu₂　kurun　na　al　ak　e
ライオンが　仕事を　亭主の　酒場　の　　する。

解　説

シュメール時代から酒場の亭主は気のよい小心者であった。
nam lu₂ kurun na < ⁴ nam ² lu₂- ¹ kurun ³ ak 数字の順に訳す。
nam ak 仕事する。　　e は動詞が marū 未完であることを示す。

【原　文】

ur-mah e　šah giš-gi₄　(mu ni) in　dab₅
ライオンが　豚を　草むらの　(そこで) それが捕まえた、

e-ne　gu₃　i₃ ra-ra　en-na bi　še₃ am₃
彼は　何度も鳴いた。限り その　では そうである。

uzu zu　ka gu₁₀　nu mu ni　(in)　si
「肉は お前の　口を 私の　ない そこで (それを) 満たさ (その上)

za-pa-ag₂ zu　geštu₂ mu　u₂ ba an hub₂　e-še
叫び声で お前の　耳が　　　ツンボになる。」　と。

解　説

(mu ni) in dab₅ ＜ mu ni n dab₅　　dab₅ が ḫamṭu 故 n は主格となる。

gu₃ ～ ra 吠える、叫ぶ。　　ra ra は何度も吠えること。

mu ni (in) si ＜ mu ni n si　　si は marū n は対格。

en-na bi še₃ それまでは、通常は。　　geštu₂ 𒄑𒈞𒅗

mu u₂ ba an ḫub₂ ＜ mu u₂ b-a n ḫub₂

u₂ ～ ḫub₂ ツンボにする

b-a そのために　　ḫub₂ が marū 故　n 対格　それを（耳を）。

【原　文】

ur-maḫ e uz₃　ḫu-nu-a u₃ mu ni　in dab₅

ライオンが 山羊を 無力な 時（そこで）捕まえた（山羊は言った）。

šu ba am₃　　u₈ tab-ba mu　gur-ra　ga mu ra ab sum

「手を離してくれ、羊を 仲間の 私の 代わりに たい 貴方に（それを）あげ」。

tukum-bi　šu mu re bar-re　　mu　zu　dug₄ ma ab

「もしも　手を 緩めて欲しいなら名を お前の 言え 俺に（それを）」と。

uz₃-de₃ ur-maḫ e mu na ni ib gi₄-gi₄

山羊は ライオンに そこで 言い返す。

za e　mu mu　nu e zu

「貴方は 名を 私の ないのか 知ら ？

umun₂ mu e -da ak   e   mu mu   um
利口に 貴方より 振舞う、が 名 私の だ」。

u₃ ur -mah e e₂ tur₃   še₃ i₃ gin na
後 ライオンは 檻 家畜の に向かって 行った、

mu e buru₂   e   en gu₃ al de₂-de₂ e
「お前を 解放しよう 俺は」と   叫ぶ。

e -ne gu₂ ri ta   mu na ni ib gi₄ -gi₄
彼は 側 他の から そこで   言い返す。

mu e buru₂   e   en   umun₂ mu e   ak
「私を 解放して 貴方は、利口に 貴方は 振舞う。(だが)

bar udu -hi-a ka nu   dur₂ ru na   e -še
近く 羊達の には ないよ 住んでい」 と。

解説

のちにイソップ物語にも出てくる話。
tukum-bi = ŠU-GAR-TUR-LAL-bi   もし。
ur mah   大きい獣、ライオンのこと。
uz₃ = UD₅   雌の山羊。   hu -nu a   力のない所の、弱い。
šu ba am₃ < šu ba im < šu ba i₃ b 手を離せ (それを)。
ba 捧げる。 u₈ 雌の羊。   ga 一人称の願望、〜したい。
tab-ba   仲間となった (関係代名詞 a が有ることに注意)。
gur-ra   取り替えて。

23 シュメールの動物たち

ga mu ra ab sum ＜ ga mu ra b sum　　ra 貴方のために。
mu re bar re ＜ mu ra bar e en　お前のため緩める、私は。
dug₄ ma ab　　＜ mu a b dug₄　　私のためそれを言う、の命令形。
uz₃-de₃　　　＜ uz₃ e 山羊が。　uz₃(UD₅) の d 音が出てくる。
mu na ni b gi₄-gi₄　彼にそこでそれを（言い）返す。inim 言葉、が省略されている。
nu e zu ＜ nu i₃ e zu 貴方が知らない　e は za-e を受ける。
umun₂ ak 金細工(きんざいく)をする、賢く振舞う。
mu e -da ak e ＜ mu e-da ak en　　　e-da 貴方より。　en 私は。
um 　 ＜ 　am₃ = it is　　　　　　　e-ne それは。
i₃ gin na　　＜ i₃ gin a 行った所の〜（u₄ 時、に繋がる。）
mu e buru₂ e en 前の e は対格、お前を。後の e は動詞の未完を示す。
gu₃ 〜 de₂ e 叫ぶ。　e は動詞の未完。主格はないが、三人称単数。
bar udu -hi-a ka ＜ bar udu-hia ak a　　udu は雄羊。-hia 複数。
e-ne それは。　　dur₂ ru na ＜ durun e　　tuš の複数、未完。

【原　文】

ur -mah e　pu₂ nig₂ huš₂-a　ka u₃　mu ni in šub
ライオンが　井戸「緋色」の　に 時　　　落ち込んだ、

ka₅-a　a ugu bi še₃　u₃ um gin [ma]
狐が　　場 そ の に　やって来て（言った）。

ᵏᵘˢ̌e -sir₂　　　zu　　　e₂ še₃　gu₂-e -še₃
「革の サンダルを 貴方の　家まで　　代わりに

mu e ši tum₂　mu um　e -še
（そこまで）運ぶさ 私が」　　と。

解説

```
nig₂ huš₂ -a ka ＜ nig₂ huš -a ak a    緋色の物の～に（意味不明）。
huš-a 怒りの、緋色の。     a 所相   ～に。
mu ni in šub  ＜ mu ni n šub  そこで彼が落ちた。šub が hamṭu
で n が主格となる。彼が。
ugu še₃ ＝(akkad.) ina muhhi       ugu は本来、頭蓋骨の意味。
um gin ma   ＜ i₃ b gen am₃   それが来たのだ。  gen は
hamṭu であり、b は主格をとる。      am₃ ＝ it is
gu₂-e-še₃  代わりに。    e -ši   そこまで、つまり家まで。
mu tum₂ mu um ＜ mu tum₂ e en   e は tum₂ の marū 未完を示
す。  en 私が。
```

狼

【大　意】

　狼が羊の首を嚙み切ったが、その時、脇からライオンが現れてその餌を運び去った。ライオンはみずから手を下さずに、良い結果だけ手に入れたのである。
　狼が茂みに座った後、太陽（神）に向かい誓った。「これから出かけますが、今から何も食べさせないで下さい。
以前飢えを感じ羊を手に入れた時、貴方が私に言った叱責の言葉は、私にとって何と厳しいものであったことか！誓って言います。これから何も食べません。」「----（だがしかし）さあ、私は何を食べようか」と。

【原　文】

ur-bar ra gu₂ a -ba da ak e
　狼が　　首を　時から　切った、

23 シュメールの動物たち

 ur -mah e   mi ni ib₂ il₂ e
 ライオンは   それを 運び去る。

解　説

　　　　ur-bar ra ＜ ur-bar e　狼が。　　e は名詞の能格を示す。
　　　　ur-bar は近くにいる獣、の意。
　　　　a-ba　da　＜ u₄-bi-a ta　その時から。
　　　　gu₂　ak e ＜ mu gu₂-ak a 首を切った所の。　a は関係代名詞。
　　　　mi　ni　ib₂　il₂　e ＜ mu　ni　b　il₂　e そこでそれを運ぶ、彼は。
　　　　e は動詞の未完を示すので、主格は省略されているが、三人称。

【原　文】

 ur -bar -ra ᵍⁱˢ eš -ad   u₃ mu ni in tuš
 狼が　　　茂みに　のち（そこに）座った、

 ᵈutu   ra an na ab be₂   i im ta   e₃ de₃ -en
 太陽（神）に向かい　　言った。「時（これから）出かける（という）、

 a -da -al ta   sila₄ na   an gu₇ (e) en
 今　　から 羊を　ませんように 食べさせ！　（以前に）

 u₄   ša₃ -gar an tuku   sila₄   šu ba ni in ti a
 時に 飢えを（自分が）感じ、羊を　　手に そこで 入れた（所の）、

 nig₂ mu e   dug₄ ga   zu   a -na ma   -nam
 事は（貴方が）言った所の 貴方の、何と 私にとって（厳しかった）事か！

166　Ⅲ　シュメール文例

［楔形文字］
mu　zi　　gu₁₀　a　　i　ni　dug₄　ga
名　正しい　私の　により　私が言った　所の、----（だがしかし）

［楔形文字］
DU　ga₂-e　　a-na　ga　gu₇　e　e-še
さあ、私は　何を　よう　食べ」　と。

解説

狼は羊を食べないことを太陽神に誓ったがやはり食べずにはいられない。
ᵍⁱˢeš-ad　名は不明の植物の茂み。　　ad₂ には棘の意味がある。
u₄ mu ni in tuš　＜ u₄　mu　ni　n　tuš　　n は主格。tuš は hamṭu
an na ab be₂　＜ i₃　na　b　e　彼にそう言う。ra ～に向かって。
i im ta　　＜ u₃ i₃ b-ta　そこから ～ する時。
e₃ -de₃　en　　＜ e₃-ed　e　en　出かけようとする、私が。
e₃ = UD-DU　二字で一語。　-ed ～しようとする。　　e は未完。
na an gu₇ e en　＜ nu　i₃　n　gu₇ e en　私を食べさすな、貴方は。
ša₃-gar an tuku　＜ ša₃-gar i₃ n tuku　飢えを（それが）持って。
šu ba ni in ti　＜ šu ba ni n ti　　そこで（それが）手に入れる。
ba 自分のため。　a 関係代名詞。šu ～ ti 手に入れる、という熟語。
mu e dug₄ ga　　＜ mu e dug₄ a　　e 貴方が。a は nig₂ ～ zu にかかる。
a-na　ma　nam　＜ a-na mu-a na am₃　私にとってそれが何であるか。
ana ～ am₃　　それが何であるか。= what it is.
mu zi mu a　　＜ mu zid gu₁₀ a　私の正しい名で、即ち　誓って。
gu₁₀ = MU　文字は MU だが、発音は gu₁₀ 私には強い叱責の言葉であった。
i ni dug₄ ga ＜ i₃ n dug₄ a　私が言った所の ～。
DU 感嘆詞、さあ。読みが不明なため大文字で書いたが ra₂ と読むか。

● 熊

【大　意】

　熊は六ヶ月間の冬眠からさめ、普段の生活に戻って言った。「天に昇ったら、私のように夢をむさぼっていてはいけないよ、もし眠っていれば死んでしまうところだよ。」と。どこに居ようと、眠る暇さえないのが人生だ。

【原　文】

az e　　iti 6 kam ma ti ba　　u₃ un bal
熊は　六ヶ月間　生活に　時　戻った、（言った。）

an　　u₃-di　na an sum　mu un　ga₂ a-ĝin₇ nam
「天では 夢を　な　与える　　　　私の　ように、

he₂　　ug₇　　e -še
だろうよ 死ぬ。」 と。

解　説

　天では眠っていれば死んでしまう、と言う皮肉。
　　iti 6 kam ma ＜ iti 6 ak am₃　a 六の月の間、六ヶ月間。
　　am₃ は数字を示す。　　ti ba ＜ ti bi a　その生活に。
　　un bal ＜ i₃n bal　それが帰った、n は完了動詞の前にあるので主格。
　　na an sum mu un ＜ nu i₃　n　sum e en　それを与えるな、貴方は。
　　e は動詞の未完、en は一人称、二人称の主格を表す。
　　a-ĝin₇ nam　　＜ a-ĝin₇ am₃　～のように、nam は強調。
　　he₂ ug₇　　　＜ ha i₃ ug₇　死ぬだろうよ、ha + 完了は肯定推量。

因みに、DU という字（意味と読みがかなり異なる例）の説明。

意味		完了	未完	文字
行く	単数	gen	du	DU
	複数	ere	sub₂	DU DU
立つ	単数	gub	gub	DU
	複数	sub₂	sub₂	DU DU
伴う	単数	de₆	tum₂	DU
	複数	lah₄	lah₄	DU DU

逆に DU の字の読みと意味は次のようになる。

    gub 立てる、単数の hamṭu, marū
    de₆ ... 伴う、 単数の hamṭu
    tum₂ ... 伴う、 単数の marū
    gen, gin 行く、 単数の hamṭu
    du   行く、 単数の marū
    ra₂   行く 単数の hamṭu
    du   安定した

gub（立てる）の変化。

	hamṭu（完了）		marū（未完了）	
	読み	文字	読み	文字
単数	gub	= DU	gub	= DU
複数	sug₂	= DU DU	sug₂	= DU DU

tum₃（伴う）の変化。

	hamṭu（完了）		marū（未完了）		
	読み	文字	読み	文字	
単数	de₆	DU	tum₂	DU	又は TUM₃
複数	lah₄	DU DU	lah₄	DU DU	

23 シュメールの動物たち

ここで 連辞 copula を述べておく。

一人称	-me-en	一人称複数	-me-enden
二人称	-me-en	二人称複数	-me-enzen
三人称	-am₃	三人称複数	-me-eš

動詞句の五つの接頭辞の違いを説明する。

- mu- 　敬語の接頭辞。〜なされた。〜し奉った。
- ba- 　mu- の反対（相手を見下して言う）。又は受け身の表現。
- i₃- 　通常文の接頭辞。（意味はない。）
- al- 　通常文で、接中代名詞を全て省略する場合の接頭辞。
- bi₂- 　対格以外の接中代名詞を省略する場合の接頭辞。

因みに語尾辞（人称代名詞、主格）は

一人称単数	-(en)	一人称複数	-(en)de(n)
二人称単数	-(en)	二人称複数	-(en)ze(n)
三人称単数	---	三人称複数	-(ne)（hamṭu では eš）

なお 独立人称代名詞（主格）は

一人称単数	ga₂-e （e は能格）		
二人称単数	za-e		
三人称単数	ene, ane	三人称複数	enene, anene

なお 動詞句の構成例

接頭辞	与格	方向格		対格	動詞	時相	主格
i₃	na	e-ta	ni	b	gi₄-gi₄	e	en
彼に	私から	そこで	それを	返す		私は	

（動詞が hamṭu であれば時相も語尾主語もなく、対格が主格となる。）

24 シュメールの人生訓

nig₂　tuku-tuku　al　su₃-ud　nam -uku₂ ʳᵃ　al　ku -nu
金持ちは　　　　遠いが　　　貧乏は　　　　　近い

解説

  nig₂ tuku-tuku 又は nig₂ tuku　物持ち、金持ち。
  su₃-ud　＝　sud　遠い、長い。　ku -nu　近づく、近い。
  uku₂ ＝ LAL₂ -DU　　ra とあるのは DU を ra₂ と読むためで無意味。
  al　　　動詞句中に与格、対格の代名詞を含まぬ接頭辞。

貧乏には近いが金持ちには遠いよ。

nig₂　ha-lam　ma　dingir　ra　kam
事は　破壊する　所の　神の　（事）である。

šu　　tu-tu　nu　ub　zu
手の入れ方を　ない　知ら。

解説

  ha-lam　ma ＜ ha-lam　a　破壊する所の。
  dingir　ra　kam ＜ dingir　ak　am₃ 神の事（専権事）である。
  ak　の。　　am₃ それは～である。　tu-tu ＜ tur₅ 入れる。
  nu　bu　zu ＜ nu　i₃　b　zu en それを知らない、私は。

破壊するのは神の権限だ。（人間には）手の付けようがない。

ša₃ -ge　　ša₃　hul -gig　nu　ub　tu -ud
真心は　　心を　　恨みの　　ない　　　生ま。

24 シュメールの人生訓

dug₄-ge　ša₃　hul　-gig　ib₂　tu-ud
弁舌が　心を　恨みの　　　　生む。

> **解説**
>
> ša₃-ge ＜ šag₄ e　心は。　e は能格。
> nu ub tu-ud ＜ nu i₃　b tud　それを生まない。

真心では恨みを生まないが、口先では恨みを生む。

dam nu -gar　ra　e₂ a　ti -la am₃
妻が　ない　倹約し　家で　生きて いる。

a₂ -sag₃　a₂ -sag₃ e　diri ga　am₃
病魔どもが　　　　追加して　　いる。

> **解説**
>
> nu -gar ra ＜ nu-gar ak　浪費の。　e₂ a　家で。a は所格。
> a₂ -sag₃　a₂ -sag₃　病気の複数。　diri ga am₃ ＜ dirig am₃

家には浪費癖の妻がおり、加えて病気神がいる。

lul　dug₄　ga ab　zi　dug₄　ga ab　lul　ba e si₃ ke
嘘をつき、(そして) 真実を言っても、　嘘に　私を投げ込む。

> **解説**
>
> dug₄ ga ab ＜ dug₄ i₃ ab　それを言う。
> ba e si₃ ke ＜ ba e sig₁₀ en　私を投げる、君は。
> 動詞句中の e は対格人代 1～2 人称。en は主格
> 人代 1～2 人称。場合によって判断する。

嘘の後、真実を言っても、私にはすべて嘘と思われる。

šu šu a   ba ab dah e₂ lu₂   al du₃   e
手を 手に   加えて 家を 男の 作るが、

ša₃-gal ša₃-gal e ba ab dah e₂ lu₂ al gul e
食物を   食物に   加えて 家を 男の   壊す。

解説

  šu a 手に。 ba ab dah ＜ ba b dah それを加えられる。
  ba 受身。 ab ＜ b それを。du₃ e 建てられる。 e 未完を示す。
  ša₃-gal e ＜ ša₃-gal a 食物に。a 所格。

手と手を合わせて家が作られるが、宴に宴を重ねて家が滅ぶ。
酒色財気、即ち酒と女と金融には気を付けよ、という戒めにも通ずるものがある。

ti la   lul la   hul na   an   gu-ul en
生きて 嘘で   禍を な   増やす 君は。

gam ha-la zu   mu un gal₂
屈服は 運   君の   にある。

解説

  ti la ＜ til a 生きている(状態で)。gu-ul ＜ gal 増やす。
  lul la ＜ lul a 嘘によって。ha-la 分け前、取り分、運。
  na an gu-ul en ＜ nu i₃ n gu-ul en 君は増やすな。
  mu un gal₂ ＜ mu n gal₂ それは存在した。n 主格。

生きる限り嘘で禍いを増やすな。負けるかどうかは君の運次第だ。
老子の言葉に、天道に親なし常に善人にくみす、とある。天は私心なく公平で常に善人を助ける、という意味である。

24 シュメールの人生訓

e₂　ᵈen-lil₂-la₂　gu₂-diri　sanga　ugula　bi　im
神殿は　エンリル神の　(金)全額で、　管理僧は　監督　その　である。

> **解説**
>
> ᵈen-lil₂-la₂ ＜ ᵈen-lil₂ ak　エンリル神の。
> gu₂-diri 合計金額。普通は šu-nigin₂ を使う。
> im ＜ am₃ である。前に bi があるから a → i

エンリルの神殿は金銭の塊で、そこの僧はその監督だ。

nig₂　gu　erim₂　ma　dum-dam　za
者が　筋道を　悪くしている　不平を言う。

> **解説**
>
> gu erim₂ ma ＜ gu erim₂ a　筋道を悪くする所の。
> dum-dam za ブツブツ不平を言う。(擬声語)
> dub-dab za, wu-wa za などと同じ。

筋道を悪くしている者が、えてして文句を言う。

eme　gu₁₀　anše　kar　ra　gim
言葉は　私の　驢馬　持ち去られた　のように、

egir　bi　še₃　nu　gi₄-gi₄
あと　その　では　ない　戻ら。

> **解説**
>
> anše kar ra ＜ anše kar a　持ち去られた所の驢馬。

言葉は、持ち出された驢馬のように元には戻らない。

174　Ⅲ　シュメール文例

inim　dug₃　　ku -li　　lu₂　šar₂　ra　ka
言葉は　よい　友達　　人　沢山の　の　である。

解説

ku -li　lu₂　šar₂　ra　ka　＜　ku -li　lu₂　šar₂　ak　am₃
　　　　　　　　　　　　　　　友人　　人　沢山の　　の　である
dug₃ 良い　＝ šar₂ 沢山の　＝ HI　（同じ字を用いる。）

よい言葉は沢山の友人を作る。

日本では、口頭の交わりとか、口に蜜有り、とか逆の例が多い。

nam　sa₆ -ga　kaš　a　　nam　-hul　kaskal　la
良いことだ　ビールは　嫌なことだ　旅は。

解説

nam　sa₆ -ga　＜　nam　sig₅　ak　楽しみの事。嬉しい事。
kaš　a　＜　kaš　am₃　ビールを飲む事である。
nam　hul　嫌な事。（sa₆ -ga の反対語。）
kaskal　la　＜　kaskal　am₃　旅をする事である。

飲酒は良いが、旅は嫌な事だ。

日本では旅を楽しむゆとりがあった。しかし、旅は道づれ世は情け、というように道連れや人情が心強かった、のは逆に不安も多かった証拠であろう。

nir -gal₂　e　a -na　bi₂　in　dug₄　nu　sa₆
権威者が　　何事も　　言った　ない　嬉しく。

> **解　説**
>
> nir -gal₂　英雄、王子、権威を持つ者。
> e　能格。後の in 彼が、が受ける。
> bi₂ in dug₄　＜　bi₂　n　dug₄　　dug₄ が完了ゆえ、n は主格。
> sa₆　＜ sig₆　良い、嬉しい。

権威者が言った事は何であれ、嬉しい事でない。

ussu₃　igi　gal₂　tuku　nu　mu　e -da　sa₆
力と　知性を持つ事とは　ない　　でき　比較。

> **解　説**
>
> igi　gal₂ 目がある、賢い。igi　gal₂　tuku　賢さを持つ。
> e -da　君はできる。

権力と知性とを比較はできない。

in　dub₂ -dub₂　bu　ra　in mu　un　na　an　gal₂
侮辱すること　　に対して　侮辱が　　　　　あった。

kiri₃　-ur₅　kiri₃　mu　un　na　ur₅　e
軽蔑には　　鼻で　それに対して　軽蔑する。

> **解　説**
>
> in　侮辱、嘲笑。　　　dub₂　叩く。
> bu　ra ＜ e ra　　e 未完。ra ～に対して。
> gal₂ ある、が完了ゆえ n は主格となる。
> mu un na an gal₂ ＜ mu ra　　n　　gal₂
> 　　　　　　　　　　に対してそれが あった
> kiri₃ -ur₅ 鼻に皺を寄せる。冷笑する。cf. akkad. ganā

III シュメール文例

  mu un na ur₅ e   <   mu ra   ur₅ e
          に対して 冷笑する
   ur₅ = har 噛む、顔を顰(しか)める。 e 未完。
侮辱に対しては侮辱があり、軽蔑すれば軽蔑がある。

  lu₂   še   lum -lum   ir₂   i₃   še₈   -še₈
  人も 大麦を 発芽させる 涙を   流す。

  lu₂   a   de₂   a   ka   bi   nu   ba   e
  人も 水を 注ぐ 所の 口を その ない 利け。

解　説

  ir₂ = A-IGI 目の水。
  lum 結実させる。 de₂ 注ぐ。
  še₈ = šeš₂ = ŠIQ₂-LAM 雨が降る、涙を流す。
  ka 〜 ba 口を与える、会話する。

大麦を育てる地主人は涙を流す(悩みがある)が、田に水を注ぐ(小作の)百姓は(疲れはて)口も利けない。

  šu   gi₄ -gi₄   ra   šu   he₂   en   gi₄
  報いる人については   よう 彼は 報われ。

解　説

  šu 〜 gi₄ 手を返す、報いる。
  動詞 + a -ri エメサル語では 〜については、の意味。
  šu gi₄ -gi₄ ra < šu gi₄ -gi₄ a -ri
       報いる (人) については

he₂ en gi₄ < ha i₃ n gi₄
　　　　　だろう 彼は 報われる

　　ha ＋ 完了 は動詞の肯定、強調。

親切で報いる人は親切で報われるだろう。
善因善果、とか積善(せきぜん)の余慶、とかいう。又陰徳あれば陽報ありとも。日本でも一番馴染みのある諺である。

dam tuku -tuku lu₂ -ulu₃ kam
妻を 娶る事は 　人間の 　ことである。

dumu tuku -tuku dingir ra kam
子を 儲ける事は 神の 　　ことである。

解　説

　dam tuku 妻を娶る。
　lu₂ -ulu₃ kam < lu₂ -ulu₃ ak am₃
　dingir ra kam < dingir ak am₃ 神の(事)である

妻を娶る事は人間の問題であり、子を儲けることは神の問題である。
神と人間とはそれぞれ仕事に分担がある。
セザールのものはセザールに返せ、と言うように皆立場がある。

en gim du₃ sag gim ti
主のように建て 奴隷のように生きよ。

sag gim du₃ en gim ti
奴隷のように建て 主のように生きよ。

178　Ⅲ　シュメール文例

> **解　説**

　　　　　　ti ＜ til₃　取る、居る、生きる。
主のように（立派に）建てて、奴隷のように（つましく）生きよ。
奴隷のように（一生懸命）建てて、主のように（ゆったり）暮らせ。

sa₆　ga　šu　am₃　hul　ša₃　ga　am₃
良い　手は　のだが　悪く　心は　ある。

sa₆　ga　ša₃　ge　šu　nu　bar　re
良さを　心は　手　ないが　放さ、

hul　ša₃　ge　šu　nu　di　ni　bar　re
悪をも　心は　手　ない　ともに　放さ。

> **解　説**

　　　　　sa₆　ga ＜ šag₅　a　良い。ša₃　ga ＜ šag₄　a　心に。
　　　　　ša₃　ge ＜ šag₄　e　心が。šu ～ bar　手放す。

手は良いが、心が悪い。心は良さを放さないのだが、悪をも手放さない。

左伝に、禍心を包蔵する、とある。表面はさりげなく手も心も綺麗に見せているが、心中に悪い企みを持っていること。

uru^ki　uru^ki　silim　nu　ub　dug₄
町は　町に　平和あれと　なかったが　言わ

lu₂　lu₂ -a silim　ab　be₂
人は　人に　平和あれと　言う。

解　説

　　silim　= DI　平和である、完全である。ここでは挨拶。
　　dug₄　言う、の　ḫamṭu（完了）。
　　ab　be₂　＜　i₃　b　e　それを言う。下を参照。

	ḫamṭu（完了）	marū（現在）
sing.	dug₄	e
plur.	e	e

町は町に「平和あれ」と挨拶しなかったが、人は人に「平和あれ」と挨拶する。
今でもアラブ諸国は「アル・<u>サラーム</u>・アライクム」というし、イスラエルでも「<u>シャローム</u>」と挨拶する。恐らくアッカド人がシュメールに移入したものであろう。

nitaḫ　du -du　nig₂　pa₃　da
男が　行くと　何かを　見出す。

mi₂　du -du　nig₂　gul　bi₂　ib　de₂
女が　行くと　何かを　　　失う。

解　説

　　pa₃　da　＜　pad₃　a　見つける。　a＜　e　未完。
　　gul ～ de₂ は　u₂　gu ～ de₂ 失う、の誤りか。
　　bi₂　ib　de₂＜ bi₂　b　de₂　それを失う。

男が行く時は何かを見つけるが、女が行く時は何かを失う。

IV シュメール語文法

1 音韻
2 語の特徴
3 構文
4 名詞
5 人称代名詞
6 不定代名詞
7 指示代名詞
8 形容詞
9 副詞
10 動詞句（述語）
11 動詞
12 連辞（copula）（いわゆる be 動詞）
13 助詞（後置詞）
14 音韻法則
15 疑問詞
16 接続詞その他
17 数詞

1 音韻

楔形文字の発音を便宜上ローマ字で示すと、

$$a\ b\ d\ e\ g\ h\ i\ k\ l\ m\ n\ p\ q\ r\ s\ ṣ\ š\ t\ ṭ\ u\ z$$

以上の 21 文字で示されるが、ここで、文字の発音はドイツ語のように単純に読めばよい。但し g には楽器(がっき)と言うときの g の音と入学式(にゅうがくしき)と言うときの鼻にかかった ĝ の音があるが、今回は区別しなかった。ki は ke とも読まれるように、i と e は厳密には区別されていない。大ざっぱに言うと、h は日本語のハヒフヘホに近い有気音、ṣ はツ音、š はシュ音、ṭ は英語の th 音である。なお q, ṣ, ṭ はアッカド語よりのものである。シュメール語で重要なことそして難しいことの一つは、発音通りに文字を並べる、と言うことである。フランス語のようにサイレントやリエーゾンが多い言葉だが、書く文字は発音したように並べる。
例

  a- ša₃-ga šu du₁₁-ga ᵈnin-gir₂-su ka da----
  < a-šag₃ a šu dug₄ a ᵈnin-gir₂-su ak ta----
   畑 手を 触れた所の 神ニンギルス の から----
   (手を 触れた所の、ニンギルスの畑から----)

2 語の特徴

(1) 生物、無性物とで使い分けがある。 aba (だれ ?), ana (何 ?)
(2) 本来、接続詞を省略する。 an ki (天地、「と」はいらない)
(3) 繰り返しで複数を表す。 e₂-e₂ (家々), kur-kur (国々)
  但し生物名詞の場合は lu₂-lu₂ (人々) 以外 lu₂-ene (人達) もある。
(4) 繰り返しで強調を表す。 gal-gal (大きな大きな), ku₇-ku₇ (甘い甘い)
(5) 古くは母音調和(ぼいんちょうわ)がある。-ani-ak > -a-na (彼の〜の), i₃ dab₅ > i₃ dib₂ (捕まえる)。母音調和は二つの子音の間や語尾でよく起きる。
(6) 疑問詞は必ずしも文頭でない。

(7) 名詞・動詞は語尾変化しない。助詞の付加で格変化と似た表現となる。
(8) 主格は必ずしも使用しない。動詞句から主格、対格の人称が分かる。
(9) 日本語のように同音異字が多い。例えばセイという発音に対して日本文字が 53 もあるように、ge には 26、du には 24 以上の文字があり、使い分ける。例えば ge, ge₂, ge₃, ge₄, ge₅, --- のように。
(10) b と m との交換がある。i₃ ba- ＞ im-ma-
(11) l と r, e と i との区別があまり出来ない。 gibil/gibir （新しい）
(12) 少ないが m と n との混乱もある。ezem/ezen（祭り）alam/alan （像）
(13) 単音節の言葉が多い。a（水）、b（それ）、e（言う）、i₃-（接頭辞）
(14) 男性名詞、女性名詞といった性の区別はない。
(15) 古代語は全てそうだが、大文字、小文字の違いや句読点等はない。
(16) 日本語のような音と訓の違いやあて字がある。二字で一語の例も多い。

　ウバイド人の世界にやって来たシュメール人の宿命かもしれないが、日本人と同じ悩みを持っていた。二つの文化が混じり合って読み方と書き方が異なると言う事が生まれた。例えば、町名などにつき若干を次に紹介する。

通称（英語など）	シュメールの読み	書き方
Ur	urim	šeš-unug ᵏⁱ
Nippur	nibru	en-lil₂ ᵏⁱ
Uruk	unu(g)	unu ᵏⁱ
Eridu	eridu	nun ᵏⁱ
Adab	adab	ud-nun ᵏⁱ
Umma	umma	giš-uh₂ ᵏⁱ
Isin	insi	in-si ᵏⁱ, pa-še ᵏⁱ
Lagash	lagaš	šir-bur-la ᵏⁱ

他に、知事、王	ensi	pa-te-si
イシュタル神	ištar	dingir muš₃
月神（シュメール）	nanna(r)	dingir šeš-ki
月神（アッカド）	sin, zu-en	dingir en-zu
執達吏	maškim	pa-kaš₄
保護者	sipa(d)	pa-udu
出る	e₃(d)	ud-du
もし〜なら	tukum-bi	šu-nig₂-tur-lal-bi

3　構　文

文章は主として次のような形態の構文となる。

　　与格　　能格　　副詞句　　対格　　動詞句　（主格）
　　～に　　～は　　～において　～を　　～する　　～が

但し動詞が完了の時は、動詞句中の対格が主格となる。領収書などの資料では更に簡潔に、対格 副詞句 主格 動詞句 の形を採る。

例

^{d}nin-gir₂-su　ur-sag　^{d}en-lil₂　-la₂　ra
神ニンギルス、英雄　神エンリル　の　の為に、

uru-ka-gi-na　lugal　lagaš ^{ki} ke₄　e₂　gal　mu　na　du₃
ウルカギナ　王　ラガシュの　は、宮殿を　大きい(彼は)建てた。

la₂ < ak、　lagaš = šir-bur-la、　mu ～ : 動詞句、ke₄ = ak e

(エンリルの英雄ニンギルスにラガシュの王ウルカギナは大きい宮殿を建てた。)

il₂　sanga-sanga-ne　e₂ gal　še₃　　-ne < -ene ak
捧げ物を　僧たちの　　宮殿　のために

mu　il₂　a　maškim　bi　e　ta　šub　　a は bi で受ける e < i₃
出させたような　監督を　そんな　解職する。　ta ～ šub 投げ出す

(僧達の捧げ物を宮殿のために出させたような、そんな監督は私が解職する。)

u₄　ur-sag　^{d}en-lil₂-la₂　ke₄　　　　maškim = PA-KAŠ₄
時↓　英雄　神エンリル　が　　　　　　^{d}en-lil₂(-la₂) 元来、lil₂ 風のエン
　　　　　　　　　　　　　　　　　　　la₂ ke₄ < -l ak e

𒌷 𒆠𒌌𒄀𒈾 𒊏 𒉆𒈗 𒂍𒈾𒋧𒈠 e na sum ma
uru -ka -gi -na   ra   nam -lugal   e   na sum ma a ----   ⟨ i₃ na sum e
　　ウルカギナ　に　　王権を　（彼に）与える　所の↑
(英雄、神エンリルがウルカギナに王権を与える所の時に---)

4　名　詞

　名詞には男性、女性の区別がない。格変化というよりは日本語と同じように、名詞の語尾に助詞を付して語とする。従って名詞も代名詞も本質的に同じ変化である。

（1）限定詞

　名詞の内容を示すために、限定詞（書くが読まなかった）を付す習慣があった。

代表的な限定詞　　　　　　　　　　　　　　　　　例

　　　　dingir　　　神の名前　　　　　　　^{d}nin-gir₂-su　　ニンギルス神
　　　　lu₂　　　　性別(男の場合)　　　　^{lu2} šu-gi₄　　男の老人
　　　　munus又は mi₂　(女の場合)　　　　^{munus} šu-gi₄　女の老人
　　　　ki　　　　　土地の名　　　　　　　nun^{ki}　　　　エリドゥ町
　　　　uru　　　　 町の名　　　　　　　　^{uru}ardat^{ki}　アルダット町
　　　　giš　　　　 木製　　　　　　　　　^{giš}ma₂　　　　船
　　　　id₂　　　　 河の名　　　　　　　　^{id2}buranun　　ユーフラテス河
　　　　meš　　　　複数（アッカド語）　　 dingir^{meš}　　 神々
　　　　ha　　　　 若干のものの複数*　　　udu^{ha}　　　　羊達

*　シュメール語で hi は混ぜることを意味する。そして hi-a, ha は混ぜられた物、種々の、多くの、という意味になった。神々は古くは dingir-dingir という。なお限定詞はハム語族と言われるエジプト語のヒエログリフにもある。

（2）複　数

　日本語や蒙古語同様原則として単複同形であるが、無生物では名詞の繰り返しにより複数を表す。日本語で山々、家々というのに似ている。
生物名詞では名詞の繰り返しをするか、又は -ene をつける。
ここで生物名詞（animate）とは神及び人間をさし、無生物とはその他である。奴隷も無生物である。
アッカド時代になると、複数語尾として -meš を付けるようになる。これは後述するように、三人称複数の連辞(copula)の me から移入されたものである。

例　　kur 山、国　→　kur-kur 山々、国々

ᵈen-lil₂　lugal　kur-kur　ra　＜　ᵈen-lil₂　lugal　kur-kur　ak
神エンリル、王　　　国々　の　　（ᵈ については限定詞の項参照）

ab-ba　dingir-dingir　re₂ ne ke₄　＜　abba　dingir-dingir ene ak e
父　　　神々の　　　　が---（e　能格については後述。）

lu₂ didli e-ne　個々の人たち

kišib　lu₂　inim　ma bi meš　＜　⁶kišib ⁴lu₂ ²inim ³ak ¹bi ⁵meš
　　　　　　　　　　　　　　　　記録　人　証言　の　その　達の

dingir meš = ilānu　神々（アッカド語）
（meš は me ＞ meš ＞ eš と変化した。eš については後述）

e₂ dingir gal-gal -e -ne -ka ＜ e₂ dingir gal-gal ene ak a
　　　　　　　　　　　　　　　家　神　偉大なる　たち　ので

　元来複数は山→山々のように名詞の繰り返しによって表現するが（特に無生物はこの方法を採る）、生物は前述のように -ene- をつけるのが普通。但し、繰り返しによって「全ての」と言う意味を持つ。

例　bara₂-bara₂　ki-en-gi　シュメールの全ての為政者たち

ensi₂   kur-kur   ra   国々のエンシたち(ensi₂ は集合名詞)

シュメール時代も後期、古バビロニア時代に入ると、その影響で複数を表すのに meš を限定詞(後述)として用いる。

例   dingir -dingir ＞ dingir-ene ＞ dingir^meš   udu ^ha   羊たち

種々の、というときは hi-a(混ぜられた)又は ha を付けることもある。

（3）格語尾（助詞）

　格の語尾と言うよりは日本語の、〜は、〜の、と同じく助詞と考える方が我々には理解し易い。

　　　能格　　　e
　　　属格　　　ak
　　　対格　　　ra

例   lugal   kur-kur   ra ke₄ ＜ lugal   kur-kur   ak   e --
　　　　　　　　　　　　　　　　　王　　　　国々　　　の　　は

　　　lugal   urim₂^ki   ma ke₄ ＜ lugal   urim₂^ki   ak   e   -- urim₂ = šeš-unug
　　　　　　　　　　　　　　　　　王　　　ウル　　の　　は　　　im₂ は黙音

　　　sipad   udu   sig₂   ka ke₄   ne ＜ ⁵sipad ³udu ¹sig₂ ²ak ⁴ak ⁶ene ---
　　　　　　　　　　　　　　　　　　　　　牧者　羊　毛　の　の　達は

の、は、の独特な関係位置を注意してほしい。   sipad = PA-UDU

(4) 能　格

　能格は主格とは異なる。「お前は、頭が悪い。」と言う文章を分解すると分かるが、<u>お前は</u>、は主語、<u>頭が悪い</u>、は述語である。また、<u>頭が</u>、は主格の名詞だが、<u>悪い</u>、は形容詞、そして<u>お前は</u>、は能格の代名詞であるという。つまりお前について言えば、お前こそは、の意味である。

　「春は桜がきれいだ。」この文章の、<u>春は</u>、は能格である。
馬は顔が長い、と言う時、馬こそ顔が長いのであって、主格は顔である。馬は能格だと言う。宿題は学生が書く、と言う時学生は主語であり主格であるが、ほかでない宿題こそを書かねばならないのだ、と言えば宿題は能格である。
カフカス地方のグルジア語でも同じである。古モンゴロイド人の言語において既にこのような特徴があったと思われる。
シュメール語も日本語同様いわゆる能格の言語である。能格 ergative はギリシャ語の ergon（英語の work）から採ったもので、ドイツのフーゴー・シューハルトは active すなわち能動格、ノルウェーのハンス・フォークは narrative 叙格と呼んだが、一般的にはドイツのアドルフ・ディールに従って、能格 ergative ということが多い。シュメール語の能格の特徴は自動詞の主格を他動詞の対格として使うところにある。

例

　　　lu₂ -e　sag　mu-n　zig
　　　人は　頭が　上がった＝人は頭を上げた（-e は能格を示す。）
二人称単数であると、
　　　za-e　sag　mu e zig　となる。（mu zi-zi en なら現在形）
次も能格がいきなり出て、主格は省略されている。

　　　ᵈnin -gir₂-su　ur-sag　ᵈen -lil₂　la₂ ke₄ inim si -sa₂　ni　ta
　　　ニンギルス　　英雄　　エンリルの　　は　言葉　正しい　彼の　により

　　　umma ᵏⁱ　da dam-ha-ra　e da ak　　umma ᵏⁱ ＝ giš-kušu₂ ᵏⁱ
　　　ウンマ町と　　戦いを　　行った。

4 名詞

𒀭 en -lil₂ -la₂ ke₄ < ᵈen-lil₂ ak e   e da ak < i₃ da ak
神の正しい言葉により〜、は当時宮廷の常套用語

ᵈen -lil₂   ab-ba   dingir-dingir   re₂ -ne   ke₄ ----
神エンリル、父   神々   達の   は
エジプト語にも似た例がある。

e -u   ha(t) -t -i   s -en   her   ne -h(e) -em
こそが 心   彼らの   (いる) 喜んで

her   pa -i   s -en   r -ʿa   ba -k -u
に   彼らの   成就   仕事の。

この eu は ke₄ と同じであろう。

初期王朝の頃の男女の服装と女のマスクと像。太い眉が特徴。

190　Ⅳ　シュメール語文法

5　人称代名詞

（1）主　格（独立型）

	単数	複数
一人称	ga₂-e	(men-de-en) 殆ど使用しない
二人称	za-e	(men-ze-en) 殆ど使用しない
三人称	e-ne, a-ne	e-ne-ne, a-ne-ne

　ga₂-e は方言特に女性言葉（emesal という）では me-e というが、ここではエメサル の言い方については触れない。
　一人称、二人称の独立した主格複数の使用例は少ない。つまり動詞の中で又は語尾でそれが分かるようになっている（接中辞、参照）。
いずれの場合も、特に使わねばならないと言うものではない。日本語に似ている。

（2）語尾代名詞（属格）

	単数	複数
一人称	-gu₁₀	-me
二人称	-zu	-zu-ne-ne, -zu-ne
三人称	-a-ni	-a-ne-ne
	-bi（その）	-bi（それらの）

例

　　　⁴ig　²e₂　-¹gu₁₀　-³ak　＞　ig　e₂-ga-k　＞　ig　e₂　ga
　　　門　家　私の　の　（日本語では数字の順に読む）
あなた方の家の門、であれば　ig　e₂-zu-ne-ne　ak　＞　ig　e₂　zu ne ne

　　kur-ra　a-na　bi　me-en
　　国では　何か　その　君は　（国では君は、その何か）

　　u₄　ba　a　gir₃　bi ---　＜　u₄　bi　a　gir₃　bi ---
　　時　その　に　道を　その　　（その時にその道を---）

lu₂ a nu mu bi ši e < lu₂ a nu i₃ mu bi še₃ e
人は　ない　名　その　として言わ。　（人はその名で言わない）

nam -ti la ni še₃ --- < nam -til ani še₃ ---
人生　　彼の　のために（彼の人生のために---）

なお省略の形を紹介すると、

-gu₁₀-ak > -ga₂(-k)　　　　-me-ak > -me(-k)
-ani-ak > -a-na(-k)　　　　-zu-ne-ne-ak > -zu-ne-ne(-k)
-bi-ak > -ba(-k)　　　　　-a-ne-ne-ak > -a-ne-ne(-k)
-gu₁₀-ra > -gu₁₀-ur₂　　　-gu₁₀-še > -gu₁₀-uš
-ani-ra > -a-ni-ir　　　　　-bi-še > -biš

（3）所有代名詞

それは私の物である、という時　ga₂-e ＋ ak ＋ am₃　で表現できる。
ここで am₃ は英語の it is 〜 に当たる。

例　ur-lum-ma ensi₂ umma^{ki} ke₄ an -ta -sur -ra ga₂(-a) kam i₃ mi dug₄
< ur-lum-ma ensi₂ umma^{ki} ak e an -ta -sur -ra ga₂ ak am₃ i₃ mi dug₄
　ウルンマ　エンシ　ウンマ　の　が　アンタスルラは　私の物　だ　と言った

（4）接続辞

　一文章中で人称代名詞を独立に使用する事は比較的少なく、動詞句中で一体にして使用することが多い。

192　Ⅳ　シュメール語文法

(4-1)　与格の人称代名詞

単数	一人称	-a-	mu+a- ＞ ma-
	二人称	-ra-	
	三人称	-na-	
	無生物	-ib-, -b-	
複数	一人称	-me-	
	二人称	-ene-	
	三人称	-ne-	

例

ma an dug₄　　＜　mu a n dug₄　彼は私に話した

gu₃ zid mu ra an de₂　忠実に君にそれを叫んだ(彼は)　gu₃ ～ de₂ 叫ぶ

ha ra ab sum mu　＜　ha in ra b sum e
　　　　　　　　　　　　　ように　君に それを与える（彼が）

sum me eb　　＜　um mu me eb
　　　　　　　　　与えよ 我々に それを

私と（ga₂-e da）、私のように（ga₂-e gin₇）、私に対して（ga₂-e ra）などはあえて格と呼ぶ必要ない。

(4-2)　対格、方向格の人称代名詞

　　一人称　　　-e-
　　二人称　　　-e-
　　三人称　　　-n-
　　無生物　　　-b-

5 人称代名詞

例 𒈬 𒂠 𒈾 𒄄 𒂗 𒀀𒀭
mu eš na gi₄ en am₃
君に 彼を 送る 私が それだ （君の所に私が送る彼がそれである）
（君に、なら ra でもよいが君の所に、だから eše₃ > eš となる）

𒈬 𒂊 𒋧   𒉡 𒈬 𒂊 𒋧 𒍢𒂗
mu e sum   nu mu e sum ze₂-en
 私を 与えた（彼は）。   ない   私を 与え 君達は。

𒋗 𒍣 𒈠𒊏 𒀀𒃻
šu zid ma-ra -a-gar < šu -zid mu a-ra   e   gar
                        忠実に 君のために 私は成し遂げた。
（šu ～ gar 成し遂げる。 君に、なら ra だが君のため、は a-ra）

𒈬 𒈾 𒀭 𒋧
mu na an sum   < mu na n sum
                    彼に 彼は 与えた。

𒈬 𒈾 𒀭 𒋧 𒈬 𒂠
mu na an sum mu eš < mu na n sum eš
                     彼に 彼らは 与えた（複数）。

𒄷 𒈬 𒁕 𒀭 𒋾
hu mu da an ti   < ha mu n-da n ti
                   ように 彼女と（彼は）暮らす！

𒆪𒇷 𒍪 𒉈𒅕 𒉆 𒈬 𒉌 𒅁 𒁁 𒂗
ku-li zu ne-er nam mu ni ib be₂ -en
 < ku-li zu ene ra na mu ne   b   e   en
   友人 君の 達に対し、 な（彼らに）それを 言う 貴方は。
   （君の友人達に対し、貴方はそれを言うな）

194　Ⅳ　シュメール語文法

(4-3)　主格の人称代名詞
　一文章中で人称代名詞を独立に使用する事は比較的少なく、動詞と一体にしていることが多い。

	単数	複数
一人称	-?-	-me-
二人称	-e-, -a-	-e-
三人称	-na-, -n-	-ene-
無生物	-ib-, -b-	

例
　　　　mu e sum　　　　　　nu mu e sum -enzen（又は-ze₂-en）
　　　　君は 与えた （単数）　ない 君達は　与え（複数）。

(5) 動詞句語尾の主格（接尾辞）

	単数	複数
一人称	-en	-enden
二人称	-en	-enzen
三人称	-, -e	-e, -ene

　完了相（hamṭu）においては原則として接尾辞を付けない。動詞で文章が終わる。そこで主語を表すため対格代名詞を援用する。ただし一つの例外がある。三人称複数つまり彼らが〜、の時だけは eš を動詞の後に置き未完了相と同様の使い方をする。

例

　　　　sum mu na ab ze₂-en ＜ sum mu na　b　enzen
　　　　　　　　　　　　　　　　与えよ　彼に　それを　君達は。

　　　　še si ma ni ＜ še si mu a ni en
　　　　　　　　　　　　大麦を　満たせ　私のため　そこに　貴方は。

　　　　i₇ nina ᵏⁱ du a mu na ni la₂
　　　　運河に　ニナに　流れる所の　（〜に　そこで）繋げる(彼は)。

5　人称代名詞　　*195*

ga mu ra　ab (be)　＜ ga　mu　ra　b　e　en
　　　　　　　　　　　たい　貴方に　それを　申上げ　私は。

ki　ᵈutu　e₃　še₃ mu un ti eš　＜ ki　ᵈutu　e₃(d)　a　še₃　mu na　ti eš
　　　　　　　　　　　土地　日の　昇る　所の　に　彼らは生きた。

未完では a を省略、ti＜til₃ 生きた、の単数だが na～eš で三複だと分かる。なお生きた、の複数は普通 sig₇。

ku₃ be₂ gar re₂　eš₂　＜ ku₃　bi₂　n　gar　eš₂
　　　　　　　　　　　銀を　　置いた　彼らは。

tum₂ mu un　ze₂ -en　＜ tum₂　e　enzen
　　　　　　　　　　　持ってこい　君達は。

ba ni　e₃　de₃　＜ ba ni　e₃(d)　en
　　　　　　　　　　　そこで　出発する　私は。

ga ba ab DU mu　de₃　＜ ga ba　ab DU　en-de₃-en
　　　　　　　　　　　たい　それを　持って来　我々は。

DU という字には、過去では de₆（携える）、gub（立つ）、gen（行く）などいろいろの読みと意味がある。この場合は現在形で tum₂ と読むのが妥当。

　因みに ᴰᵁᴰᵁ はこの複数で、laḫ₄（携えた）、sug₂（立った）、sub₂（行く）などのの読み、意味になる。（注意、DU を二階立てに書く）

ga　am₃　ma da ra ab　e₁₁ -de₃ en-de₃-en
　　＜ ga　i₃　ba da　ra　b　e₁₁ -d　enden
　　　　よう　一緒に　君に　それを　下ろさせ　私達は。　（e₁₁-d = e₃）

6 不定代名詞

na-me どんな

例
ki na-me še₃ na an tum₃ 〈 ki na-me še₃ na i₃ n tum₃ e
　　　　　　　　　　　所 どんな でも な 彼は もたらす。

lu₂ na-me nig₂ na-me UGU-na li bi₂ in tuku
　〈 lu₂ na-me nig₂ na-me UGU a-ne nu bi₂ n tuku
人も どんな、要求を どんな 彼に対し なかった 持た。
(どんな人も彼に対しどんな要求も持たなかった。)
　UGU a-ne は eli a-ne つまり彼について、の意

7 指示代名詞

ne-en, ne この
bi その
ri あの

例
anše-kur-ra lu₂ u₅ a-ni u₃ mu ni in sub tukum -bi gu₂-un gu₁₀
馬は 人を 乗る 彼に 時 落とした、もし 荷物が 私の

da -ri₂ še₃ ne -en nam al sig en e -še
いつも この状態だと 弱くなる 私は、と言ったとさ。

(馬は、自分に乗る人を落とした後で「もし私の荷物がいつもこんな状態だと私は弱くなってしまう」と言ったとさ。) もし tukum-bi = šu-nig-tur-lal-bi である。

なお、-eše (〜と言ったとさ) のように直接話法を用いるのは古バビロニア頃からである。 al- 〈 ab- は動詞句の接頭辞である。

8 形容詞

　形容詞と動詞にははっきりした差がない。日本語でも、燃えると言う動詞はそのまま、燃える火、というように形容詞になる。連体形という。
例えば dug₃ は甘い、とともに、甘くする、と言う意味になる。
形容詞は、大きい大きい gal-gal、 高価な高価な kal-kal、清らかな清らかな kug-kug のように繰り返しで強調を示す。
但し元来の意味が忘れられて、必ず繰り返す形容詞もある。
例

   bar₆-bar₆ > babbar 白い

   di₄-di₄ 小さい

   ku₇-ku₇ 甘い

   dag-dag (da-dag) 輝く

一般に形容詞は名詞に後続するが、聖イナンナの如く神、聖人を呼ぶ時だけ
　kug　は名詞に前置する習慣がある。

9 副詞

(1) -eš 又は -bi を付けることによって副詞句を作ることが出来る。
例

 lu₂ banda₃ gibil-bi e₂ du₃ gin₇ ---
 男が 若い 新しく 家を 作る ように ---

(2) -da- (と共に) も付けて副詞句としても使う。
例

 u₃ na de₃ dah ---　< u₃ i₃ na-da e dah
     時　　彼に 私が 加えた、---

 mu u₃ da zu en　< mu e-da　zu　en
     君から 習うだろう(私は)。

198   Ⅳ シュメール語文法

[楔形文字]

　　mu un de₃ gen   ＜ mu n-da gen
　　　　　　　　　　　　　　　彼と 行った(彼女は)。

[楔形文字]

　　mu e -da a ag₂ ＜ mu e-da   e   ag₂
　　　　　　　　　　　　　君から 私は 指図された。

[楔形文字]

　　mu un -da gu₇ e ＜ mu n -da gu₇ en
　　　　　　　　　　　　　　彼と 食べる(君は)。

[楔形文字]

　　šu   zu   ka   zu   nu   i₃   bi -da sa₂
　　手は 君の 口と 君の ない　　(それと)一致し。
　　　(君の手[行動]は君の口[発言]と一致しない)

しかし、～が可能である、と言うときもこの -da- を用いるので注意が必要。
例えば
　　　　一人称　　mu da　　　　私は　～する事が出来る
　　　　二人称　　-e da　　　　君は　～する事が出来る
　　　　三人称　　-n da　　　　彼は　～する事が出来る

例 [楔形文字]

　　e₂ mu da ba e -en ＜ e₂ mu da ba   -en
　　　　　　　　　　　　　家を 分けられる 私は。

(3) -ši- を副詞句風に使う事が出来る。(元来は -še₃-)
　　　　一人称　　mu ši-
　　　　二人称　　-e ši-
　　　　三人称　　-n ši-
　　　　無生物　　-ba ši-

例 [楔形文字]

　　lugal ra dumu adab ᵏⁱ min   am₃ mu un-ši   re₇ eš
　　王に対し 子供 アダブ町の 二人は　　彼に向かって 行った(彼らは)。
　　　　mu un-ši re₇ eš ＜ mu n-ši ere   eš

9 副詞   *199*

𒆪𒇷𒉌𒅕𒂵𒀭𒅆𒊑𒂗𒉈𒂗

ku -li ni ir ga an ši re₇ en-de₃-en
   〈 ku -li ni ra   ga i₃ n-ši ere -enden
     友 彼の の所に こう(そこに)行 我々は。

ud   ᵈnin-gir₂-su ke₄ uru ni   še₃ igi-zid im ši bar-ra
時   ニンギルス   が 町 彼の を 誠意で(それを)眺めた所の、

eden   še₃ ba   ra   e₃
エデン(平野) に そこ から 行った（彼は）。

(ニンギルスは彼の町を誠意をもって眺めた後、そこからエデンに出て行った)
    ニンギルスはギルスのニンであるため、後に ak を伴う。ak → ke₄
    igi -bar 眺めるの意、a は ud にかかる。
    im ši bar-ra 〈 i₃ b ši n bar a

(4) 方向、場所、原因などを示す。
例   （ここで P.N. :固有名詞）
    ki P.N. -ak a   P.N. の場所で ＞ P.N. とともに、の意味
    ša₃ NOUN-ak a   〜の心臓で ＞ 〜の中で
    eger NOUN-ak še₃   〜のうしろに ＞ 〜の後で
    igi NOUN-ak še₃   〜の目に   ＞ 〜の前で
    nam NOUN-ak še₃   〜のために
    mu NOUN-ak še₃   〜の代わりに
    šu P.N. -ak ta   P.N. の手から ＞ P.N. の権威によって

10 動詞句（述語）

(1) 構　成

　動詞句は述語に当たるが、実は「述語」の定義がかなり曖昧である。例えば、（私は）涙が出たんです。という文章で「涙が出たんです」が述語なのか、「出たんです」だけが述語であるか、意見の一致を見ていない。それは「私は」が主語なのか、能格なのかが決まらないためである。本書ではこの場合「私は」は能格であるとして動詞句を考えたい。そうすると普通、シュメール語の文章は　能格＋与格＋副詞句＋対格＋動詞句(主格を含む)で構成されている。

　シュメール語では、この動詞句に主格は勿論、徐々に行為者の意向や与格、対格、方向格などを接頭辞や接尾辞（後置詞）の形で加えていき、動詞を含む連結句となして、文章全体を集約（故、吉川　守氏は焦点化と呼ぶ）していくのである。ただし初期王朝の時代はまだ単純である。

例　　ur- ᵈnanše　　e₂　　ᵈnin -gir₂-su　　mu du₃
　　　ウルナンシェは　神殿を　ニンギルスの　（彼は）立てた。

ここで mu du₃ が動詞句であるが、mu は奉る、給うの意で、下から上へ捧げる意味がある。これは単純な例であるが、それがグデア王の頃になると、

　　　gu₃-de₂ -a　　e₂　uru　gir₂-su ᵏⁱ　ka ni　mu　na　du₃
　　　グデアは　神殿を　町の　ギルス　の　彼女の（彼女に）立てた。

となる。ここで na は与格を表す接中辞である。

　　　gu₃-de₂ -a　ša₃　ba gi-unu(g)　ki -ag₂　ni　mu　na　ni　du₃
　　　グデアは　その中に　倉庫を　愛する　彼の　（彼に　そこに）立てた。

ここで ni は、そこにという副詞で、エアンナトゥム王以降現れる。

10 動詞句（述語）　201

    ^{lu2}kin -gi₄ -a　mu　mu　na　ni　in　gi₄　eš
    使者を　　　私の　（彼にそこで　彼を）送り返した(彼らは)。
（一番最後の eš 彼らが、は主格だが、完了であるため、in＜n 彼ら、は対格である。ni は、そこにという副詞で、エアンナトゥム以降現れる）

動詞句を分解して表にすると次のようになる。

接頭辞	与格 人称代名詞	方　向　格 代名詞＋からへ	そこで	対格 代名詞	動詞 語幹	時相	主格
mu	1 単　a 　　複　me 2 単　ra 　　複　ene 3 単　na 　　複　ne	人 ｛1 e 2 e 3 n｝ ta 　　　　da 物　　b 　　　ši	n+i 後に a	人 ｛1 e 2 e 3 n*｝ 物　　b	動詞	完了 --- 未完 e	3 複 eš 1,2単 (n) 1 複 (n)de(n) 2 複 (n)ze(n) 3 複 ne
i₃							
ba							
im-mi ＜ i-bi							
bi₂							
al							

＊n は1,2 人称にも使用可能。完了相では対格代名詞が主格となる。　　　吉川　守氏資料

  i は所相 locative という。

（2）活用接頭辞 (Conjugation Prefix)

  ① mu-
今まで多く出てきたように、動詞句の接頭辞を活用接頭辞という。
活用接頭辞には、mu-, i₃- のほか ba-, bi-, al- がある。
  mu- と i₃- とは相互に置き代わるが、しかし i₃- は ba-, bi-などの活用接頭辞の前にも付けられる特徴がある。

202　Ⅳ　シュメール語文法

mu tum₃	献上した、持っていって差し上げた	（敬語文）
i₃ tum₃	もたらした、持ってきた	（通常文）
ba tum₃	（自分のために）持ち帰った	（利己的）
ba hul	破壊された	（受け身）

　上のように行為者の意向が表現される。ba は行為の結果が自らの上にある。mu- と i₃- とどう違うかに付いては確定した意見はないが、神、王、平民、奴隷という社会的階級制度上で使い分けられたらしい。
　日本でも先輩と後輩とで互いに使う言葉が違うが、多分そのような事があったかもしれない。
目下を含めて、一般に普通会話をするには i- を用いるが、目上に対する言葉使いとしては mu- を用いる。しかし義務的なものではない。
mu- は敬語として他動詞と用いられる事が多く、その主体名詞は特に生物名詞の事が多い。

例

　　ma an sum ＜ mu a（一人称対格）n sum
　　　　　　　私に　　　　　彼は　お与えくださった。

　　ᵈnin -gir₂-su　e₂　zu　mu ra　du₃　en
　　ニンギルスよ、家を 貴方の 貴方のため お建てしよう(私は)。

　　ma-mu -zu ga₂　ga mu ra　bur₂-bur₂　（ga₂＜ gu₁₀ a）
　　夢を 貴君の 私に ほしい 君のため 解釈させて。

　　a -da -al　kug　ᵈinanna ke₄　igi　mu e　kar₂-kar₂　e
　　　今　聖なる イナンナが　　　貴方を　試しておられる。
（kug が聖なる、の意味の時は神名の前に置く。igi -kar₂ は目を輝かすことで、調べる、の意味。）

10 動詞句（述語）　203

ga -ra -ab-sum ＜ ga i ra b sum ＜　ga　mu　ra　b　sum　　（en）
　　　　　　　　　　　　　　　　　たい　君に　それを　差し上げ（私は）。

mu ᵈamar ᵈen-zu ke₄ ur -bi -lum ᵏⁱ mu un　hul　a
年　アマル・シン　が　ウルビルムを　彼が　破壊された所の。
= mu ur -bi -lum ᵏⁱ　ba　hul　a
　年　ウルビルムが　破壊された所の（シュルギ43年に当たる）

ᵈnin -giš -zi -da　　dingir-ra　ni　gu₃-de₂ -a　ensi₂　lagaš ᵏⁱ　lu₂
ニンギシュジダ　神のため　彼の、グデアが　エンシ　ラガシの、　人

e₂-ninnu　ᵈnin-gir₂-su ak　in du₃　a　e₂　gir₂-su ᵏⁱ ak　a-ni　mu na du₃
エニンヌを　ニンギルスの　建てた　所の、家を　ギルス　の　彼の　彼に建てた。
（神ニンギルスのエニンヌ神殿を建てた人、ラガシ町の王、グデアが彼の個人神、
ニンギシュジダのために、彼のギルス区の神殿を建て給うた。）

gu₃-de₂ -a　　e₂　uru gir₂-su ᵏⁱ　ka ni　mu na　du₃
グデアは　神殿を　町　ギルスの　の　彼女の　（彼女に）建て給うた。
（ここで na は与格を表す接中辞、彼女とはイナンナ女神である）

e -ta -na　kur-kur　mu un gi　-na lugal　am₃
エタナが、国々を（彼が）固め給うた所の　王　である。

ur-ᵈnanmu   lugal   urim^(ki)   ma   e₂   a-ni   mu na du₃
ウルナムは　王　ウル　の　神殿を　彼の(彼は)建て給うた。
　（urim ma ＜ urim ak　ウルの、　na は主格を受ける）

② i₃-

mu- と i₃- とどう違うかに付いては確定した意見はないが、神、王、平民、奴隷という社会的階級制度上で使い分けられたらしい。
日本でも先輩と後輩とで互いに使う言葉が違うが、多分そのような事があったかもしれない。
相手が目下を含めて、対等的普通会話をするには i- を用いる。
古シュメールでは i₃- は NI と書かれたが、i というより鼻音化されて in に近い音であった。そこで i₃-ba- は im-ma- と変化した。

例
　in -na -an -sum ＜ i₃   na   n   sum
　　　　　　　　　　彼に　それを　与えた(彼は)

　ga-ra-ab-sum ＜ ga   i₃   ra   b   sum   e(n)
　　　　　　　　　　たい　　　君に　それを　上げ　私は。

　uru   še₃   i₃   ni   du   e(n)
　町　に　(そこに)行く　私は。

　e₂   kug-ga   i₃   ni   in   du₃   ^(na4)za-gin₃-na   i₃   ni   in   gun₃
　家を　銀の　そこに　(彼は)建て、ラピスラズリで　そこに(彼は)色付けし、

10 動詞句（述語）　205

gal-le -eš　KUG-GI ga　šu-tag　　ba ni in　dug₄
すっかり　　金　で　飾ったと、それは　述べられた。
(KUG-GI と書いて普通は guškin と発音するが、この場合は -ga があることから
ku₃-sig₁₇ a と読んだものらしいことが分かる。)

ur-lum-ma e　an -ta -sur -ra　　ga₂ kam　i₃ mi dug₄
＜ ur-lum-ma e　　an -ta -sur -ra　　　ga₂-ak am₃　i₃ bi n dug₄
　ウルルンマは、　アンタスルラは　　私の物だと　　彼は言った。

e₂　ᵈen -lil₂ -la₂ še₃ am₃　ma da an ku₄-ku₄
＜ e₂　ᵈen -lil₂ -la₂　še₃　i₃ b-ta　　ni ku₄-ku₄　(en)
　家　エンリルの　に　そこから(そこで)　入る(私は)。

maš₂ babbar ra　šu mu gid₂ e　maš₂ a　šu i₃ gid　maš₂ a-ni i₃ šag₅
奉献物　白い　につき　受けた　私が、動物は　調べられ、　占いは　彼の　良かった。
(maš₂ は奉献の動物、吉凶の占いも表す。šu -gid₂ は手を伸ばす事で、奉献物を受
領する、調べる意味になる。死んだ奉献物は無生物なので mu-でなく　in- 又は
i₃- となる。　babbar ＜ bar₆-bar₆)

2 lugal mu　　64800　　　ib₂ a₅ ＜ 2 lugal mu　64800　　i₃ b ak
　　　　　　　　　　　　　　　　二人の王が　64800 年　治めた。
(人間でも複数は無生物代名詞 b で受ける。　64800 ＝ 36000+3600×8)

1 gu₄ ki　lu₂-ᵈ nin-gir₂-su　ta　ur-an-nu-muš-da　i₃ dib₂
一匹の牛を　ルニンギルス　から　ウランヌムシュダが　受納した。

IV　シュメール語文法

(ki ～ ta　～の所から　　dab₅ ＞ dib₂ 母音調和のため。)

　　ⁿnin -gir₂-su　ⁿšara₂　bi　ki　e　ne　sur
神ニンギルスと神シャラに　国境を　定めた。
(ki ～ sur 境を決める、e　ne　sur ＜ i₃ na sur　彼は決めた　～ bi　古い接続詞)

nig₂ ul -li₂ -a　da gu₃　nam mi de₂ ＜ nig₂ ul -li₂ -a　da gu₃　nam i₃　b　de₂
　　　　　　　　　　　　　　　　習慣　古い　で、　それが叫んだ。
(nam 強意　ul -li₂ -a 昔　　gu₃ ～ de₂　叫ぶ)

ga　ti　na　an　na ab be₂ en　＜　ga　ti　　nu　i₃　na　b　e　　en
　　　　　　　　　　　　　　　　　　「たい　生き」と、な　彼に　それを　言う　貴方は。
　特殊な用法として e ma tum₂ ＜ i₃ ba tum₂ がある。これはギルス町に上ってくる時のみに使われていたという。

　　③　　ba-, bi-
ba- は自動詞で、主格が無生物の場合が多く、受け身に訳される。
利己的で、その結果が自らの上にあるような言い方の時も ba- を用いる。
～のため行く、と言う時にも使われる。bi- は普通 NE と書き表される。

例
　　igi　bi　še₃　sag　ba sum
　　前　その　で　奴隷は　与えられた（売られたの意味）。

ba -zi ra　　lu₂-hu -wa-wa　nam-geme₂ ni　še₃　ba　na ab sum
バジに対し　ルフワワは　女奴隷　彼の　として与えられた。（奴隷は無生物）

10 動詞句（述語）　　207

ud -bi a ᵈgil -ga-meš₂ en kul-aba₄ ᵏⁱ ke₄ inim guruš
その日に　ギルガメシュ　主　クラバ町の　は　言葉　青年の

ur-na -še₃ ša₃-ga ni an -hul₂ ur₅-ra ni ba an zalag
によって　心が　彼の　喜び　精神が　彼の　　輝いた。
(en kul-aba₄ ᵏⁱ ke₄ < en kul-aba₄ ᵏⁱ ak e　e: 能格)

u₃-te -am₃ e₂ libir-ra aš₂ ra₂-zu a ba gen
夕方　　神殿　古い　に　祈りに　行く(彼は)。

un -e zi -ša₃-gal₂ u₃ -ma-sum 〈 un -e zi -ša₃-gal₂ u₃ in ba sum
　　　　　　　　　　　　　　人々に　生命が　時　与えられた---。

nam -lugal bi bad₃-tibira ᵏⁱ še₃ ba tum₂　　tibira = urudu-nagar
王権は　その　バドティビラ　に　運ばれた。

še-ba geme₂ ne še₃ ni-ni -pi -ni lu₂ kaš ke₄ ba tum₂
大麦給与を　女奴隷達　のために　ニニピニ　人 醸造の　が　持ち去った。
(lu₂ kaš ke₄ < lu₂ kaš ak e　ba: 自分のために、の意味)

1 gin₂ ku₃-babbar lu₂-ᵈba -ba₆ šu ba ti
一シェケルの　銀を　ルババが　　受領した。
(šu ba ti 受領する。ba ku₂ 食べる、ba ug₇ 死ぬ、も習慣的に ba を用いる。)

④ その他の接頭辞

接頭辞には mu, i₃, ba の他にもある。

例

šu-a bi₂ gi₄-gi₄ ＜ šu-a ba ni gi₄-gi₄-e
(手で)　　　　そこで　返す。

inim bi₂ ib₂ gi₄ ＜ inim bi₂　b　gi₄-gi₄　a（異議申し立て、の意味）
　　　　　　　　言葉　それを　返す　所の。

e₂ muš-huš gin₇ ki šur₂ ra bi₂ in du₃
家の 龍の　ような 場所 恐ろしい に(彼はそれを)建てた。

ki-en-gi　ki-uri　gu₂　bi₂　e　zig₃
シュメール、アッカドに 首を (貴方は)起こさせた。

dusu kug mu un il₂ u₃-šub-e im-ma-gen
箕を 聖なる 持ち上げ 煉瓦工場に 彼は行った。
（im-ma-gen ＜ i₃ ba gen 中へ入って行った）

ma₂-a e me gar ＜ ma₂-a i₃ mi gar
　　　　　　　　　船で　そこへ置いた(運んだ)。

mi ＜ bi ＜ ba i は向こうからこちらへ～、の意味がある。
ドイツ語の her-gehen に当たる。
初期王朝時代は母音調和のため動詞中の a(又は e)に引かれて i₃ mi が e me になった。i, u の時は i₃ のままである。

šu al du₇ -du₇   完全にする ＜ 手で叩き上げる

al は動詞に直接続く。動詞も形容動詞が多い。

al sig en   nam -uku₂ al tuš   uku₂ = lal₂-du
弱くなる 私は   貧乏は いすわった

(3) 接中辞の代名詞（前出）

方向格、対格の代名詞は共通で、次の形を採る（ni そこで、を除く）。
完了動詞 hamṭu では対格代名詞は主格となる。

一人称	e
二人称	e
三人称	n	一、二人称にも用いることがある。
物	b

但し、与格では、

単数		複数	
一人称	a	一人称	me
二人称	ra	二人称	ene
三人称	na	三人称	ne

(4) 接中辞の主格代名詞（前出）

接尾辞に主格代名詞を置くのは未完了動詞 marū に限る（三人称複数を除く）。

単数		複数	
一人称	(en)	一人称	(en)de(n)
二人称	(en)	二人称	(en)ze(n)
三人称	--	三人称	(e)ne （完了動詞では eš）

（5）前接辞

接頭辞の前に更に接辞を付けることがある。動詞句の前に付き、動詞句全体に関係する辞を前接辞という。

ga-	したい	一人称の意志
ha-	しよう、するように	希望、祈願
nu-, na-	するな	否定
bara-	決して〜しない	否定
u₃-	の時、ならば	条件文

（5-1）　ga-

ga-(希望、命令の一人称）は 二三人称では he₂ となる。 ga- は常に接頭辞 i- に伴う。そして「も又」とか「そこで」の意味を持つ。

例　　ga mu ra -ra ba al　　　　sag -še₃　ga mu ni rig₇
　　　たい 君に対して 返し（私は）。 贈物として よう そこで あげ。
　　　（rig₇ = pa-gaba₂-du）

　　　gi₄ bi₂　ib₂ gu₇ ＜ ga bi b gu₇
　　　　　　　　　　　よう 彼らに それを 食べさせ（私は）。

ku -li ni ir ga an ši　re₇ en-de₃-en ＜ ku -li ni ra ga in-ši ere enden
　　　　　　　　　　　　　　　　　　友 彼の の所に たい そこに 行き 我々は。

ga ba hul₂-hul₂ en-de₃ -en　ga₂-e ᵈutu-gin₇　in ga dim₂ me-en
ましょう 喜び（我々は）。　私は 太陽神のように 又 作られる（私は）。
（私は太陽神のように善良である、の意）

10 動詞句（述語）　211

alam -e　u₃ kug -nu　za-gin₃　　　nu ga　am₃
彫像は 又 銀でなくラピスラズリでも ない（それは）
　　　(nu ga　am₃ ＜ nu　i₃　n　ga　me)

ga　mu　ra　ab　(be) ＜ ga　mu　ra　b　　e
　　　　　　　　　たい 貴方に それを 申し上げ

(5-2)　ha-

a　hu　mu　ra an　de₂ e ＜ a　ha　mu　ra　n　de₂ e
　　　　　　　水を ように 君のため 彼が 注ぐ。

a₂　mu　　hu　mu　su₃ -su₃
腕を 私の ましょう 振り回し。　　　hu ＜ ha

ha + marū は希望を、ha + hamṭu は肯定、強意を示す。

(5-3)　u₃ -

gi　ᵈen-ki　ka　ka　lu₂ u₃ tum₂ ＜ gi　ᵈen-ki　ak　a lu₂　u₃ i₃ tum₂
　　　　　　　　　　　　芦 神エンキの に 人を 時 運んだ---
（神エンキの芦、とは墓のこと。人を墓に運んだ時---の意味。）

u₃ na　a　du₁₁ ＜ u₃　i₃　na　a　dug₄
　　　　ならば 彼に そこで 言った---（手紙の「拝啓」に当たる）

(5-4)　ba-ra-

ba　-ra ra dug₄ ＜ bara　i₃　ra　e　dug₄
　　　　　　　決して　　君に（私は）言わなかった。

ki ni ba-ra zu ＜ ki ni bara i₃ zu en
　　　　　　　　場所を 彼の　全然　知らない(私は)。

(5-5) na-, nu-
na には否定の意味と肯定の意味とある。

na an na ab be₂ en ＜ nu i₃ na b e en
　　　　　　　　　な　彼に それを 言う、貴方は。

ku₆ bi lu₂ nu ba da₅ kar-re₂ ＜ ku₆ bi lu₂ nu ba da kar-re
　　　　　　　　　魚を その 人は ない ともに 持ち去れ。

a₂ bad -a gu₁₀ lu₂ la ba ta e₃ ＜ a₂ bad-a gu₁₀ lu₂ nu ba ta e₃
　　　　　　　　腕を 広い 私の 誰も ない それから 逃がれ。

ša₃ -bi nu mu u₃ da zu ＜ ša₃ -bi nu mu e-da zu
　　　　　　　　心（意味）を その ない それを 知ら。

na-ru₂ -a mu bi lu₂ a nu ＜ na-ru₂ -a ak mu bi lu₂ ak nu
　　　　　　　　石碑 の 名は その 人 のでない。

ir₃ ur-ᵈsahar -ᵇba -ba₆ ka nu u₃ me -en
　　　　　　＜ ir₃ ur-ᵈsahar -ᵇba -ba₆ ak a nu i₃ me -en
　　　　　　　奴隷 ウルサハルババ の で ない 私は。

alam -e u₃ kug nu za-gin₃ nu ga am₃ u₃ urudu nu u₃ an -na
影像は　銀 でなく、紺青石 でもない 又　銅 でなく、 錫

10　動詞句（述語）　213

　　　　nu　　　zabar　　nu　　　 na4esi　　am3
　　　　でなく、ブロンズでもなくて　それは閃緑岩である
　　　（zabar ＝ u4-ka-bar）

禁止の na- 以外に肯定、断言の na- があり、日本語に似ている。
禁止は当然ながら動詞の現在に付くが、肯定の na- は完了（hamṭu）に付く事が多い。これは語源的に違うものと思われる。

例
　　　e2-an-na-tum2　me gal　　na ga mu zu
　　　〈 e2-an-na-tum2　　e　gal　　na i3 ga mu n zu
　　　エアンナトゥム は、大きな事も のだ （彼は）知っていた。

　　nam mi gub　　〈 na　i3　bi　　n　gub
　　　　　　　　　のだ　それへ（彼は）足を掛けた。

　　na ri be2　　〈 na　i3　ra　　b　　e　e (ne)
　　　　　　　　　　君のため それを　　歌う（彼らは）。

　　na ur4-ur4 re 〈 na　i3　ur4-ur4　e
　　　　　　　　　　集める（彼女は）。

　　na an dur2 ru　ne en -de3-en 〈 na　i3　ni　durun　en -de3-en
　　　　　　　　　　　　　　　　　そこに　住む　我々は

durun は複数の完了、未完だが単数の完了、未完は　tuš

11 動　詞

　hamṭu 完了とは、過去から未来に繋がる或る時点での動作の完結をいい、marū 未完了とは、同様に継続の状態にあることをいう。未完了は動詞語尾に、多く時相 e を付けるので、判定できる。

例　𒁁𒌉𒉈𒁀𒋗𒁉𒂗

　　　bad₃-tibira ᵏⁱ ba šub be₂ en ＜ bad₃-tibira ᵏⁱ ba šub e en
　　　　　　　　　　　　　　　　　　　バドティビラを　倒す　私は。
（バドティビラは地名だが　tibira = urudu-nagar　は元来、鍛冶屋の意味。）

（1）動詞の活用

	単数	複数	
一人称	i₃- -en	i₃- -en-de-en	i₃-は接頭辞
二人称	i₃- -en	i₃- -en-ze-en	
三人称	i₃-	i₃- -eš	

例

　単数

一人称	(ga₂-e)	i₃ ku₄-ku₄ en	私は入る
二人称	(za₂-e)	i₃ ku₄-ku₄ en	君は入る
三人称	(a-ne)	i₃ ku₄-ku₄ en	彼は入る
	lu₂	i₃ ku₄-ku₄ en	人は入る

　複数

一人称	(me-en-de₃-en)	i₃ ku₄-ku₄ en-de₃-en	私らは入る
二人称	(me-en-ze₃-en)	i₃ ku₄-ku₄ en-ze₂-en	君らは入る
三人称	(a-ne-ne)	i₃ ku₄-ku₄ -eš	彼らは入る
	lu₂-e-ne	i₃ ku₄-ku₄ -eš	人々は入る

例　単数

一人称	(ga₂-e)	sag ib₂ zi-zi-en	私は頭を(それを)上げる
二人称	(za₂-e)	sag ib₂ zi-zi-en	君は頭を(それを)上げる
三人称	(a-ne)	sag ib₂ zi-zi-e	彼は頭を(それを)上げる
	lu₂-e	sag ib₂ zi-zi-e	人は頭を(それを)上げる

11 動詞　215

複数
一人称　　(me-en-de₃-en)　sag　ib₂ zi-zi-en -de₃-en
二人称　　(me-en-ze₃-en)　sag　ib₂ zi-zi-en -ze₂-en
三人称　　(a-ne-ne)　　　sag　ib₂ zi-zi-ne
　　　　　lu₂-e-ne　　　　sag　ib₂ zi-zi-ne

（2）動詞の種類

動詞の種類は四種類に大別される。

	例		繰り返し	marū	不定法	
1	規則動詞	sum	sum-sum	sum e	sum e-de₃	与える
		gu₇	gu₇-gu₇	gu₇ e	gu₇ e-de₃	食べる
2	重複動詞	gar	gar-gar	ga₄-ga₄	ga₄-ga₄ de₃	置く
		kur₉	kur₉-kur₉	ku₄-ku₄	ku₄-ku₄ de₃	入る
3	交代動詞	e₃	e₃-e₃	ed₂ e	ed₂ de₃	出る
		ri	ri-ri	rig e	rig de₃	注ぐ
4	補足動詞	dug₄	dug₄-dug₄	e	e de₃ ?	言う
		de₆	de₆-de₆ ?	tum₂ e	tum₂ de₃	運ぶ

実際上は規則動詞が 60〜70 %、重複動詞は 25 % を占めている。
交代動詞は一つのグループと呼ぶには少ないが、三つの動詞がある。

　　　　hamṭu（完了）　　　　marū（未完了）
　　e₃　　　出かける　　　　ed₂
　　ri　　　注ぐ　　　　　　rig
　　ti　　　近づく　　　　　tig

例　𒀭𒎏𒄑𒍣𒁕　𒌓𒂅　𒆠𒊮　𒊏　𒈠𒊏𒁕𒊏𒋫　𒌓
　　ᵈnin-giš-zid-da　utu gin₇　ki-ša　ra　ma ra da-ra ta　e₃
　　ニンギシュジダは　太陽のように　水平線から　貴方に向き合い　立上がった。
　　ここで　ma ra da-ra ta e₃ < mu a-ra da-ra ta　e₃
　　　　　　a -ra 貴方に対し　da-ra ta 向き合って　e₃ 上がる
この動詞の現在形は重複をしないで、語尾が現れ特殊な形を取る。

補足動詞は現在と過去がそれぞれ語源の異なる動詞の事である。特に身近な言葉に多い。

hamṭu(完了)		marū(未完了)	
gen	行く（単数）	du	
re₇	行く（複数）	su₈-b, sub₂	
uš₂	死ぬ	ug₅, ug₇	
dug₄	言う	e	
de₆	携える	tum/tum₃ 複数では lah₄ 完、未完共通	

（3）未　来
動詞で未来を表すのは簡単で、動詞の後に -ed(-e) を付けるだけである。

例

e₂ gu₁₀ lu₂ i₃ bur₃-de₃ ＜ e₂ gu₁₀ lu₂ i₃ bur₃-ed-e
　　　　　　　　　　　　　家を　私の　誰かが　壊すだろう。

me -a tuš -u₃ -de₃ -en ＜ me -a tuš-ed en
　　　　　　　　　　　　どこに　座るのだろう(私は)。

（4）不定法
動詞句の変形として拡張詞 -e-de₃ を動詞の後に付けて目的格（〜するために）を示すことがある。

例

　　dagal-e-de₃　　拡大するために

　　ra-ra-de₃　　　叩くために(重複動詞には -e- は必要ない)

語意について終わりが不明確で、継続する事柄では上のように marū 形をとるが、行為の終わりの明確な語（明確な目標を持つ語）では hamṭu 形をとる。

例

　　e₂ du₃-de₃　　神殿を建てるために

建築は終了が明確であり、建て終える、の意味があるので e なしの完了。

tag-tag da(m) 〈 tag-tag de₃ am₃
　　ばらまくべきものである。

i₃ du de₃ en 〈 i₃ du e-de₃ en
　　(ずっと)行くつもりだ 貴男は。

e₂ gul-gul lu de₃ e₂ ša ba da an gul-e
　〈 e₂ gul-gul e-de₃ e₂ ši ba da-n gul-e
　　家が 壊される時は 家は それと共に 粉砕される。
　（ši 〜 gul 粉砕する）

(5) 名詞の動詞化

名詞＋ak によって動詞を作ることが出来る。日本語の〜する、と同じ感覚である。

　　bar〜ak　選ぶ、調べる
　　kin〜ak　作る

(6) 動詞と形容詞

実は動詞と形容詞には明確な区別が出来ない。多くの動詞は形容詞となるからである。

例　　dagal　大きくする、大きい
　　　dug₃　甘くする、甘い
　　　tur　小さくする、小さい

蛇足ながら

　　tur-ra 〈 tur a　小さくなった所の、子供のような、と
　　tu-ra 〈 tur₅ a 病気になった所の、とは間違いやすいので注意。

218　Ⅳ　シュメール語文法

（7）命令文

動詞を動詞句の文頭に出す。又は動詞の後に a を付す。動詞は hamṭu 完了を採る。

例
mu a ab sum enzen　＞　sum ma ab ze₂-en ！
私に それを 与える 貴方達は　　与えなさい 私に それを 貴方達は

mu a la₂ en　＞　la₂ ma (en) ！
私に 支払う 貴方は　　支払いなさい 私に(貴方は)

i₃ e gin　貴方は行った。

なおこの命令形は

gin i₃ a ！　＞ gin u₃ ！　＞ gin a ！ ＞ gin na ！ ＞ gen na ！

いずれも、行きなさい、の意味。

12 連辞（copula）（いわゆる be 動詞）

英語の is, are にあたるもので、主語と述語を結ぶ動詞をいう。

現在	単数	複数
一人称	-me-en	-me-en-de-en
二人称	-me-en	-me-en-ze-en
三人称	-am	-me-eš

-am は古代シュメールでは -am$_6$(AN)、紀元前 2200 年以降は -am$_3$(A-AN) と書かれた。

普通、第一人称、第二人称の複数主格は使われない。必要なときは連辞の語尾すなわち me-en-de-en, me-en-ze-en で判断する。

例

dingir   ra   ni   šul -utul   am$_6$ utul = ab$_2$-ku
神 について 彼の シュルウトゥルが それである。

an -ta -sur-ra ga$_2$-kam < an -ta -sur-ra gu$_{10}$ ak am$_6$
                   アンタスルは　私の　ものである。

ga$_2$ -e   lugal me -en
私こそ　王　である。

ki -sur -ra ^{d}nin-gir$_2$-su ak ta a -ab še$_3$ maškim diš e -gal$_2$-lam
< ki -sur -ra ^{d}nin-gir$_2$-su ak ta a -ab še$_3$ maškim diš i$_3$ gal$_2$ am$_3$
　国境の溝　ニンギルス　の から　海 まで 代官一人が　居た のだ。

                                              maškim = pa-kaš$_4$
a -zu kalam ma   me -en   ma < ak
医者　国　の 私は～である。

220   Ⅳ   シュメール語文法

i₃ ne še₃ lu₂ he₂   me-en   ne < na
そこまでは、男 立派な お前は〜だ。

gan₂ nam dumu ke₄ za₃ i₃   us₂-us₂   am₆   ke₄ < ak e
田畑   王子の   は 境が   接して   いるのだった。

eridu ᵏⁱ-ga nam-lugal   la < eriduᵏⁱ-ga nam-lugal a₄ エリドゥに 王権が あった。
(a₄ < am₃   eriduᵏⁱ-ga < urudugᵏⁱ= nun-ki)

dub-sar gal   zu   ᵈnisaba   kam me-en
書記 偉大な 賢い 神ニサバの こそ 私だ。
(nisaba = še-naga   kam < ak am₃   am₃ は強意。
 am₃ は意味を強めるためだけに加えることもある。)

5 uruᵏⁱ me-eš
五 都市が あった。

mes-kalam dug の墓より出た黄金の兜

13 助詞（後置詞）

-ak	～の
-ra	～を、～について
-ke₄ ＝ak e	～は、～が（能格）
-ene	など
-ta	～から、～より
-še, -uš	～まで、
-a	～に
-e	～が、～の方へ
-eš	（形容詞を副詞にする）
-bi	（同上）
-gin₇	～のごとく
-da	～とともに
-kam＝ak-am	～番目

例

igi gu₁₀ še₃ ---
前 私の には---。

lu₂ gu -la bi ga še₃ sa₁₀ u₃ na du₁₁ ----
人が 偉い その たいと それと取引きし 時 彼が 言った---。
（その偉い人がそれと取引したいと言った時---。）

ki ᵈutu e₃ a še₃ ＜ ki ᵈutu UTU-DU a še₃
　　　　　　　　　　　　場所 日の 昇る 所の まで---。
（utu だけでも良いが、d を付けて ᵈutu お日様。e₃ = UTU-DU　a 関係代名詞。）

ša₃-gal udu še₃　　羊の飼料として---

e₂-dub -ba -a šeᴈ gin -u₃   mu   e   du₁₁
　　学校　　　へ 行け、と（貴方は）言われました。

uru-ka -gi -na ra ----   ウルカギーナに対して---。
　　　　　（ウル・イニム・ギーナ だと言う説もある。）

ᵈnin -gir₂-su   ur -sag   ᵈen-lil₂ -la₂   ra ---
　神ニンギルス、英雄　神エンリル　の に対して---。
　　　　　(ᵈen-lil₂ -la₂ ＜ ᵈen-lil₂ ak)

u₄ 20 la₂ 1 kam
日 20 マイナス 1番目の （= 19 日の、kam = ak am₃）

šaᴈ ma-mu-da ka --- ＜ šaᴈ   ma-mu-da ak a
　　　　　中　　夢　　　の　で---。（夢の中で）

ᵈšara ad -da ni -ir --- ＜ ᵈšara ad -da ani   ra ----
　　神シャラ、父　彼の に対し---。

14 音韻法則

時代とともに次のように変遷したものもある。

(1) dr

badr	>	bad	>	ba₉	遠い
gudr	>	gud	>	gu₄	雄牛
padr	>	pad			壊す
kudr	>	kud	>	ku₅	切る

(2) 音価の交換

buru₄	=	gu-ru			略奪する
abrig	=	agrig			執事
ha	=	ku₆			魚
rib	=	lib			巨大な
kibir	=	gibir	=	gibil	新しい
-gim	=	-gin₇			〜のような

(3) 語尾子音の省略例

lal	>	la₂	量る
bil	>	bi₂	燃やす
šag	>	ša₃	心
til₃	>	ti	生きる
nig₂	>	ni₃	物
kug*	>	ku₃	聖い　（*　銀の意味ともなる）

独特な大きい目を書いたシリンダーシール

15 疑問詞

a-ba	誰が
a-na	何が
a-na-aš	なぜ
a-na-gin₇	どのように
me-a	どこで
me-na-am₃	いつ

例

a -ba am₃ mu zu　　貴方の名前は誰ですか。

a -ba šeš gu₁₀ gin₇　　私の兄弟のようなのは誰か。

ga₂ a -na mu u₃-da zu ＜ ga₂ a -na mu e-da zu
　　　　　　　　　　私は 何を 貴方から 知るか。

uru ta a₂ -ag₂ -ga₂ a -na-aš mu e de₆
町 から 情報を 　　なぜ 君は もたらしたか。

a -na-gin₇-nam za -e ga₂ da mu da ab sa₂ e
＜ a -na-gin₇-nam za -e ga₂-e da mu da b sa₂ en
　どのように 貴方は 私と 　それを 比べるか(貴方は)。

nam kalag-ga zu me-še₃ ba an de₆
力を 　貴方の どこに それは もたらしたか。

[楔形文字]

ga₂ -e me-na -am₃ ša₃ ᵈšul -gi lugal gu₁₀ ki -bi ha ma gi₄-gi₄
私において、いつ　心は　シュルギの　王　我が　そこに　だろう　戻る
（私において、我が王シュルギの心はいつ戻るだろうか）

なお疑問詞は関係代名詞としても使える。

[楔形文字]

ma₂ gu₁₀ ᵈšamaš-i₃ -li₂   in ku-ku₄ da ud nu mu zal -e
船に　私の　シャマシュ・イリが　入れた、　日が　ない　過ぎ　（内に）

[楔形文字]

nig₂ a -na bi dug₄-ga he₂ eb ga₂-ga₂
何でも　所の　私が言った　ように　それを　積み込む。
（シャマシュ・イリが入港させた私の船に、日が過ぎぬ内に、私が言った所の物何でも積み込むように！）

16　接続詞その他

igi-zu　　　　恰も ～ のように
　この原義は、目が気付いた、と書くが他にも i-gi₄-in-zu, i-gi-in-zu, e-gi₄-in-zu, i-gi₄-zu, igi-su, i-gi₄-in SUL などと書かれている。
tukum-bi もし～ならば、書き方は ŠU-NIG₂-TUR-LAL-bi
直訳すると、ちょっと量ってみると、の意味である。
nam-bi-še₃　　　それ故、その理由で　bar・・・-ak-eše なぜなら
ur₅-še₃-am₃　　それ故そうである　　mu・・・-ak-eše ～の代わりに

例 [楔形文字]

a -na -aš₂ -am₃ puzur₄ -ha -ia₃ mu še kur -ra še₃ še eštub
なぜ　　　　プズルハヤは　　にかえ　クル麦、　エシュトブ麦を

226 Ⅳ シュメール語文法

kur -ra še₃ < kur ak eše
he₂　　　na　 sum　　　　　　puzur₄ = šub₂-ša
のだろう 彼に 与えた。　　　　mu 〜 še₃ の代わりに

tukum　-bi nu na　an sum e₂　a-ni ta　ib₂ su-su
< tukum-bi nu　i₃ na　-n　sum e₂　a-ni ta　i₃ b　su-su en
もし　ないなら 彼に それを 与え、家 彼の から それを 戻す 私は。

17　数　詞

読み方
1　　diš, dili, aš
　　　didli　(< dili.dili は一つ一つ、の意味。)
2　　min　　(他の、の意味もある)
3　　eš₅
4　　limmu, tattab (< tab-tab)
5　　ia₂
6　　aš₃　　< ia₂ ＋ aš
7　　imin　< ia₂ ＋ min
8　　ussu　< ia₂ ＋ eš₅
9　　ilimmu < ia₂ ＋ limmu
10　　u, hawamu
20　　niš
30　　ušu₂
40　　nin₅, nimin
50　　ninnu
60　　giš₂
3600　šar₂　(沢山、の意味)

基本的には 5 進法であることがわかる。しかし 12 進法のセム族の影響で 5 × 12 つまり 60 進法が生まれた。60 は 2, 3, 4, 5, 6, 10, 12, 15, 20,

30 など多くの数で割れるため家畜の分割に便利であった。
　例えば　336 と書けば 10 進法では三百三十六であるが、60 進法では百はないから 3×60+36 となり、つまり現在の 180+36 = 216 のことである。同様、445 とあれば 4×60+45 つまり 285 を意味することとなる。
1445 sila₂ とあれば 1 gur 285 sila₂ のことである。（分かっている場合 gur は書かない習慣である。）

例
　　　kug gin₂　　　ia₂ am₆ e　ga₂-ga₂　　ne
　　　銀　シェケル 5を　　支払う　彼らは。　　（am₆ 数詞を示す。）

　　　ud u kam ma ka < ud u ak am ak a
　　　　　　　　　　　日　十番目　　の　に---　（十日に、の意）

　　　mu lugal　ta₅　a-ra₂　min-ka　i₃　zah₃ de₃ na　ga hul bi₂ in dug₄
< mu lugal　ta₅　a-ra₂　min-ak a　i₃　zah₃ e-de₃　en a　ga hul bi₂ n dug₄
　　　名　王の　　で、　時　二度目の　には　逃げ出す君が、たいと　殺し　彼は言った。
　　（君が二度も逃げ出すなら、王の名で滅ぼしたい、と彼は言った。）
　　（王の名で、は誓って、の意味。　　　e-de₃ 不定法）

　数字だけでも良いが、間違いを避けるために -am を付ける。又、〜番目と言う時は　-kam　（<-ak-am）を付ける。

V 諸　表

1　町名、地名
2　代表的な神名
3　代表的な限定詞
4　月名と暦
5　度量衡
6　シュメール王統表
7　年号（例　シュルギ22年以降）

1 町名、地名

通称	読み方		書き方	現代名
Ur	ウル	uri, urim	šeš-unug-ki	ムカイヤル
Nippur	ニプル	nibru	en-lil[ki], dur-an[ki]	ヌッファル
Uruk	ウルク	unu(g)	nu(g)-ki	ワルカ
Eridu	エリドゥ	eridu-(ga)	nun-ki-ga	アブ・シャフレン
Adab	アダブ	adab	ud-nun-ki	
Umma	ウンマ	umma	giš-uh$_3$-ki	
Isin	イシン	in, insi	in-si[ki]	
Lagash	ラガシュ	lagaš	sir$_4$-bur-la[ki]	テロー
Euphrates	ユーフラテス	buranun, purattu	[id2]ud-kib-nun-ki	
Sippar	シパル	zimbir, sippar	ud-kib-nun-ki	アブ・ハッバ
Shuruppak	シュルッパク	shuruppak	su-kur-ru[ki]	ファーラー
Larsa	ラルサ	larsa	ud-unu[ki]	センケレ
Aššur	アッシュル	ašur	[uru]a-usar[ki]	カラト・シャルカト
Der	デル	der	bad$_3$-dingir[ki]	
Mari	マリ	haneen	ha-na[ki]	
Harran	ハラン	harran	kaskal	
Dilmun	ディルムン	dilmun	ni-tuk	
Akkad	アガデ	akkad	ki-uri	
Sumer	シュメル	ki-en-gi, šumer	ki-en-gi	イラク
Amurru	アムル	amurru	mar-tu	
Babylon	バビロン	bab-ilu	ka$_2$-dingir-ra[ki]	
Barsippa	ボルシッパ	borsippa	bad$_3$-si-ab-ba[ki]	ビルス イ ニムルド
Kuta	クタ	kiš	kiš[ki]	オヘーミル
Nineve	ニネベ	ninua	nina[ki]	クユンジュク
Drehem	ドレヘム	drehem	puzriš-[d]dagan	ビスマイヤ

2 代表的な神名

an, anu	天の神、初めの最高神
ki	地の神
^{d}adad ($=^d$iškur)	天候神
^{d}sin (akkad) ($=^d$en-zu)	月神
^{d}nanna(r) ($=^d$šeš-ki)	月神
^{d}ba-ba$_6$, ^{d}ba-u$_2$	ラガシュ区の女神
^{d}lama	守護女神
^{d}nin-tu	安産の神
^{d}en-ki	水神、知恵の神
^{d}en-lil$_2$	風神、後の最高神
^{d}nin-lil$_2$	エンリルの配偶者
^{d}ištaran ($=^d$ka-di)	デールの主神
^{d}inanna ($=^d$ištar, ^{d}muš$_3$)	美の女神、ウルクの主神
^{d}nanše	シララ区の女神
^{d}nergal, ^{d}ne$_3$-iri$_{11}$-gal	冥界神
^{d}šul-pa-e$_3$	牧畜神、ニン・フルサグの配偶者
^{d}nin-gir$_2$-su	ラガシュ・ギルス区の主神
^{d}utu, ^{d}šamaš	太陽神
^{d}nin-hur-sag	豊穣の女神、山の神、安産の神
^{d}šara	ウンマの主神
^{d}dumu-zi, ^{d}tammuz	ドゥムジ、イナンナの配偶者
^{d}šu-^{d}en-zu	シュシン　神格化された王
^{d}šul-gi	シュルギ　神格化された王

3　代表的な限定詞

		例
d(ingir) 神の名前	^{d}nin-gir$_2$-su	ニンギルス神
lu$_2$ 性別が男性	^{lu2}šu-gi$_4$	男の老人
munus, mi$_2$ 女性	^{munus}šu-gi$_4$	女の老人
ki 土地の名	en-lil^{ki}	ニップル
uru 町の名	^{uru}ardat^{ki}	アルダット町
giš 木製	^{giš}ma$_2$	船
id$_2$ 河の名	^{id2}buranun	ユーフラテス河
u$_2$ 草の名	^{u2}šammu	ハーブ
mušen 鳥の名	mušen-uru-hul-a^{mušen}	ふくろう
meš 一般の複数	dingir^{meš}	神々
ha 若干のものの複数	udu^{ha}	羊達

河、運河を表す id$_2$ は i$_7$ でもよい。古くは dingir^{meš} は dingir-dingir といった。シュメール語で hi は混ぜることを意味する。そして hi-a, ha は混ぜられた物、種々の、多くの、という意味になった。

限定詞はハム族と言われるエジプト語のヒエログラフにもある。例えば太陽を表す◎はラーというが、これは限定詞にも用いる。つまり発音はしないが、意味が時間、光を表すときに添えることになっている。

rek　時代

hed　輝く、白い

壺 や布 も限定詞であって、同じ発音でも

mer　愛する

mer　ミルク壺

mer　縛る　　　　　　　　　となる。

4 月名と暦

	nippur 暦	puzriš-dagan, ur 暦	umma 暦*	ragaš 暦	現在
1 番目	ⁱᵗⁱbar₂(-zag-gar)	u₅-bi₂ᵐᵘˢᵉⁿ-ku₂	še-kar-ra-gal₂-la	gan₂-maš	3 月
2 番目	ⁱᵗⁱgu₄(-si-sa₂)	ki-sig₂ ᵈnin-a-zu	ᵈnisag, murub₄	gu₄-du-bi₂-sar-sar	4 月
3 番目	ⁱᵗⁱsig₄(-ga)	ezen ᵈnin-a-zu	R I	ezen-ᵈli₉-si₄	5 月
4 番目	ⁱᵗⁱšu(-numun)	a₂-ki-ti	šu-numun	šu-numun	6 月
5 番目	ⁱᵗⁱne(-ne-gar)	ezen ᵈšul-gi	min-eš ₃	DIM₄-ku₂	7 月
6 番目	ⁱᵗⁱkin(-ᵈinanna)	šu-eš₅-ša	e₂ iti-6	ezen-ᵈdumu-zi	8 月
7 番目	ⁱᵗⁱdu₆(-ku₃)	ezen mah	ᵈli₉-si₄	ezen-ᵈšul-gi	9 月
8 番目	ⁱᵗⁱapin(-du₈-a)	ezen an-na	ezen ᵈšul-gi	ezen-ᵈba-ba₆	10 月
9 番目	ⁱᵗⁱgan(-gan-na)	ezen me-ki-gal₂	pa₄-u₂-e	mu-šu-du₇	11 月
10 番目	ⁱᵗⁱab(-ba-e₃)	še-kin-kuru₅	ᵈdumu-zi	amar-a-a-si	12 月
11 番目	ⁱᵗⁱziz₂(-a-an)	maš-da₃-ku₂	še-sag₁₁-ku₅	še-gur₁₀-ku₅	1 月
12 番目	ⁱᵗⁱše(-gur₁₀-ku)	šeš-da-ku₂	sig₄-ᵍⁱˢi₃-šub-gal₂-la	še-il₂-la	2 月
13 番目		diri	diri	diri	閏月

* ᵈ šu-sin 4 年以後

シュシン王 4 年に puzriš-dagan 暦を改正したため še-sag₁₁-ku₅ の月が 12 月から umma では 1 月になった。še-gur₁₀-ku₅（麦の収穫月），še-kin-kuru₅ ともいう。また 1 月は iti dun-ku₃ ku₂（聖なる豚を食べる月）ともいう。

2 月は iti sig₄-ᵍⁱˢi₃-šub-ba-ga₂-ra と書く事もある。また 4 月は iti gu₄-ra₂ bi₂-mu₂-mu₂（行く牛が立ち上がる月）ともいう。7 月は ᵈšul-gi 祭，ᵈamar-ᵈsin 祭，ᵈšu-ᵈsin 祭の順に名が代わる。8 月は iti maš-ku₃ ku₂（聖なる羊を食べる月）ともいう。

月名の意味は

maš-da₃-ku₂	ガゼールを食べる月
sig₄-ᵍⁱˢi₃-šub-gal₂-la	煉瓦型から抜いた煉瓦を積み上げる月
u₅-bi₂-ku₂	ウビ鳥を食べる月
še-kar-ra-gal₂-la	大麦が市場に出た月
murub₄	真ん中の月
ki-sig₂ ᵈnin-a-zu	ニンアズの悲嘆の月
R I	(ri-ri-ga) 死の月、死神の月

a₂-ki-ti	アキツ祭、正月祭
šu-numun	穀類の種子の月
še-il₂-la	大麦を積上げる月
min₃-eš₃	二つの聖堂の月
e₂ iti-6（aš₃）	六月寺の月
še-kin-kuru₅	大麦をカットする月
bar₂-zag-gar	内陣に神の力を置く月
gu₄ si-sa₂	公正な牛の月
ne-ne-nig₂	物を加熱する月
kin-ᵈninni	ニンニ神の仕事の月
du₆-ku₃	聖なる丘の月
apin-du₈-a	耕地を開く月
gan-gan	瓶の月
ab-ba-e₃	穴を出る月
ziz₂	スペルト小麦の月

なお麦秋と言う言葉があるように、普通、麦の収穫は 4 ～ 6 月であるが、春播きの品種もあり、秋、遅くも冬に入る前に刈り入れることもある。ただ 1 月を麦の収穫月というのは名称のずれ込み（遅れ）であろう。

　シュメールの一月は 30 日であった。つまり太陰暦である。従って一年は 360 日となる。実際の 一年は周知のように 365.2422 日であるから現在は 4 年に一度閏年をもうけ且つ 400 年では 97 回の閏年があるように決められているのであるが、当時はそこまで計算されていなかった。又一ケ月が 29 日 12 時間 44 分 2.7 秒である事までは分からなかったにしろ、ほぼ 29.5 日という事は分かっていた。従って一年経つと、実際より 11 日不足した。

そこでシュメールでは diri 追加の月、つまり閏月を設けたのである。占星術師の意見に従ってこの追加は王の命令で適時公布された。

しかも聖婚式の行われる一月元日が春の第一日であるため、これを決めるには占星術師は重大な責任があった。

4　月名と暦　　235

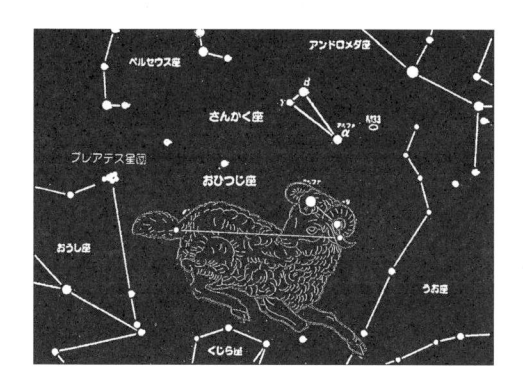

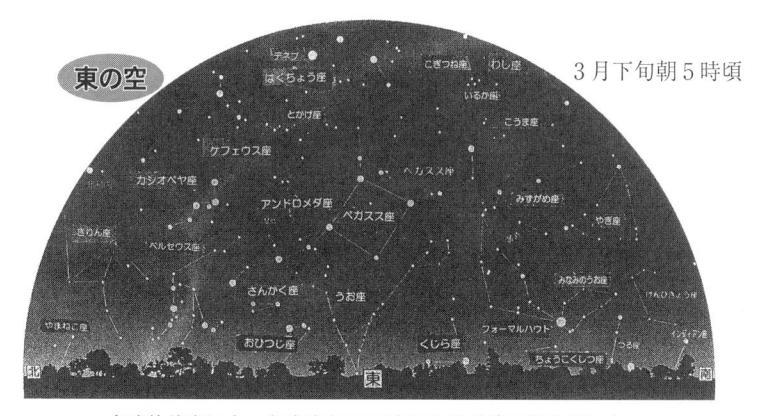

当時牡羊座はもっと東寄りに5時ころ地平線に顔を出した。

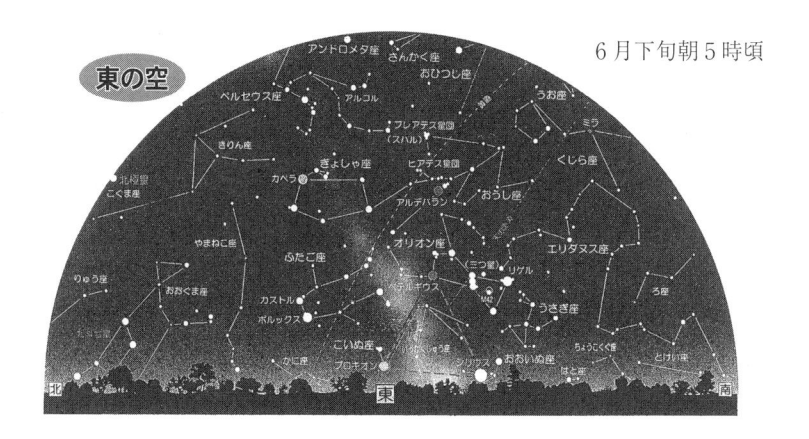

3月下旬朝5時頃

6月下旬朝5時頃

紀元前 2000 年頃、春のある朝、日の出のときに牡羊座のアルファ星ハマル又はベータ星シェラタンが初めて東の空に上がり光り輝く日をもって一月元日とした。当然日の昇るに従って消える運命である。

牡羊座は夏から秋にかけては、夕刻東の空から上がっていくが、冬は中天から西に落ちて行き夜半には見る事が出来ない。春に初めて太陽と共に東に昇ってくる。現在は春分点は魚座の西端にあるが、紀元前 2000 年頃は牡羊座のベータ星の辺りにあった。それは地球の軸が少し首振り運動をしているため、年々角度が 50 秒づつの割で春分点が西にずれて行くためである。当時春分の日の太陽は丁度この辺にあり、シェラタン即ち（春の）合図という名が付いた。そしてギリシャの天文学者ヒパルコスが太陽の通り道、黄道に十二星座を定めた頃は第一番目の重要な星座として注目されていたものだった。今でも春分点の記号は牡羊の頭を形どって♈で表す。地軸はもちろん 2 万 6000 年すると、又元の位置に戻ってくるので春分点も再び牡羊座に戻って来よう。

なお二等星ハマルは 80 光年と地球に極めて近い、太陽に似た星である。又ガンマ星は史上三番目に発見された美しい二重星として有名である。

ここでエジプトのソティス暦にも少し触れておく。

大犬座の頭に一際青白く輝く星がアルファ星シリウスであるが、マイナス一等星で全天で最も明るい恒星である。シリウスとはギリシャ語のセイリオス（焼き焦がすもの）から派生した。

エジプトではシリウス星のヘリアックつまり日の出と同時に直前に東天に上がる日を元日とした。6 月初旬の朝 5 時頃である。シリウス星は 11, 12 月は夕方出て夜明けに沈むが、6 月は朝出て日が昇るとともに消える。

エジプト人はシリウスをイシス神の化身と見なしたのでイシス星とも呼んだ。又ナイル河の増水は今の 6 月中旬から始まるがそれを知らせるのでナイルの星とも呼んだのである。

シリウスがあれほど輝くのは距離が 8.7 光年しかなくケンタウルス座のアルファ星に次ぐ近さだからと、直径は太陽の 1.7 倍、質量は太陽の 2 倍で、その明るさは太陽の 40 倍だからである。

シリウスは子犬座の一等星プロキオンとオリオン座の一等星ベテルギウスとで有名な、「冬の大三角形」を形成する。これは誰でも発見し易いものである。

5 度量衡

(1) 読み方と相互関係

長さ　　　　　　　　　　　　　　　面積

šu-si* = 1/30 kuš₃

kuš₃ = 1/12 nindan-du（約 50 cm）　　še = 1/3 gin₂

gi = 1/2 nindan-du（約 3 m）　　gin₂ = 1/60 šar

nindan-du =（約 5.94 m）　←----対応---→　šar = 1 nindan-du²

eš₂ = 10 nindan-du（約 59.4 m）←----対応---→　iku = 100 šar（3528 m²）

uš = 60 nindan-du（約 3564 m）　　eše₃ = 6 iku
　　　　　　　　　　　　　　　　　bur₃ = 18 iku
danna = 1800 nindan-du　　　　　　šar₂ = 1080 iku

(*šu-si とは指一本の幅をいう)

容量　　　　　　　　　　　　　　　重量

　　　　　　　　　　　　　　　　　še = 1/180 gin₂

gin₂ = (17 cc)　　　　　←　　→　gin₂ = 180 še（8 g）
sila₃ = 50 gin₂（850 cc）
mana = 60 gin₂（1000 cc）←　　→　mana = 60 gin₂（500 g）

gu₂ = 60 mana（60 L）　←　　→　gu₂ = 60 mana（30 kg）
gur = 144 sila₃
gur-lugal = 300 sila₃
gur₇ = 3600 sila₃　　　　　　　　gur₇ = 3600 mana

238　V　諸　表

（2）書き方

　筆を逆さに持ち粘土板に押しつけると丸い穴 ○ が開く。これが 10 を表す。つまり三つ ○○○ あれば 30 である。筆を斜めに持ち粘土板に押しつけると半丸 D となるが、これが 1 である。三つあれば三である。この半丸を上向きに、お椀 ⌒ を置いたように書くと 1/2 を表す。横棒を一本入れることもある。更に大きな筆軸を用いて斜めに押した半丸は 60 を示す。この中に ○ 丸を入れると、60 × 10 つまり 600 を、又軸を縦に押しつけた丸い大きな穴 ○ は 60 × 60 つまり 3600 を表す。又 ◎ は 36000 である。

　なお絵文字の楔形化に従い、1 は縦棒で示し、1/2 は十字で示し、10 は u で書き、又大きい丸 3600 は šar₂ つまり菱形で書くようになった。但し 1 の縦棒は 60 をも示す。　　（次図参照）

又分数表示が新たに考案され　2/3 や 5/6 等の文字も作られた。

　例　　1　　　　　　　　　　　　　　　ib₂ <　i₃ b　正しくは　i₃ n
　　　　1　lugal mu bi　18600　　ib₂　a₅　　a₅ <　ak　行う、治める
　　　　一人の王が 年を その 18600（彼は）治めた　　18600 = 3600 × 5 + 600

旧	新	値	旧	新	値
D		1	D○		600
DD		2	○	◇	3600
DDD		3	◎		36000
DD/DD		4		分数	
DDD/DD		5			1/3
○	<	10			1/2
D		60			2/3

　例　　　　　= 600 + 60 × 4 + 10 + 5 = 855

　　　　　　　　= 36000 × 2 + 3600 × 4 + 600 × 3
　　　　　　　　　+ 10 × 5 + 6 + ⅔ = 88256 2/3

マイナス記号(la₂)は次のように用いる。

　　　　= 10 − 1 = 9　　　　= 20 − 3 = 17.

(3) 容　量

　麦の容量を表すときは、少し違った方法を採る。丸 ○ が 10 グル（約 1220 L）横向きの半丸 D が 1（これが大きければ 60）グルを表すなど、大きい数字は普通だが、お椀のように上を向いた半丸 ⌣ は 1 バリク（バリガ）と称し、1/4 グルを表した。すなわち 36 シラである。

この上向きのお椀に一本横線を入れたものは更に 1/6 の 6 シラを表す。これを 1 バンという。つまり横線が二本で 12 シラ、2 バン、三本で 18 シラ、3 バン、--- 五本で 30 シラ、5 バンという表現である。言い換えると、

$$1 \text{ gur} = 4 \text{ barig(a)} = 24 \text{ ban}_2 = 144 \text{ sila}_3$$

例　　šu-nigin₂　340.0.0　　la₂ 1.1.0　　　še gur sag-gal₂ ---
　　合計　　340 グル　マイナス　1 グル 1 バリクの大麦を山盛りで

　　（大麦 338 グル 108 シラを山盛りで、の意味。尚 1.1.1 は 1 グル 1 バリク 1 バンを表す習慣。）

但しウル第三王朝になると 1 グルを 300 シラとするようになった。これをグル・ルーガルという。即ち、1 バリクを 1/5 グルつまり 60 シラとし、1 バンを 10 シラとした。

$$1 \text{ gur} = 5 \text{ barig} = 30 \text{ ban}_2 = 300 \text{ sila}_3 = 18000 \text{ gin}_2$$

従って例えば 1;1.1.1 は 1 グル 1 バリク 1 バン 1 シラで、1 グル 71 シラを意味する。

例　21 še-gur　še　　erim　　ša₃-gu₄　lugal-da-ga　šu ba ti
　　21 グルの大麦を、雇人のために　牛飼いの、ルガルダガが受け取った。

文字の楔形化に伴ない、60 グルは縦棒で表したが、1 グルは横棒で表した。同時にバリクやバンを廃止し、シラについては縦棒が 1 シラ、これに一本横線を入れたものが 10 シラ、横線二本で 20 シラ、横線三本で 30 シラ、--- 五本で 50 シラという具合に表現した。

例えば 285 シラは 0;4.4.5 と表し、　　　　　のように書く。

又縦棒三本では 180 グルかもしれないし、小さく 3 シラ又は 180 シラかもしれないという欠点がある。

(4) 重 量

1 gu₂ = 60 ma-na　　1 ma-na = 60 gin₂ = 約 500 g

1 gin₂（siqlu）= 180 še（še-u）　　　　（ ）はアッカド名

(5) 長 さ

1 danna = 180 eš₂　　1 eš₂ = 10 ninda(n)-du　(danna = KASKAL-GID₂)

1 ninda(n)-du = 2 gi　　1 gi = 6 kuš₃

1 kuš₃ = 30 šu-si = 50 cm

(6) 面 積

1 šar₂ = 60 bur₃　　1 bur₃ = 18 iku

1 iku = 100 šar = 約 35 m²

なお矩形では横幅を uš 縦を sag という。

元来、60 ブル、1 ブルは丸で示したが、10 ブルは gašan で示した。次の例で説明する。

縦　　　　　横　　　　　面積

600 nindan-du sag x 600 sa₂ = 60 bur₃ x 3 + 10 bur₃ x 2

(= 200 bur₃) = 3600 iku

普通は横を uš と書くがここでは正方形であるため sa₂（同じく、の意）とする。イクについては特別な表現を持つ。楔形化前後の文字は次のようである。

旧

新

60 ブル　10 ブル　1 ブル　12 イク　6　1　1/2　1/4　1/8

（7）計算システム

シュメールの計算が難しいのは数のシステムが複雑だからである。個々の物を数えるときは次のように 60 進法だが、穀物の配布等では 120 進法を採った。

Sexagesimal System

"36,000" ←10— "3,600" ←6— "600" ←10— "60" ←6— "10" ←10— "1" ←2 or 10— "1/2" or "1/10"

Bisexagesimal System

"7,200" ←6— "1,200" ←10— "120" ←2— "60" ←6— "10" ←10— "1" ←2— "1/2"

日数の計算は太陽 u_4 を用いて表す。

U_4 System

10 months, 1 year → 1 month (10, 12) ←3— 10 days ←10— 1 day

土地の計算単位は次のようになる。

GAN_2 System

$ŠAR_2$ ←6— BUR-U ←10— BUR_3 ←3— $EŠE_3$ ←6— IKU ←10?—

穀物の容量の計算はウルク IV 期には次のように書かれたが、初期王朝には en を書くことはなくなり、barig の横線も 6 本だけとなる。

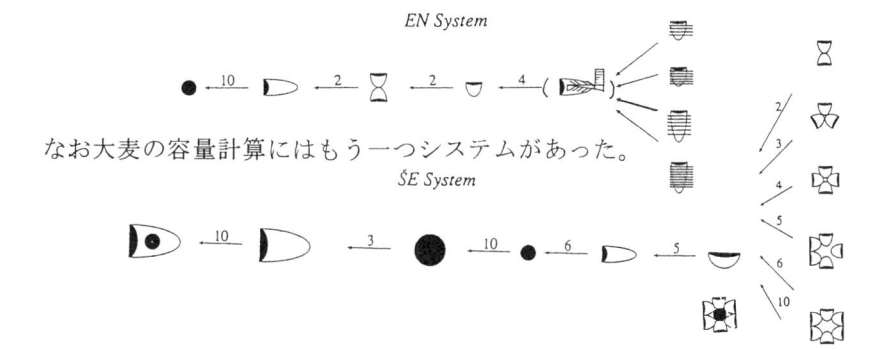

EN System

● ←10— ▷ ←2— ⧖ ←2— ◡ ←4— (barig) → ...

なお大麦の容量計算にはもう一つシステムがあった。

ŠE System

▷ ←10— ▷ ←3— ● ←10— ● ←6— ▷ ←5— ◡

6　シュメール王統表

1　大洪水前　　　　　　　　　　　（都市名）
ア・ル・リム　　　　　　　　　　ヌンキ
ア・ラ・ガル　　　　　　　　　　ヌンキ
エン・メ・エン・ル・アン・ナ　　バド・タビラ
エン・メ・エン・ガル・アン・ナ　バド・タビラ
羊飼いのドゥムジ　　　　　　　　バド・タビラ
エン・シブ・ジ・アン・ナ　　　　ララク
エン・メ・エン・ドゥル・アン・ナ　シュルッパク
ウバルトゥトゥ　　　　　　　　　シュルッパク　計8王、5都市

2　大洪水後
　　キシュ第一王朝
1　ガ・ウル
2　グル・ラ・ニダバ・アンナ・パド
3　パラキナティム
4　ナンギシュリシュマ
5　バヒナ
6　ブアヌム
7　カ・リ・ブ・ウム
8　ガ・ル・ム・ム
9　ズ・カ・キ・イブ
10　ア・タブ
11　マ・シュ・ダ
12　アル・リ・ウム
13　エタナ（BC3000）
14　バ・リ・イー
15　エン・メ・ヌン・ナ
16　メ・ラム・キシュ
17　バル・サル・ヌン・ナ
18　メス・ザ・ムグ

　　ウルク第一王朝
1　メス・キ・アグ・ガ・シェル

2　エン・メル・カール

3　ルガルバンダ

6　シュメール王統表　　243

19　ティ・ズカル
20　イル・ク・ウ
21　イル・タ・サ・ドゥ・ウム
22　エン・メ・バラ・ゲ・シ
23　アグ・ガ
　　　　　　　　　　　計23王

ウル第一王朝
1　メス・アン・ニ・パド・ダ（BC2800）
2　ア・アン・ニ・パド・ダ
3　メス・キ・アグ・ナンナル
4　エルル
5　バルル
　　　　　　　　　　　計5王

（アウァン王朝）
1　・・・
2　・・・
3　・・・　　　　　　　計3王

キシュ第二王朝
1　・・・
2　ダ・ダ・シグ
3　マ・マ・ガル・ラ
4　カ・ル・ブム
5　トゥゲ
6　メン・ヌン・マ
7　ルガル・ム
8　イ・ビ・エア
　　　　　　　　　　　計8王

ウル第二王朝
1　・・・
2　・・・
3　・・・
4　・・・計4王

4　ドゥムジ

5　ギルガメシュ

6　ウル・ヌンガル
7　ウドゥル・カランマ
8　ラバシェル
9　エンヌンダランナ
10　メスヘデ
11　メ・ラ・マン・ナ
12　ルガル・キ・ドゥル
　　　　　　　　　　　計12王

（ハマジ王朝）
1　ハダニシュ
　　　　　　　　　　　計1王

ウルク第二王朝
1　・・・・・
2　ルーガル・ウレ
3　アルガンデア
　　　　　　　　　　　計3王

キシュ第三王朝
1　ク・バウ（葡萄酒売りの女）
　　　　　　　　　　　　計1王

（アクシャク王朝）
1　ウンジ（BC2600頃）
2　ウンダルル
3　ウルル（ズズ）
4　プズル・サニラー
5　イシュ・イル
6　シュ・シン　　　　　計6王

キシュ第四王朝
1　プズル・シン（ク・バウの子）
2　ウル・ザババ
3　シムダルラ
4　ウシ・ウァタル
5　イシュタル・ムティ
6　イシュメ・シャマシュ
7　ナンニア
　　　　　　　　　　　　計7王

（グティウム王朝）
1　イムタ（BC2230）
2　インキシュシュ

アダブ王朝
1　ルガル・アンネ・ムン・ドゥ
　　　　　　　　　　　　計1王

（マリ王朝）
1　イルシュ
2　・ドゥドゥ
3　・・・
4　・・・
5　・・・
6　・・・
　　　　　　　　　　　　計6王

ラガシュ王朝
1　ウル・ナンシェ（BC2500頃）
2　アクルガル
3　エアンナトゥムⅠ
4　エンテメナ（BC2450頃）
5　エアンナトゥムⅡ
6　エンエンタルジ
7　ルーガルアンダ
8　ウルカギナ
9　ルーガルザギシ（BC2380頃）
　　　　　　　　　　　　計9王

（アッカド王朝）
1　シャル・ケーヌ（BC2380頃）
2　リムシュ
3　マニシュトゥシュ
4　ナラム・シン
5　シャルカリシャリ
6　イギギ
7　ナヌム
8　イミ
9　エルル
10　ドゥドゥ

6 シュメール王統表

3 サルラガブ
4 シュルメ
5 エルルメシェ
6 イニマバケシュ
7 イゲシャウシュ
8 イアルラガブ
9 イバテ
10 ・・・
11 クルム
12 ・・・
13 ・・・
14 イラルム
15 イブラヌム
16 ハブルム
17 プズル・シン
18 イアルラガンダ
19 ・・・
20 ・・・
21 ティリガン
　　　　　　　　　計21王

ウル第三王朝
1 ウル・ナンム（BC2110）
2 シュルギ
3 アマル・シン
4 シュ・シン
5 イビ・シン
　　　　　　　　　計5王

イシン王朝
1 イシュビ・エルラ（BC2020）
2 シュ・イリシュ

11 シュドゥルル
　　　　　　　　　計11王

ウルク第四王朝
1 ウルニギン
2 ウル・ギギル
3 クッダ
4 プズル・イリ
5 ウル・ウトゥ
　　　　　　　　　計5王

ラガシュ知事
1 ウル・バウ
2 ナム・マクニ
3 ウル・ガル
4 ダル・アザグ
5 ル・バウ
6 ル・グラ
7 グデア
8 ウル・ニンギルシュ
9 ウグメル
　　　　　　　　　計9知事

ウルク第五王朝
1 ウトゥ・ヘガル（BC2120）
　　　　　　　　　計1王

ラルサ王朝
1 グングムス
2 アビ・サレ
3 スム・イル

3　イディン・ダガン
4　イシュメ・ダガン
5　リビト・イシュタル
6　ウル・ニヌルタ
7　ブル・シン
8　リピト・エンリル
9　エライ・ミッティ
10　エンリル・バニ
11　ザンビア
12　イテル・ピシュア
13　ウルドゥ・クガ
14　シンマ・ギール
　　　　　　　　　　　計14王

（バビロン第一王朝）
1　シン・ムバルリト
2　ハンムラビ（BC1780）

4　ヌル・アダド
5　シン・イディンナム
6　シン・エリバム
7　シン・イクィシャム
8　シルリ・アダド
　　　　　　　　　　計8王

（ラルサのエラム王）
1　ワラド・シン
2　リム・シン
　　　　　　　　　　計2王

7　年号（例　シュルギ22年以降）

mu kara₂-har^ki ba hul　　　　カラハルが破壊された年
=シュルギ　22 年
mu si-mu-ru-um^ki ba hul　　　シムルムが破壊された年
=シュルギ　23 年
mu a-ra₂ 3-kam-ma si-mu-ru-um^ki ba hul　シムルムが三回も破壊された年
=シュルギ　30 年
mu an-ša-an^ki ba hul　　　　　アンシャアンが破壊された年
=シュルギ　32 年
mu ša-aš-ru-um^ki ba hul　　　シャシュルムが破壊された年
=シュルギ　40 年
mu en ^dnanna　maš-e i₃-pa₃　　ナンナの大祭司が神託で選ばれた年
=シュルギ　41 年
mu si-mu-ru-um^ki u₃ lu-lu-bu^ki a-ra₂ 10 la 1 kam ba hul
=シュルギ　42 年　　　　　　シムルムとルルブが 9 回も破壊された年
mu ur-bi₂-lum^ki ba hul　　　　ウルビルムが破壊された年
=シュルギ　43 年
mu ki-maš^ki u₃ hu-mur-ti^ki ba hul　キマシュとフムルティが破壊された年
=シュルギ　44 年
mu ha-ar-si^ki hu-mur-ti^ki ba hul　ハルシとフムルティが破壊された年
=シュルギ　46 年
mu ^damar-^dsu₂-en a lugal　　　アマルシンが王となった年
=アマルシン　1 年
mu gu-za ^den-lil₂-la₂ ba dim₂　エンリルの王座が作られた年
=アマルシン　3 年
mu en mah-gal an-na en ^dnanna ba hun　エンマーガルアンナ（アンの偉大なエン）
　　がナンナ神殿の大司祭に就任した年
=アマルシン　4 年
mu en unug^ki-ga ba hun　　　　ウルクの大祭司が就任した年

=アマルシン 5 年
mu en ᵈinanna ba hun　　　　イナンナの大祭司が就任した年
=アマルシン 5 年
mu en unu₆-gal ᵈinanna ba hun　　イナンナの大広場の大祭司が就任した年
=アマルシン 5 年
mu hu-uh-nu-riᵏⁱ ba hul　　　　フウヌリが破壊された年
=アマルシン 7 年
mu en-nun-ne₂ ᵈamar-ᵈEN-ZU-ra ki-aga₂ en eriduᵏⁱ ba hun
　　　　　　アマル・シンを愛するエンヌンネがエリドゥの大祭司に就任した年
=アマルシン 8 年
mu en-ᵈnanna kar-zi-da ba hun　　カルジダのナンナの大祭司が就任した年
=アマルシン 9 年
mu en ᵈnanna ᵈamar-ᵈsu₂-ena-ra an-e ki-aga₂ ba hun
=アマルシン 9 年　　　　アマルシンを愛したナンナの大司祭が就任した年
mu ᵈšu-ᵈsin lugal-e ma₂-ᵈen-ki-ka in dim₂
=シュシン 2 年　　　　シュシン王がエンキの船を作った年
mu ma₂ dara₃ ab-zu ba du₈　　「エンキのアイベックス羊」船が填隙された年
=シュシン 2 年
mu si-ma-num₂ᵏⁱ ba hul　　　　シマヌムが破壊された年
=シュシン 3 年
mu ᵈšu-ᵈsin lugal urimᵏⁱ-ma ke₄ bad₃ mar-tu mu-ri-iq ti-id-ni-im mu du₃
　　　　　ティドヌムを離す為アムルの壁をウル王シュシンが作った年
=シュシン 4 年
mu ᵈšu-ᵈsin lugal-e na-ru₂-a mah mu du₃　シュシン王が大境界石を作った年
=シュシン 5 年
mu ma-da za-ab-ša-liᵏⁱ ba hul　　ザブシャリ地方が破壊された年
=シュシン 7 年
mu ᵈšu-ᵈsin lugal urimᵏⁱ-ma ke₄ ma₂-gur₈-mah ᵈen-lil₂ ᵈnin-lil₂-ra mu ne dim₂
　　　　エンリル、ニンリルの為ウルの王シュシンが大マグール船を作った年
=シュシン 8 年

mu e₂ ᵈšara₂ umma^(ki) ba du₃　　ウンマのシャラ寺院が建てられた年
=シュシン 9 年
mu ᵈi-bi-ᵈsin lugal　　イビ・シンが王となった年
=イビシン 1 年
mu en ᵈinanna mas₂-e i₃-pa₃　　イナンナの大司祭が信託によって選ばれた年
=イビシン 2 年
mu ᵈi-bi₂-ᵈsin lugal-e si-mu-ru-um^(ki) mu hul
=イビシン 3 年　　イビ・シン王がシムルムを破壊し給うた年
mu en-mah-gal-an-na ᵈinanna　ba hun
=イビシン 4 年　　イナンナのエンマーガルアンナが就任した年
mu dumu-mi₂ lugal ensi₂ za-ab-ša-li^(ki) ba tuk
=イビシン 5 年　　王女がザバシャリの知事と結婚した年

古代メソポタミア年表→24頁
楔形文字一覧→58頁

VI 部首分類

252　VI　部首分類

四角型

giš 木

lugud₂ 短い
nigin₂ 取巻く
lagab 塊、一致する
kil, gil₂ 消す
rin, rim 花

gur 量単位

si, sig₉ 角（つの）

guruš 兵士、男
lama₂ 魂、守護神
kal < kalag 力強い

udu, lu 羊
dib, tib 掴む、越える

gigir 戦車

pu₂ 井戸

bugin 泉、沼

ga₂ 家、私
pisan 容器

ur 犬
teš₂ 性

e 話す

dur₂ 尻、本部
tuš 座る（pl. durun）

ku 投げる
tug₂ 織物、衣装
zi₃ < zid₂ 粉
še₃ ～にまで
tuk₂ 持つ

kisal 寺院前庭

gan₂ 土地

lil₂ 呼吸する、風
ki₄, ke₄ < kit

ig 扉
gal₂ ある

gug₂ 芳香植物
lu₃ 暗い、濁る

šu 手

VI 部首分類

ur₃	屋根、消す	
	= GA₂ x NIR	
u₂	草	
šam, ba₆		
kuš₃	長さ単位約50 cm	
dagal	大きい	
ama	= GA₂ x AN 母	
engur	太洋	
zikum	天空	
nammu	神名	
e₂	家、神殿	
gazi	甘草エキス	
sila₄	小羊	
iti, itu	月（month）	
sukkal	大臣、使者	
šara₂	神名	
ru	投げる	
šub	転倒する、分ける	
ak, ag	なす、〜の	

mir, mer	怒り荒れる	
aga	冠	
esir₂	アスファルト	
ma₂	船	
ma	土地	
za₃ < zag	肋骨、焼印	
ku₄(r)	入る	
tu(r)	病の	
diri(g)	付加する	
iš	イシュタル神	
sahar	土、塵	
gin₂	重さ単位	
	1 mana=60 gin₂=500g	
du₅ < tun₃	斧、容器	
eb, ib	内部の	
gug	毎月の奉納、烙印	
sig₂	羊毛	
dar, tar₂	分割する	

254　VI　部首分類

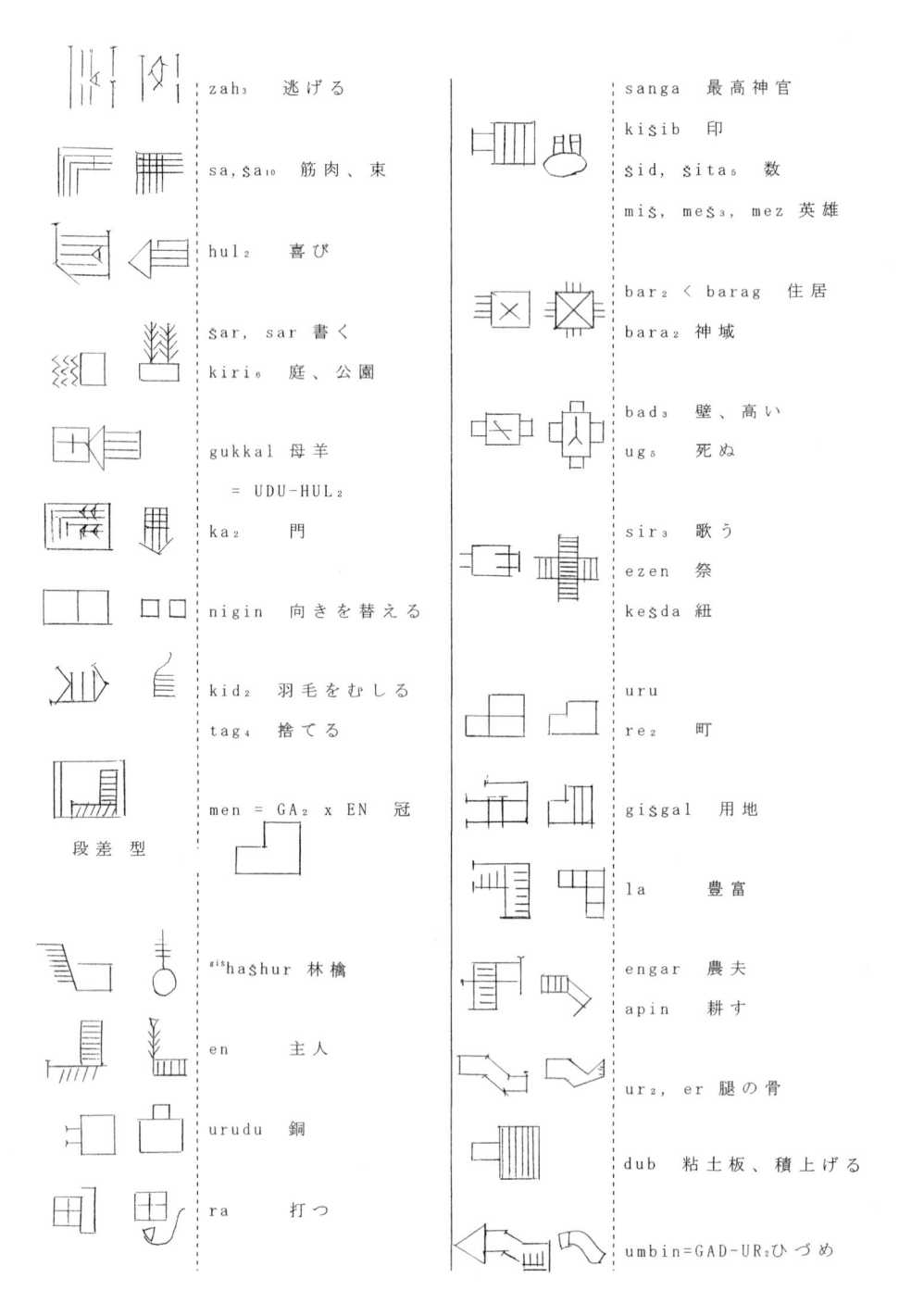

zaḫ₃　逃げる

sa, ša₁₀　筋肉、束

ḫul₂　喜び

sar, sar　書く
kiri₆　庭、公園

gukkal　母羊
　　= UDU-ḪUL₂

ka₂　門

nigin　向きを替える

kid₂　羽毛をむしる
tag₄　捨てる

men = GA₂ × EN　冠

段差型

ᵍⁱˢḫašḫur　林檎

en　主人

urudu　銅

ra　打つ

sanga　最高神官
kišib　印
šid, šita₅　数
miš, meš₃, mez　英雄

bar₂ < barag　住居
bara₂　神域

bad₃　壁、高い
ug₅　死ぬ

sir₃　歌う
ezen　祭
kešda　紐

uru
re₂　町

gišgal　用地

la　豊富

engar　農夫
apin　耕す

ur₂, er　腿の骨

dub　粘土板、積上げる

umbin=GAD-UR₂ ひづめ

VI 部首分類

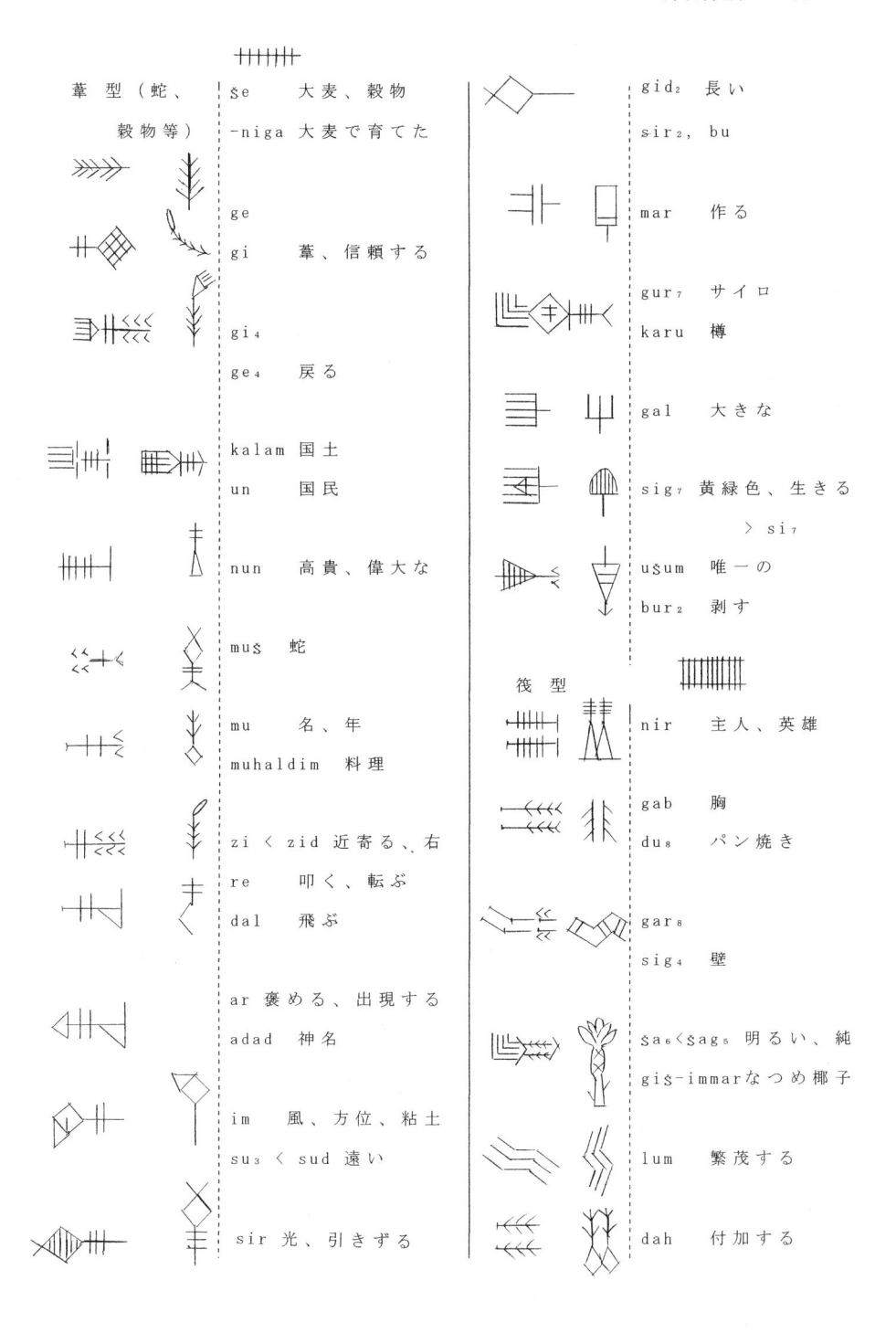

葦型（蛇、穀物等）

še	大麦、穀物
-niga	大麦で育てた
ge	
gi	葦、信頼する
gi₄	
ge₄	戻る
kalam	国土
un	国民
nun	高貴、偉大な
muš	蛇
mu	名、年
muhaldim	料理
zi < zid	近寄る、右
re	叩く、転ぶ
dal	飛ぶ
ar	褒める、出現する
adad	神名
im	風、方位、粘土
su₃ < sud	遠い
sir	光、引きずる

gid₂	長い
sir₂, bu	
mar	作る
gur₇	サイロ
karu	樽
gal	大きな
sig₇	黄緑色、生きる > si₇
ušum	唯一の
bur₂	剥す

筏型

nir	主人、英雄
gab	胸
du₈	パン焼き
gar₈	
sig₄	壁
ša₆ < šag₅	明るい、純
giš-immar	なつめ椰子
lum	繁茂する
dah	付加する

256 VI 部首分類

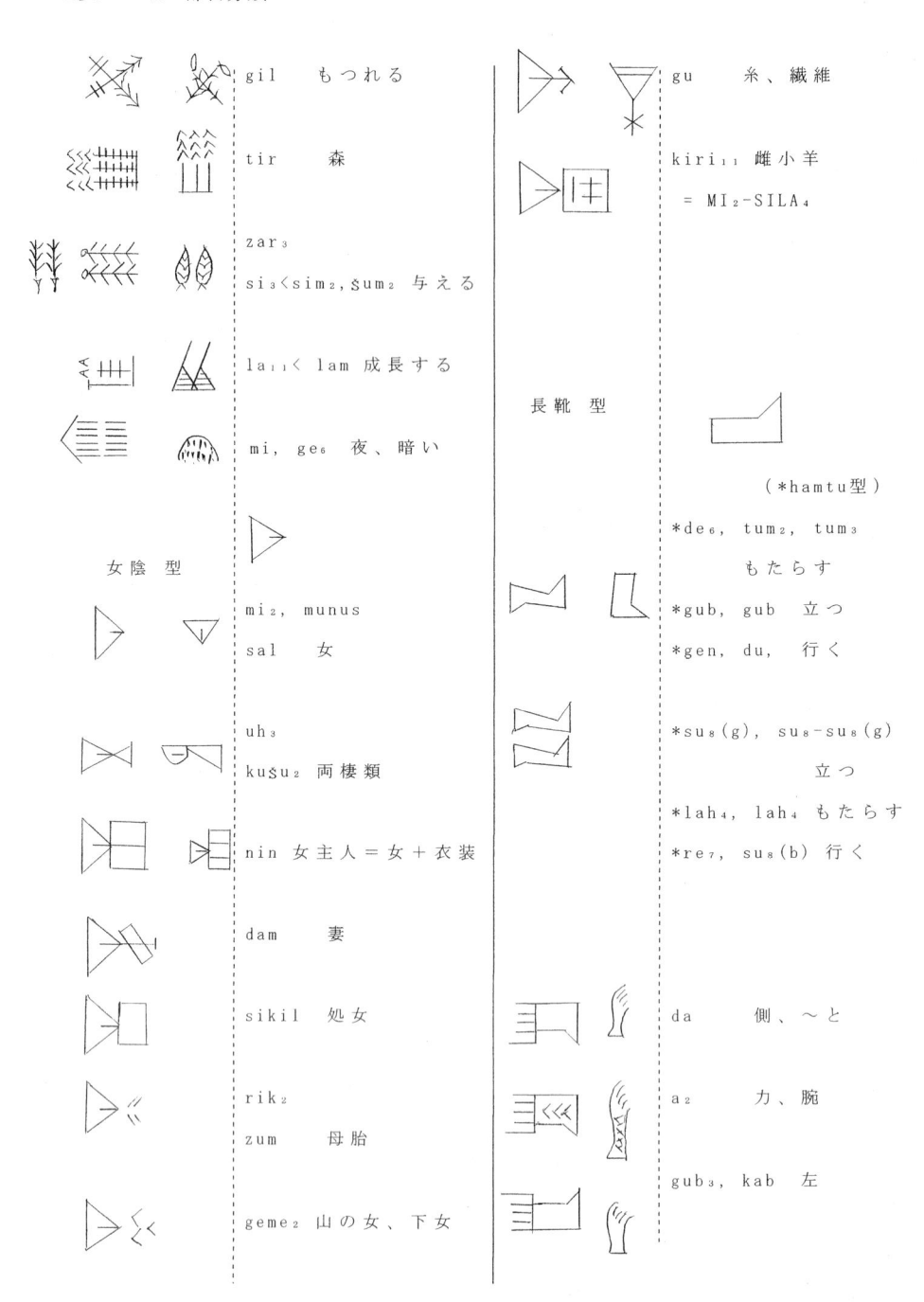

	gil	もつれる
	tir	森
	zar₃	
	si₃<sim₂, šum₂	与える
	la₁₁< lam	成長する
	mi, ge₆	夜、暗い

女陰型

	mi₂, munus sal	女
	uh₃ kušu₂	両棲類
	nin	女主人＝女＋衣装
	dam	妻
	sikil	処女
	rik₂ zum	母胎
	geme₂	山の女、下女

	gu	糸、繊維
	kiri₁₁	雌小羊 = MI₂-SILA₄

長靴型

(*ḫamṭu型)

*de₆, tum₂, tum₃ もたらす
*gub, gub 立つ
*gen, du, 行く
*su₈(g), su₈-su₈(g) 立つ
*laḫ₄, laḫ₄ もたらす
*re₇, su₈(b) 行く

	da	側、〜と
	a₂	力、腕
	gub₃, kab	左

VI 部首分類 257

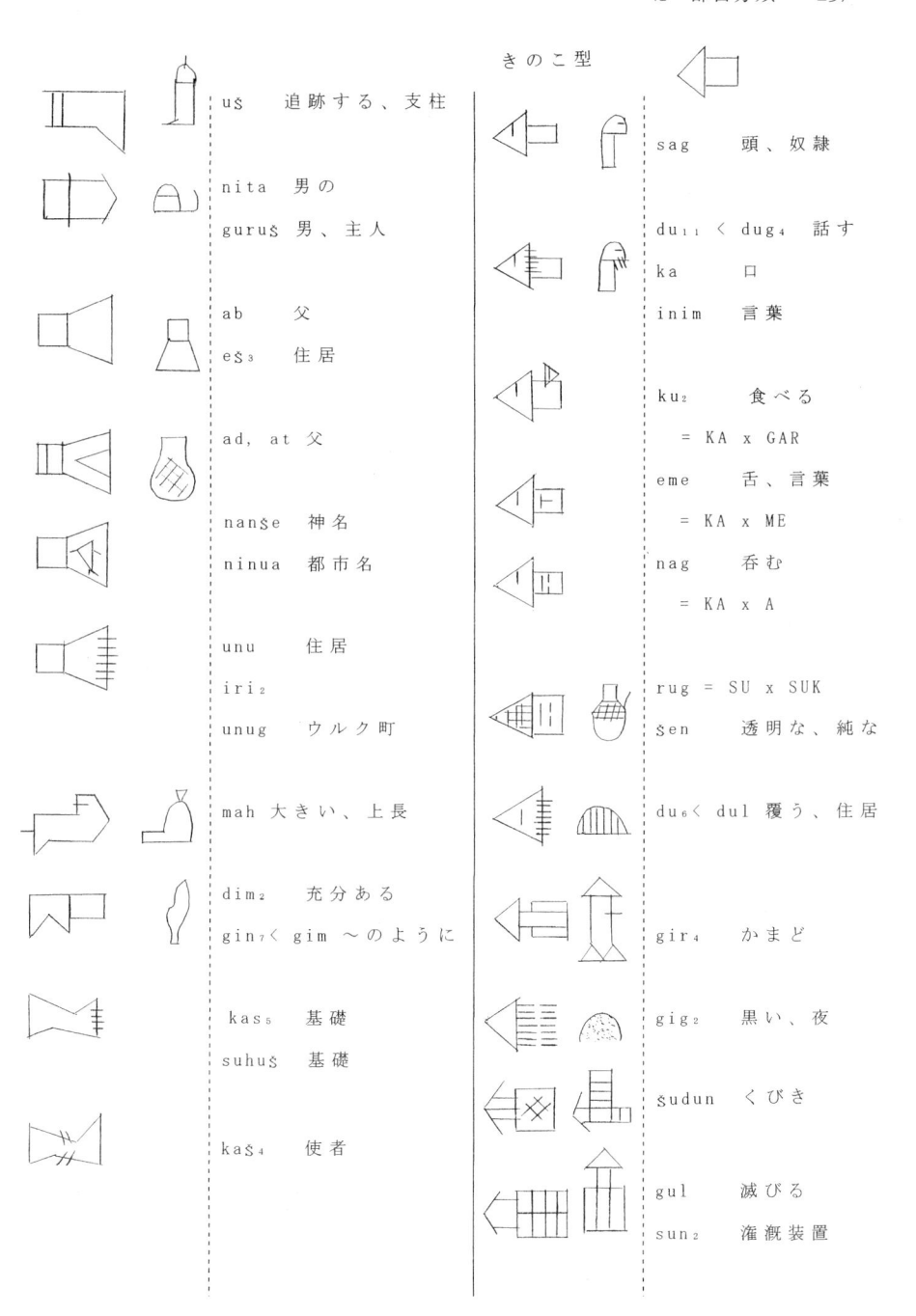

きのこ型

	uš	追跡する、支柱
	sag	頭、奴隷
	nita guruš	男の 男、主人
	du₁₁ < dug₄ ka	話す 口
	ab eš₃	父 住居
	inim	言葉
	ad, at	父
	ku₂	食べる
		= KA x GAR
	nanše	神名
	eme	舌、言葉
		= KA x ME
	ninua	都市名
	nag	呑む
		= KA x A
	unu iri₂	住居
	unug	ウルク町
	rug = SU x SUK šen	透明な、純な
	mah	大きい、上長
	du₆ < dul	覆う、住居
	dim₂ gin₇ < gim	充分ある 〜のように
	gir₄	かまど
		gig₂	黒い、夜
	kas₅ suhuš	基礎 基礎
	šudun	くびき
	kaš₄	使者
	gul sun₂	滅びる 潅漑装置

VI 部首分類

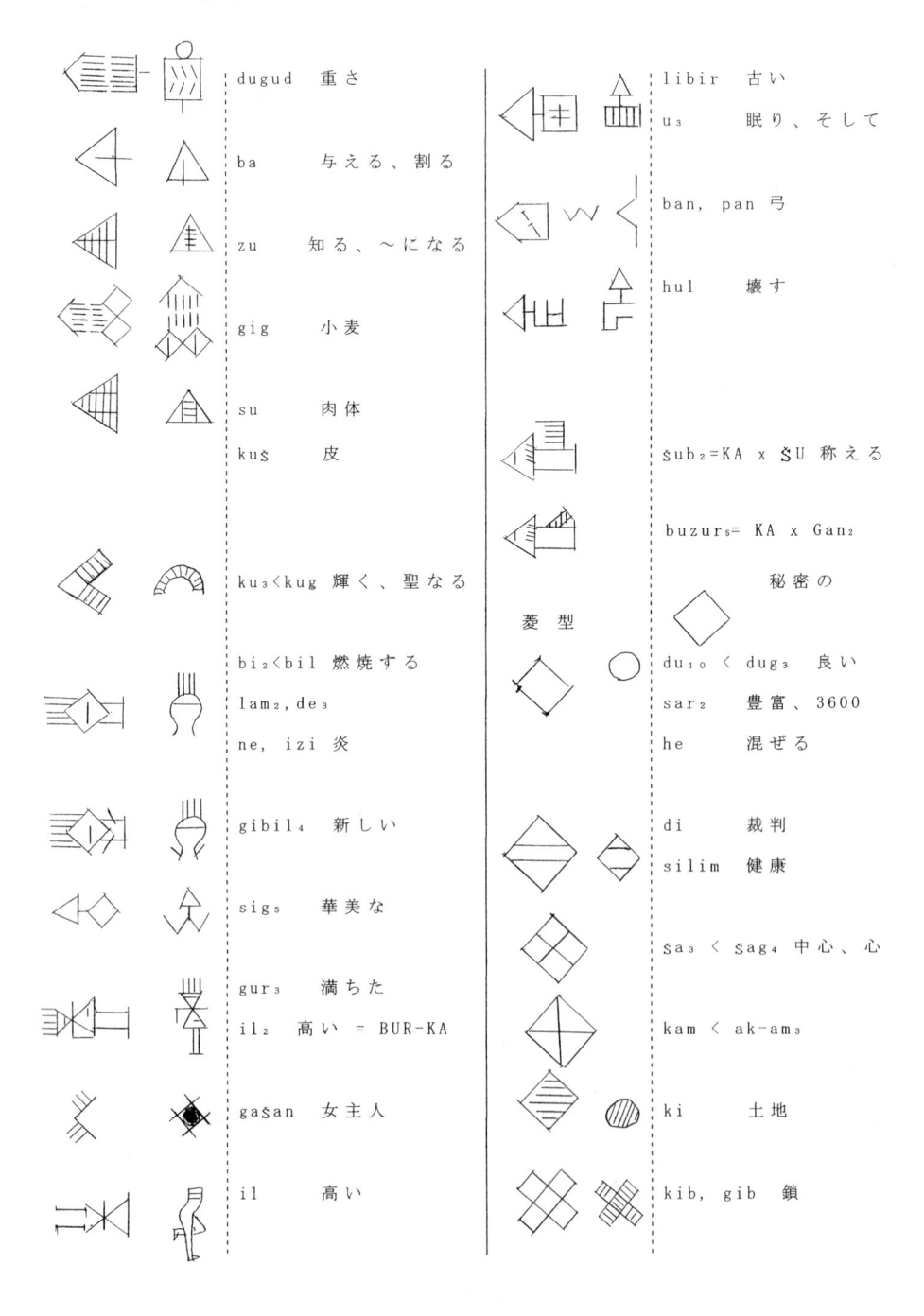

	dugud	重さ
	ba	与える、割る
	zu	知る、〜になる
	gig	小麦
	su	肉体
	kuš	皮
	ku₃<kug	輝く、聖なる
	bi₂<bil	燃焼する
	lam₂, de₃	
	ne, izi	炎
	gibil₄	新しい
	sig₅	華美な
	gur₃	満ちた
	il₂	高い = BUR-KA
	gašan	女主人
	il	高い

	libir	古い
	u₃	眠り、そして
	ban, pan	弓
	hul	壊す
	šub₂=KA x ŠU	称える
	buzur₅= KA x Gan₂	秘密の

菱型

	du₁₀ < dug₃	良い
	sar₂	豊富、3600
	he	混ぜる
	di	裁判
	silim	健康
	ša₃ < šag₄	中心、心
	kam < ak-am₃	
	ki	土地
	kib, gib	鎖

VI 部首分類 259

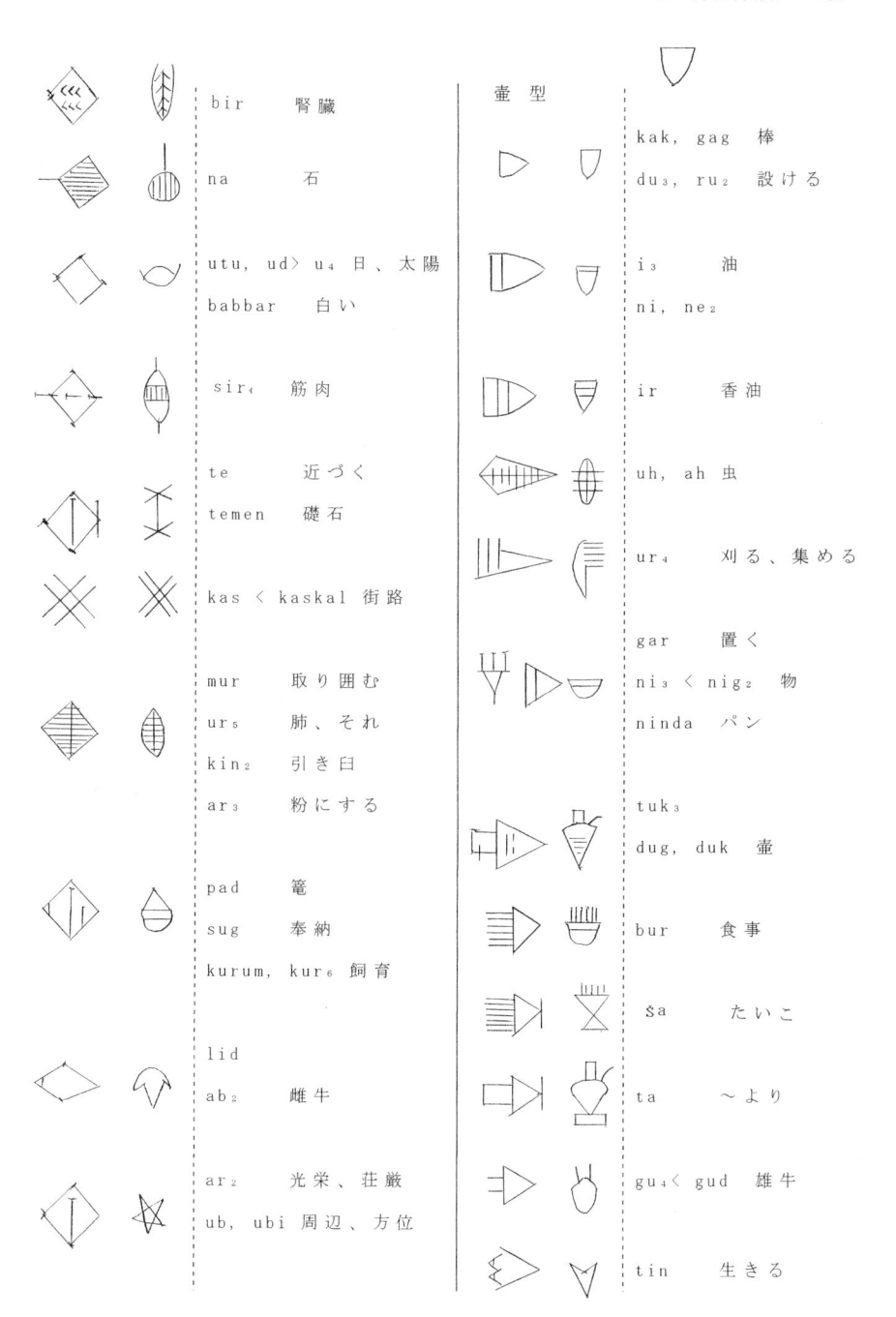

		bir	腎臓
		na	石
		utu, ud > u₄	日、太陽
		babbar	白い
		sir₄	筋肉
		te	近づく
		temen	礎石
		kas < kaskal	街路
		mur	取り囲む
		ur₅	肺、それ
		kin₂	引き臼
		ar₃	粉にする
		pad	篭
		sug	奉納
		kurum, kur₆	飼育
		lid	
		ab₂	雌牛
		ar₂	光栄、荘厳
		ub, ubi	周辺、方位

	壷型		
		kak, gag	棒
		du₃, ru₂	設ける
		i₃	油
		ni, ne₂	
		ir	香油
		uh, ah	虫
		ur₄	刈る、集める
		gar	置く
		ni₃ < nig₂	物
		ninda	パン
		tuk₃	
		dug, duk	壷
		bur	食事
		sa	たいこ
		ta	〜より
		gu₄ < gud	雄牛
		tin	生きる

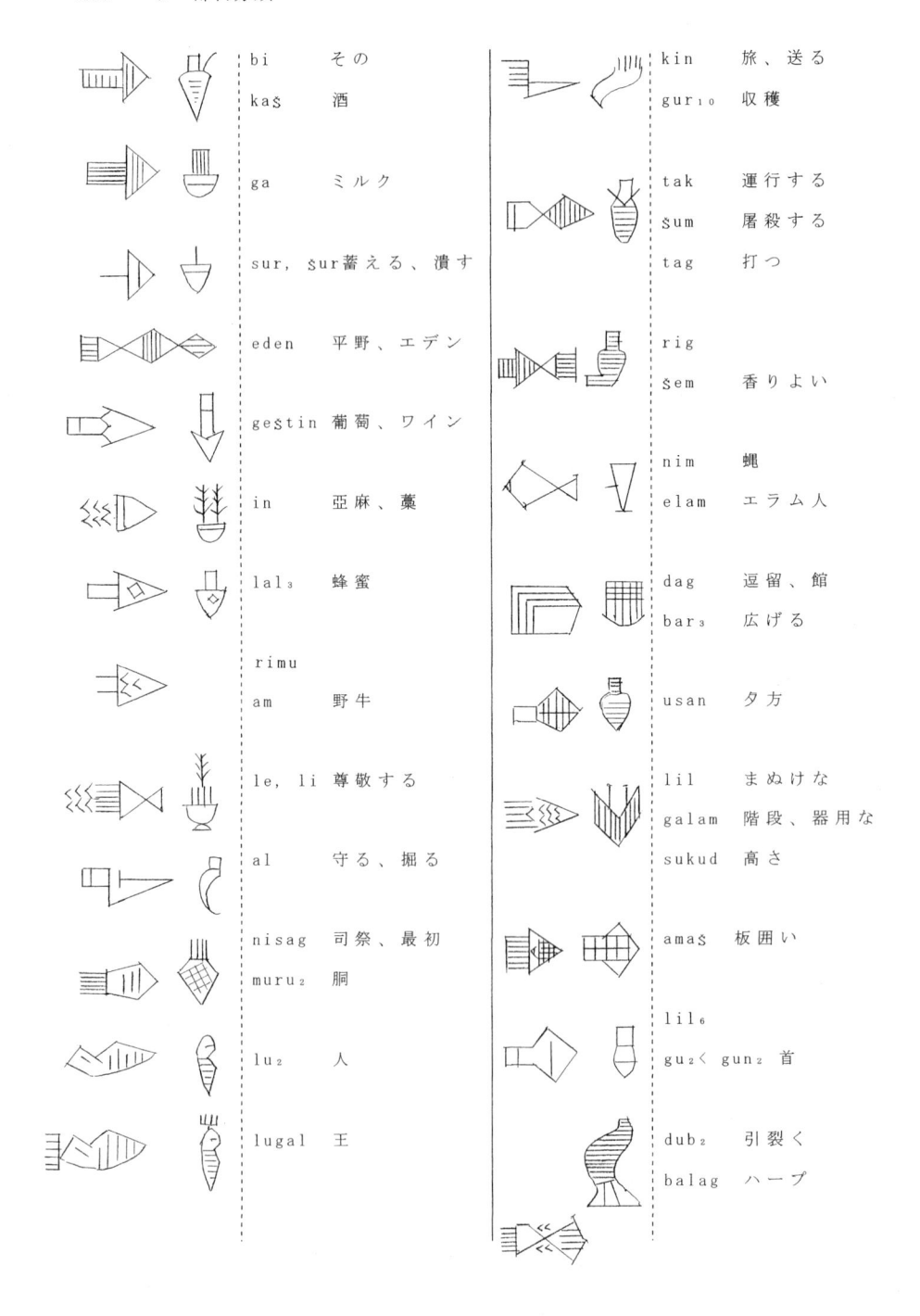

bi	その
kaš	酒
ga	ミルク
sur, šur	蓄える、潰す
eden	平野、エデン
geštin	葡萄、ワイン
in	亞麻、藁
lal₃	蜂蜜
rimu	
am	野牛
le, li	尊敬する
al	守る、掘る
nisag	司祭、最初
muru₂	胴
lu₂	人
lugal	王

kin	旅、送る
gur₁₀	収穫
tak	運行する
šum	屠殺する
tag	打つ
rig	
šem	香りよい
nim	蠅
elam	エラム人
dag	逗留、館
bar₃	広げる
usan	夕方
lil	まぬけな
galam	階段、器用な
sukud	高さ
amaš	板囲い
lil₆	
gu₂く gun₂	首
dub₂	引裂く
balag	ハープ

VI 部首分類 261

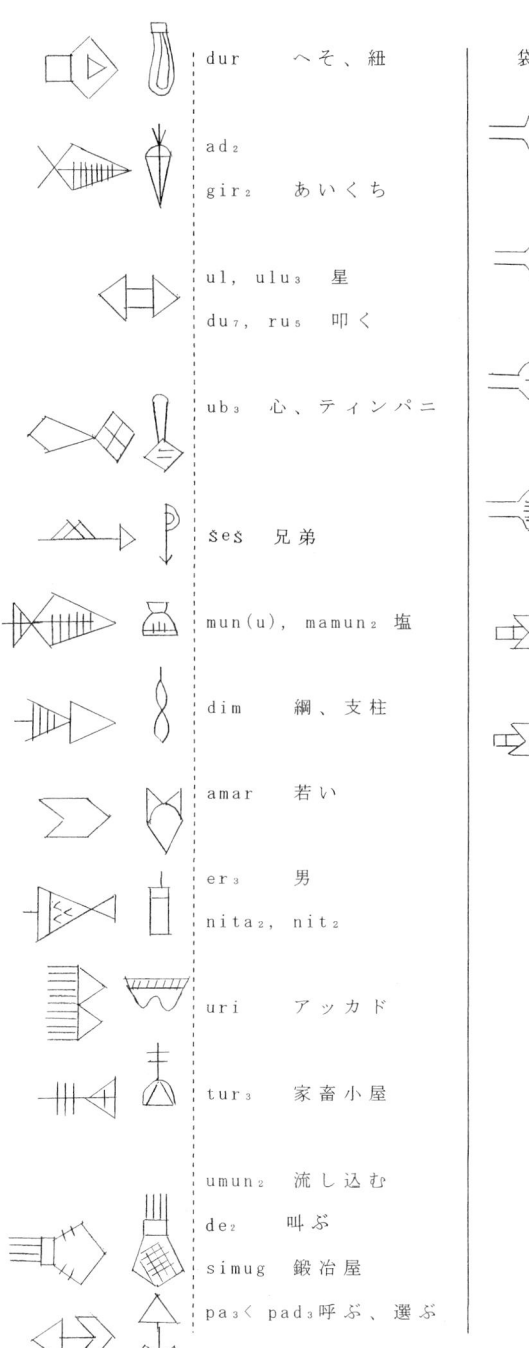

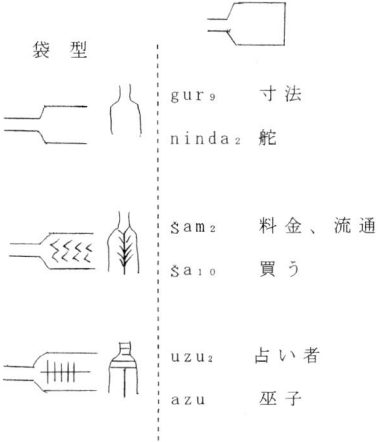

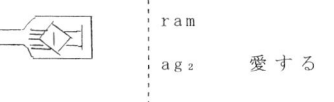

dur へそ、紐
ad₂
gir₂ あいくち
ul, ulu₃ 星
du₇, ru₅ 叩く
ub₃ 心、ティンパニ
šeš 兄弟
mun(u), mamun₂ 塩
dim 綱、支柱
amar 若い
er₃ 男
nita₂, nit₂
uri アッカド
tur₃ 家畜小屋
umun₂ 流し込む
de₂ 叫ぶ
simug 鍛冶屋
pa₃ < pad₃ 呼ぶ、選ぶ

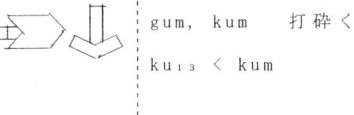

袋型
gur₉ 寸法
ninda₂ 舵
šam₂ 料金、流通
ša₁₀ 買う
uzu₂ 占い者
azu 巫子
ram
ag₂ 愛する
gum, kum 打砕く
ku₁₃ < kum
gaz 殺す

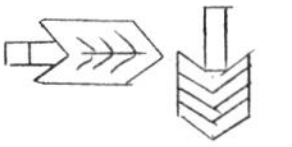

VI 部首分類

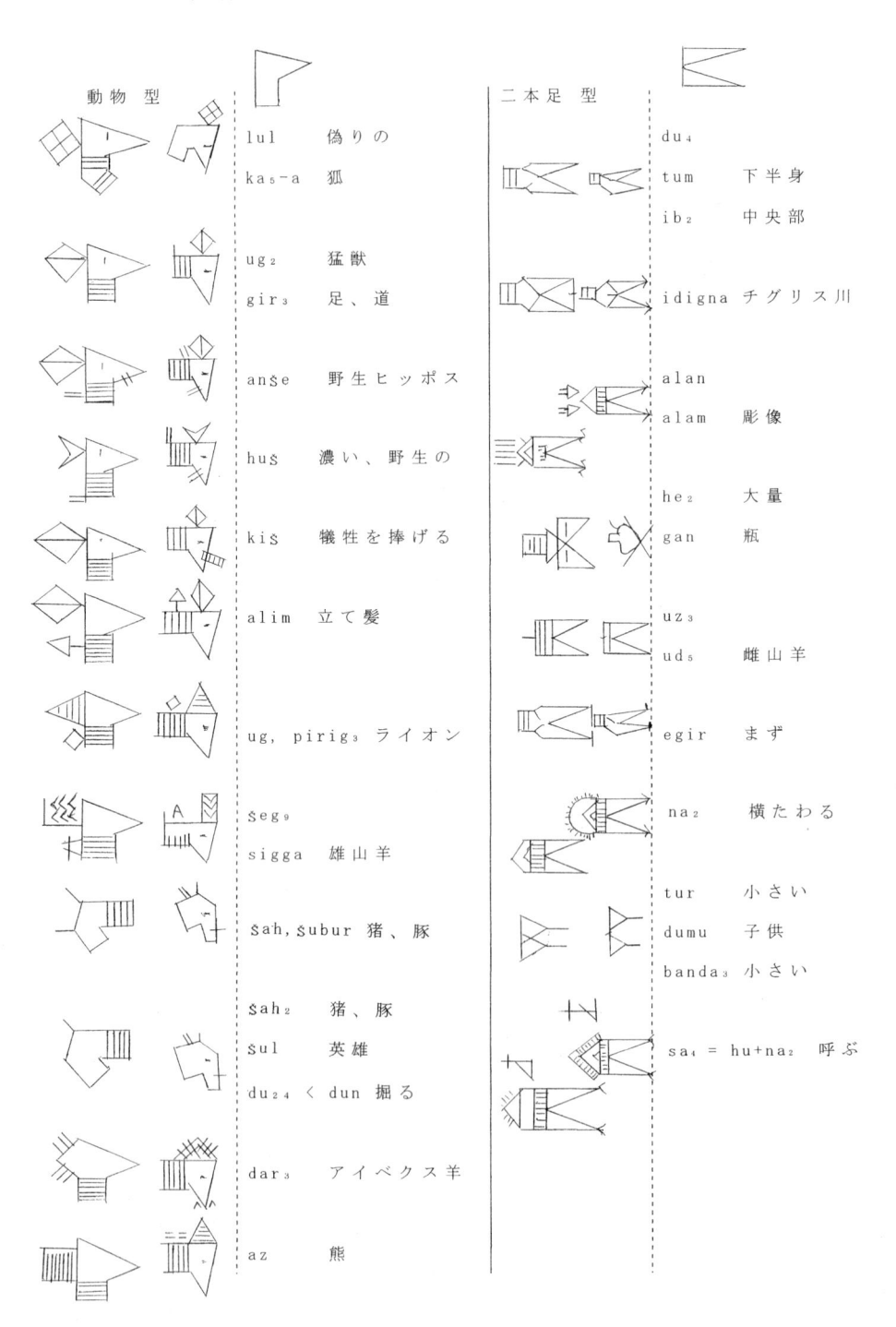

動物型

lul 偽りの
kaš-a 狐

ug₂ 猛獣
gir₃ 足、道

anše 野生ヒッポス

huš 濃い、野生の

kiš 犠牲を捧げる

alim 立て髪

ug, pirig₃ ライオン

šeg₉
sigga 雄山羊

šah, šubur 猪、豚

šah₂ 猪、豚
šul 英雄
du₂₄ くdun 掘る

dar₃ アイベクス羊

az 熊

二本足型

du₄
tum 下半身
ib₂ 中央部

idigna チグリス川

alan
alam 彫像

he₂ 大量

gan 瓶

uz₃
ud₅ 雌山羊

egir まず

na₂ 横たわる

tur 小さい
dumu 子供
banda₃ 小さい

sa₄ = hu+na₂ 呼ぶ

VI 部首分類 263

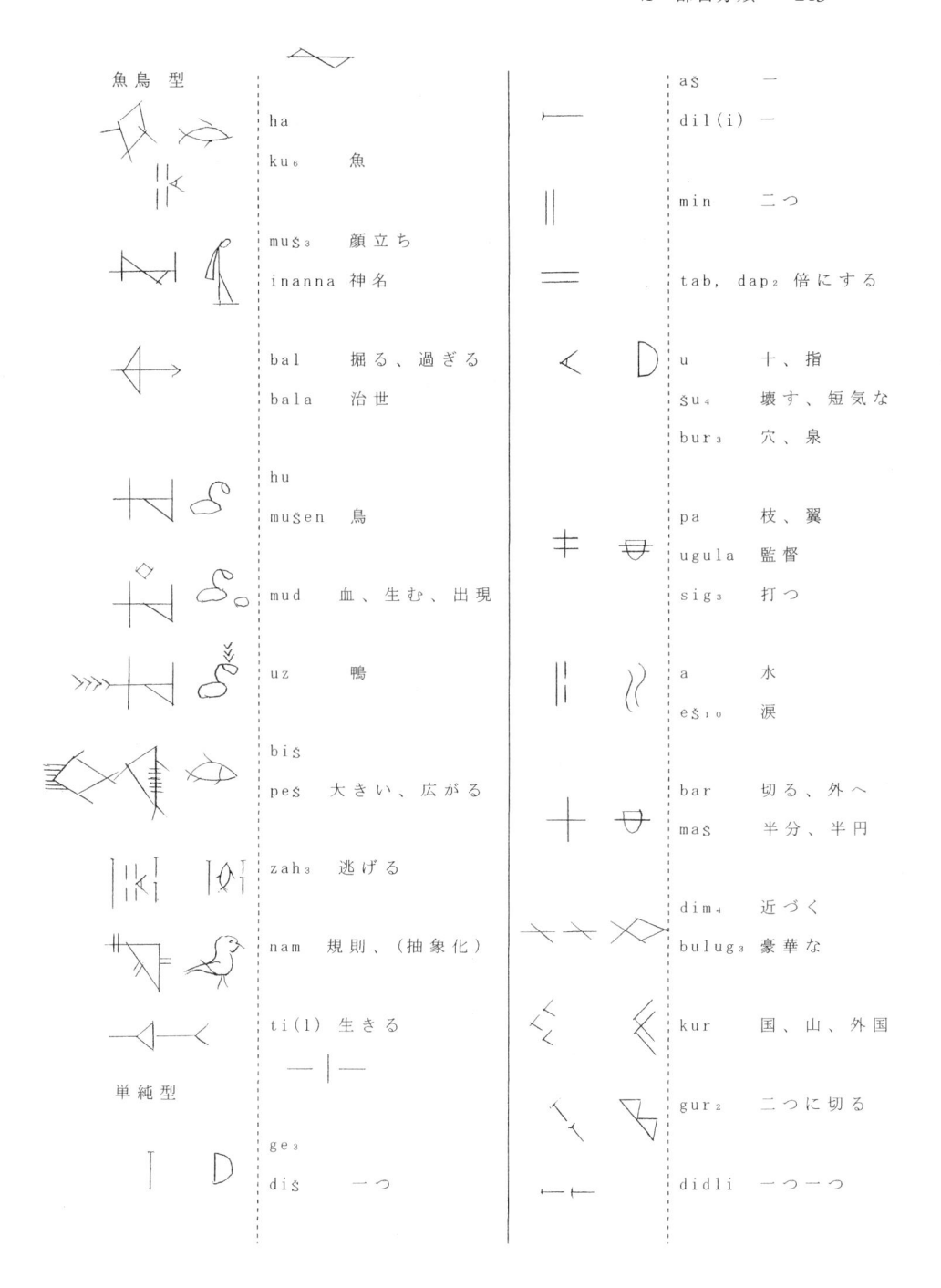

魚鳥型

ha
ku₆ 魚

muš₃ 顔立ち
inanna 神名

bal 掘る、過ぎる
bala 治世

hu
mušen 鳥

mud 血、生む、出現

uz 鴨

biš
peš 大きい、広がる

zah₃ 逃げる

nam 規則、(抽象化)

ti(l) 生きる

単純型

ge₃
diš 一つ

aš 一
dil(i) 一

min 二つ

tab, dap₂ 倍にする

u 十、指
šu₄ 壊す、短気な
bur₃ 穴、泉

pa 枝、翼
ugula 監督
sig₃ 打つ

a 水
eš₁₀ 涙

bar 切る、外へ
maš 半分、半円

dim₄ 近づく
bulug₃ 豪華な

kur 国、山、外国

gur₂ 二つに切る

didli 一つ一つ

264 VI 部首分類

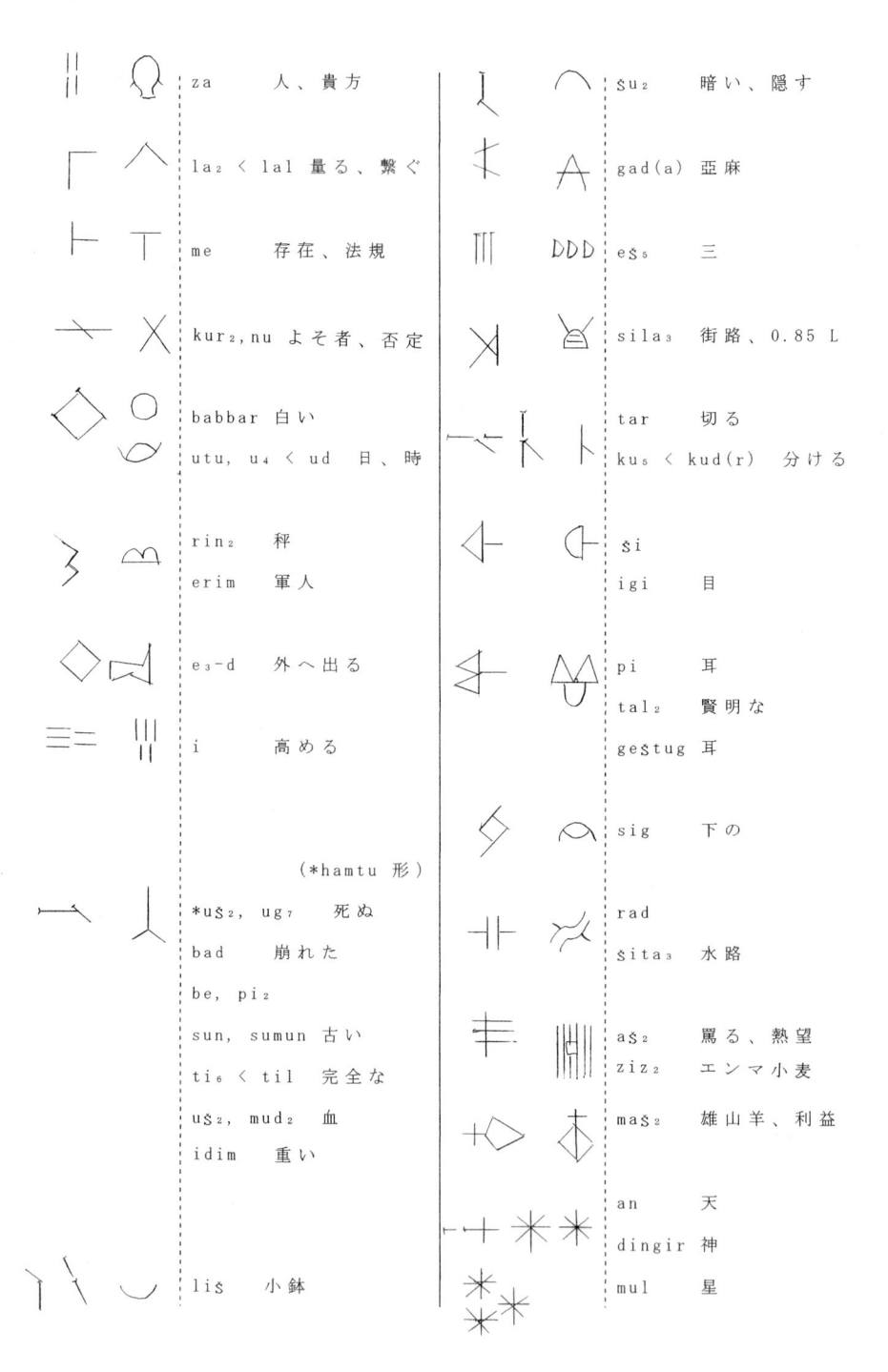

za	人、貴方
la₂ < lal	量る、繋ぐ
me	存在、法規
kur₂, nu	よそ者、否定
babbar	白い
utu, u₄ < ud	日、時
rin₂	秤
erim	軍人
e₃-d	外へ出る
i	高める

(*ḫamṭu 形)

*uš₂, ug₇	死ぬ
bad	崩れた
be, pi₂	
sun, sumun	古い
ti₆ < til	完全な
uš₂, mud₂	血
idim	重い
liš	小鉢

šu₂	暗い、隠す
gad(a)	亞麻
eš₅	三
sila₃	街路、0.85 L
tar	切る
ku₅ < kud(r)	分ける
ši	
igi	目
pi	耳
tal₂	賢明な
geštug	耳
sig	下の
rad	
šita₃	水路
aš₂	罵る、熱望
ziz₂	エンマ小麦
maš₂	雄山羊、利益
an	天
dingir	神
mul	星

VII グロッサリー

A A₂

a		水、(所格)〜において (人称代名詞)私に (関係代名詞)所の
a-a		父
a-ab-ba		海
a-ba		誰？ 誰でも
a-bala		水を回す
a-da-al		今
a-da gub-ba		水仕事に配置される
a-da-min		出かけさせる
a-da-min₂ 〜 a		完成する
a 〜 de₂		水を注ぐ
a-e₃-a		ふくろう
a-ga-am		沼地
a-ga₃-us₂		長官（近衛兵）
a-gu₅-a ga₂-ga₂ = a-gu₃-(a) g		支払請求する
A-IGI = er₂		涙（目の水）
a-la		力
a-lum		記載された羊、血統羊
a-na		何？
a-na-am₃		それは何？
a-na-aš		なぜ？
a-na-aš-am		なぜ？
a-na-gin₇		どのように
a-na-me-a bi		その全てで
a-ne		彼
-a-ni		彼の
a-nir		喪に服する、悲嘆
a-ra₂		時間
a 〜 ru		捧げる
a-ri-a		未開墾地
a-ru-a		誓いの為の奉献
a-ša₃		土地、畑
a-tu = sagi		酌取り人
a-tu₅-a		清めの式、お祓い
a-u₅		高潮
a-zu = uzu		医者
a₂		力、腕、賃金
a₂-am = a-am		野牛の角
a₂ 〜 ag₂		指図する
a₂-ag₂-ga₂		伝言、情報
a₂-aš₂		欲望
a₂-dam		生物
a₂ 〜 dar		捕まえる
a₂ dara₄ = a dara₄		イベックス羊の角
a₂-dub₂ 〜 ak		向かって飛ぶ
a₂-ga₂-la₂		水筒
a₂ 〜 gar		抵抗する
a₂-ge₆-ba-a = a₂-gi₆-ba-a		夜に
a₂-gir-gub		旅費
a₂ 〜 gur		腕を曲げる
a₂-kal = ussu₃		力
a₂ lu₂-hun-ga₂		雇人の仕事、給料
a₂-šag₃		病気
a₂ 〜 sud(r)		手を広げる
a₂-u₄-da		昼間に
a₂-u₄-ta-na		一日の涼しい時に
a₂-u₄-te-na		日が消える頃、夕方
a₂ zi-da		正義
a₂ zid-da		右側
a₅ = ak		なす
ab = eš₃		窓、家、父
ab(-ba)		父
ab-sin₂ < absinnu		(akkad) 溝
ab-zu apsu		大洋、地下水
ab₂= lid		雌牛
ab₂-babbar		白牛
ab₂-kiri		若牛
AB₂-KU		雌牛の世話人
ab₂ mar-tu si₄-a		アモリ育ち赤褐色牛
ab₂ mu-3		三年の牛
ab₂-ša₃		怒り
abgal = NUN-GAL		< apkallu 賢人
ablal = LAGAB x A-LAL		燕巣
ad		父、ひまし油、筏
ad-ak		筏を作る

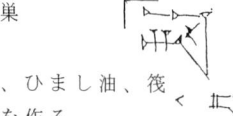

VII　グロッサリー　267

ad-du	トレモロ	amar kiri-ga	乳を飲む子牛
ad ～ gi₄	相談する	amar lulim-mi₂-ga	乳を飲む赤い若い雌鹿
ad-kid < addupu	(akkad) 篭屋	amar lulim- nita-(IR₁₁) -ga	乳を飲む赤い若い雄鹿
ad ～ ša₄	嘆く	amar maš-da₅-nita₂	若い雄のガゼル
ad₂ = gir₃	あいくち	amar seg₉-ba-nita₂-ga	乳を飲む雄の若い野羊
ad₃	体	amaš	板囲い
ad₆	身体、死体	amber = suk	池
adab = UD-NUN^KI	アダブの町	an	アン神、天
adda ₓ = UDU x UŠ₂	死体	an-aš-an	街
ag = ak	する、なす	an-ba	ごみ、がらくた
ag₂	命ずる、愛する、割当	an-bar	鉄
agi, agu = DUN₃	冠	an-bar₇	日中
agrig = IGI-DUB	会計士	an-dul₃	遮蔽物
ah	昆虫	an-hul₂	喜ぶ
ak = ag	作る、～の	an-ki a	天地で
aka₂ = ag₂	勘定	an-na	しろめ合金
al	掘る、守る	an-ti-ri₂-gu	キクイタダキ鳥
al	鋤、鍬、鶴嘴 giš-	an-ub-da	周辺世界
al-	(接頭辞)	an-za-am	瓶
al ～ dug₄	要求する	anše	驢馬、ヒッポス
al-tar	権力者	anše-edin-na-mi₂	雌のオナガー
al-lul	蟹	anše-kur-ra	馬
alal	パイプ、受取人く	anzu^mušen=IM-DUGUD	アンズー鳥
alam = alan	彫像	apin	耕す、鋤
alan	身体	ar	ほめる
alim = elim	たてがみ、バイソン	ar-za-na	大麦の粗引き
am = mah₃	野牛	ar₂ = ub	光栄、荘厳
am-si	象	ara₃ = hur	砕く、粉にする
am₂ = ag₂	愛する	ara₄ = UD-DU	輝く
-am₃	それは～である	ari = uri	荒らす
ama = GA₂ x AN	母	aš	一
ama-a-tu	再婚した母の連れ子	aš₂	要望する、罵る
ama nu-tuk	孤児	aš₂ ～ mu₂	呪う
ama₅	胎、憐れみ	aš₂-gar₃ = zeh	雌の子山羊 mi₂-
amar	若い動物	aš₃	六 < ia₂ + aš
amar az	若熊	az	熊
amar dur₃-ga	乳を飲む子驢馬		
amar-gi	自由		
amar gu₄-ga	乳を飲む若牛		
amar gu₄ mu-1	生後一年の若牛		

B

ba-	（接頭辞）	bar₆-bar₆ ＞	白い、輝く
ba	与える	babbar = bar₉	
ba-al	穴を掘る、空荷の	bara = bar	半分
ba-an-za	心身障害者	bara₂ = bar₂	袋　　　　「所
ba-ra	決して〜ない	barag	演壇、講演者、至聖
ba-ug₇	死ぬ、殺される	= bara₄ = bar₂	住居、住む
ba-za	不具者	barig	6 ban₂, 1/5 gur
babbar	白い	b = bi = be₂ = kaš	その
bad = be	死ぬ、統治する	-bi-da	それと、そして
bad₃ = ug₅	壁	bi-iz	降る、落ちる
bad₃-si	欄干、てすり	bi₂ = ne	（接頭辞）
bad-r	除く	bi₂-za-za	蛙
bahar₃	土	bi₃ = geštu	耳
bal	過ぎ去る、越える	bi₃-lu₅-da ＜ bi-lu-da	（akkad）典礼
	交差する、反逆する	bi₄ = be	統治する
	弓矢	bi₅ = gibil	新しくする
bal (a)	仕事の順番、治世	bi₇ ＝ bid₃	垂れ流す
bala	の間に、分け前、紡錘	bid₃ = tuš	肛門
	（穀物を）投込む	bil	燃やす
balag	竪琴	bil₂ = gibil	新しい
ban = pan	弓	bil₂	薪　　　giš-
banda₂ = ban₂	6シラ、約5リットル	bil₂	火の神 ᵈgiš-
banda₃	小さい、若い	bil₃ = giš+bil₂	薪
bappir	ビールパン	bir	散らす
bar	開く、分ける、外へ	bir₂ = ud	日
bar	半分	bir₃	軛を繋ぐ
bar 〜 -ak	選ぶ	bir₄ ＝ edin	原
bar 〜 ak-eše	〜のため	bir₅ = nam	（抽象名詞化）
bar 〜 dab₅	逃げる	bir₅-re₂ = nam-uru	ばった
bar-gal₂	毛を抜いてない羊	bir₇ = peš₄	妊娠している
bar 〜 ka	〜の代わり	bu = gid₂	長い、乾かす、擦る
bar-la₂	盥	bu₃ ＝ bum = sud₄	祈る
bar 〜 tab₅	外へ逃げる	bu₅ ＝ bul = ninna₂	ふくろう
bar 〜 tam	選ぶ	bu₇ = bi₇	排出する
bar-tam 〜 ak	選ぶ	bugin	泉、沼
bar₂ ＜ barag	神域、住居、住む	bul	息する、冷笑する、
bar₂-ru-a	チャペル		震える
bar₃ = dag	やかた	bulug	孫
bar₄ = za₂	石	bulug₃ = dim₄	取る
		buluh	急ぐ

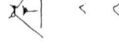

VII グローサリー　269

bur	鉢、食事		
bur₂ = bul₂ = uṣum	緩める、夢を解く、剥がす		
bur₃ = u = šu₄	穴、泉、掘る		
bur₃	面積 18 イク、6300 平方米		
buranun=ud-kib-nun	ユーフラテス河、シッパル町		
buru = bur	食事		
buru₂ = bur₂	無効とする、緩める		
buru₃ = bur₃ = u	十、18 イク		
buru₄ = šir-bur	烏(カラス)		
buru₅^mušen	烏(カラス)		
buru₆ = kisal	広場		
buru₃ = hal	嘔吐する		
buru₁₀= bul = ninna₂	フクロウ		
buru₁₃= bulug₃	巨大な		
buru₁₄= buruₓ	収穫		
buzur = u	秘密の、十		
buzur₂ = man	秘密の		
buzur₄ = šub-ša = KA x ŠU- ša	秘密の		
buzur₅ =KA x GAN₂	秘密		

D

da	側で、共に
da-dag < dag₂ = ud	清める、輝く
da-ga	組織
da-la-tum	扉
da-re < di	判決
da-re₂ eš₂	永遠に　re₂ = uru
-da-～ zu	から学ぶ
dab₅ = dib₂	受取る、掴む、取る
dabin	大麦粉
dabin-lugal	最高級の大麦粉
dag	走る、屋敷
dag₂ = ud	清める
dadag < dag₂	清める、輝く
dagal	広くする、幅
dah	加える、助ける
dal = re	占領する、飛ぶ
dal-ba-na	谷あい
dalla ～ e₃	現れる、輝く
dam	妻、伴侶
dam-gar₃ <tamkaru	商人　lu₂-
dam-ha-ra<tamharu	(akkad)戦争
dam-še　tuk	めとる、結婚する
dam-sukkal-mah	首相夫人
dam-tuk	めとる
dam-tag₄	離婚する
dam₂	乾いた
dangal = dagal	広い、広くする
danna = kaskal-gid₂	二時間又はその間に行く距離
dap₂ = tab	倍にする、浄化する
dar = tar₂	分ける
dar₂ = IB	女神ウラシュ
dar₃ = dara₃	イベックス羊
dar₄ = ua₃	赤い
dari	永遠の
dara₃ = dar₃	イベックス羊
dara₃ mi₂	雌のイベックス羊

270　Ⅶ　グロッサリー

de₂ = umun₂	注ぐ、叫ぶ gu₃ ～ de₂	du₆-ku	聖なる岡
de₃	熱、興奮する	du₇	突倒す、適している
-de₃	(動詞の不定詞化)	du₇-du₇	性格の激しい
de₄ = te	近づく	du₈	開く、パン焼、保つ
de₆	もたらす	du₉	中傷、走る
deb	歩き回る　「る	du₉-na-bi	卑しく
di = silim	裁き、争う、安全であ	du₁₀ < dug₃	良い、膝、沢山
di-di < dug₄	話す.動く.演奏する	du₁₀-ga < dug₄-a	良い
di-dil	判事	du₁₁ < dug₄	言う、の単数 hamṭu
di-kud	判決		(marū は e)
di-til-la	判決	-du₁₁	(動詞化) ～する
di₃ = ti	取る、生きる	du₁₁-ga < dug₄-a	告示
di₄-di₄ la₂	小さい子	du₁₂ < tuku	遊ぶ、歌う、持つ
dib	通り過ぎる	du₁₄ = lu₂-ne	喧嘩
dib₂	受け取る	du₁₄ ～ ak	喧嘩する
ᵏᵃˢdida	= (KAŠ-U₂-SA) ビール	du₁₄ ～ gar	戦いを始める
didli < dili-dili	一つ一つの	du₁₄ ～ mu₂	喧嘩を始める
dil(i)	一、一つの	du₂₄ < dun	掘る、所属する
dim = tim	マスト、支柱	dub = tub	粘土版、積上げる
dim₂	作る、大工	dub-sar	書記
dim₄ = bulug₃	豪華な、近づく	dub-la₂	基礎
dim₆	運ぶ	dub₂ = balag	震える、歌う、楽器
dingir	神	dub₂ = tub₂	破裂させる、打ち据
dir = diri(g)	溢れる		える (marū dub₂-dub₂)
diri(g) = SI-A	追加の、川下り	dub₃ = hi = šar	良い
diri-diri(g) -še₃	長々と	dug, duk	壺
dirig nig ud-bi-da	以前のものよりもっと	dug₃ > du₁₀	甘い、甘くする、楽
-ka<dirig nig₂ ud bi		= hi = šar₂	しい、膝
ta ak a		dug₃ ～ bad-r	急ぐ
diš	一つの	dug₃-a	良い
du	行く、の単数 marū	dug₃ ～ gar	膝まづく
du-lum	苦痛	dugud	重要になる
du₂ = tu	病気の	duh	籾殻
du₃	建てる、引留める	duh-gub	普通の籾殻
du₃-a < du₅-a	全ての	duh-sig₅	高級な籾殻
du₅ = tun₃	全て、深さ	dul = du₆	かぶせる
= aga₂	斧	dul₂ = pu₂	倉庫、穴
= gin₂	シェケル(重さ単位)	dul₄ = dun₄	兵器
du₆ < dul	土手、覆う	dul₆ > du₆	丘

VII グローサリー　271

dul₉	置く		
dum ⟩ tu₄ = ib₂	胴体	**E**	
dum dam 〜 za	吠える、不平をいう	e	溝、路、話す
dumu = tur	子供		(単 hamṭu のみ dug₄)
dumu-dumu	孫	-e	(名詞の能格)
dumu-gi₇	自由人、シュメール人	e-ag	申し立てる
dumu-lugal	王子	e-ne-eš₂-ne	今
dumu-mi₂	娘	e-pa₅	灌漑水路
dumu-mi₂-lugal	王女	e-sig	かえで
dumu-nita	息子、長男、相続人	e-sir	小道
dun ⟩ du₂₄	掘る、所属する	e-sir₂ = a-esir₂	サンダル、靴 kuš-
dun₂	癒す、視察官	e-še	と言った、とさ
dur = duru	紐、へり	e₂	家、神殿
dur₂ = tuš	腹 uzu-、住む	e₂ dub-ba	学校
dur₂ 〜 gar	座る	e₂ dub-ba-a	倉庫
dur₃ = anše-nita₂	驢馬の子、種馬	e₂-duru₅	村
dur₄ = nap	星々	e₂-gi₄-a	義理の娘、フィアン
dur₅ = a	ぬれた	e₂-gal	宮殿、監獄
dur₇	汚い、	e₂-kin₂-gib	新しい粉場
= BU = gid₂	長い、引く、擦る	e₂-kisib-ba	倉庫
duri = šir = buru₄	筋肉、光、烏	e₂-mah	大寺院
duru₂	純粋な	e₂-me-eš	夏
durun	座る（複）（未完、完）	e₂-mi₂	后宮、王妃の宮殿
cf. 単数 tuš (dur₂)		e₂-muhaldim	台所
dusu = gi-il₂	箆	e₂-u₄-7	三日月
dusu₂ = anše-u₃	馬の一種	e₂-u₄-15	満月
		e₂-u₄-sakar	満月
		e₂-u₄-sar	新月
		e₂-u₆-nir	驚く神殿（目を見張る家）、ジグラッド
		e₂-udu	羊の檻
		e₂-uz-ga	家禽類
		e₃ = ed₂ = UD-DU	出かける
		e₅ = nin	貴婦人
		e₁₁ = DUL-DU	上に行く、出す
		ebi = ib	内側
		-ed	（不定法）（未来）
		eden, edin	平野
		egir	後に、まず
		eme = KA x ME	言葉、舌
		eme-ak	いななく

272　Ⅶ　グローサリー

eme-sig gu₇	尖った舌で食う、誹る	eš₂	革紐、長さ60m
eme-zi₂	シュメール語	eš₂-gar₃＜iškaru	(akkad)仕事、鎖
=(KA x ŠE₃)		eš₃ = ab	家、窓、社殿、父
-en	(一、二人称語尾)	eš₃-didli	個人の至聖所
en	主、隊長	eš₃-eš₃	祭
ᵈen-ki	エンキ神	eš₃-eš₃ u₄ sakar	満月の祭
ᵈen-lil₂-(la₂)	エンリル神	eš₅	三
en-na	～する限り	eš₈ = ka₅₂	ちまた、道
en-na bi še	その限りでは	eš₉ = A-ŠI	涙
en-nu-ug₂～du₃	守る	eša = a-tir	穀物の一種
en-nu-un	監視する、ねずの番	eše₃	面積 6イク、1/3ブル
en-te-na	冬		
ᵈEN-ZU	月神、シン sin＜en-zu	ezen, ezem	祭
en₂	呪文(じゅもん)	ezinu = ŠE-TIR	穀物神、麦畑
en₃ = li = gub₂	ネズの木、純な		
en₃-du	歌う、演奏する		
en₃-tar＜en₂～tar	尋ねる、呪文を唱える		
-enden	(一人称複数語尾)		
ene, ane	(三人称単数)		
-ene	(三人称複数語尾)		
enene, anene	(三人称複数)		
engar = apin	農夫		
engur = zikum	水深、深海		
ensi₂ = PA-TE-SI	知事、王子		
-enzen	(二人称複数語尾)		
er = ir	香料、汗		
er₂ = A-ŠI = eš₉	涙(目の水)		
er₂～šeš₃	泣く		
er₃ = nita₂	男、奴隷		
eren, erin	杉		
eren₂, erin₂ = erim	軍、農兵、雇人		
eridu = NUNᴷᴵ	エリドゥの町		
erig	後続の		
erim	雇人、軍人		
erim₂ = NE-RU	敵、邪な		
esi = kal	閃緑岩 na₄-		
esir₂	アスファルト		
eš	三十、神シン		
eš-ad	木の茂み giš-		

Ⅶ　グローサリー

G

-ga	（一人称の希望）	gar₃	刀の柄
ga	乳	gar₃-du = gu₄-ud	勇士
ga-ar₃	チーズ	gar₅ = lu₅	惑わす
ga-ba-al	チャレンジする	gar₆ = nun	賢人
ga-ku₂	家計	gar₈ = sig₄	壁、煉瓦
ga-na, ga-nam	では、全く、誠に	gara₂	脂肪の多い乳
ga-ra-an < gurun	果実	garza = PA-AN	祭式、規則、神託
ga-raš	ニラ	garza-lugal	所有権
ga₂	私、邸宅、置く、	gašan	女主人
	hamṭu は gar	gaz	打つ、殺す
ga₂-nun	倉庫	gazi = GA₂ x ŠE	甘草エキス
gab	胸	ge = gi	強める、芦
gaba	籾殻、～の前で	ge-na	安定している
gab(a)-ri	コピー〈gabaru (akkad.)	ge₂ = lil₂	風
gaba-ri-a	奉献	ge₅ = gi₅ = ki	土地
gad(a)	リネン	ge₆ = gi₆	夜、黒い
gal	大きい	geme = mi₂	女
gal-ni	菜園で働く人、サンタ	geme₂	女奴隷、女労働者
gal-zu	委員長	gen = gin	行く hamṭu (marū du)
gal₂	ある、置く	geštin	葡萄酒
gal₂ ～ tag₄	開く	geštu(g) = pi	耳
gal₃ = giš-gal = ulu₃	用地	geštu(g) ～ gar	聞く
gàl₄-la	プシー、女陰	geštu₂ = giš-pi-še₃	知識
gal₅-la₂-gal	大鬼	geštu₂ ～ ulu₃	忘れる
gala = UŠ-KU	聖歌僧、宦官	(u₁₈-lu)	
gala-mah	聖歌隊長	gi = ge	葦
galam	抜目なく、精巧な	gi dub-ba	垣根
galga	反省	gi ᵈen-ki	墓
gam	膝まづく、穴を掘る	gi-di-da	一種の管楽器
gan	酒樽	gi-gid₂-da	一種の管楽器
gan-ša < ama-ša-gan	妊娠している	gi gur₇-a	祈祷室
gan₂	土地、農園	gi-in	決定する
gan₂-i₇	谷	gi keš₂-du	葦を束ねる
gar = nig₂	置く、作る、蓄える	gi mus	打棒　giš-
	marū は ga₂-ga₂	gi sig₇	葦を刈る
gar(-du)	長さ単位、約 6 m	gi unu(g)	倉庫
gar-ra	メッキした	gi₂ = lil₂	風
gar₂ = gara₂	脂肪質の乳	gi₄ = ge₄	返る、戻す、答える
		gi₄-in	女奴隷（エメサル）

274 Ⅶ グロサリー

gi₄-me-a-aš	生徒仲間	giri₃ ~ gar	移動する
gi₆ < gig₂	黒い	giri₃-sag₁₁ ug₄	踏み潰す
gi₆-sa₉	夜中	girin = gil₂	表面、花
gi₇ = gir ₓ = KU	根、本部	gisal < gišallu	(akkad) 鋤
gi₉ < gir₁₀	新しい	gissu = giš-mi	木陰
gibil	新しい	giš	木材
gibil-la-bi	新しい方法で「す	giš be₂-ra	脱穀
gid₂ = sir₂	長くする、調べる、消	giš-bil₂-ga-meš	ギルガメシュ
gidim	幽霊	giš-bur-giš-tug	櫛
gidri = PA	王笏	giš e₃	篩（ふるい）にかける
gig	気になる、小麦	giš gi	草むら、藪、沼地
gig₂	暗い、夜	giš immar	なつめ椰子
gigir	戦車 giš-	giš-kin-ti	職人
gil	もつれる	giš-kušu₂	ウンマ町
gil-sa	宝、永遠の	giš ~ la₂	静かにする
gil₂ = kir₃	消す、塊	giš-pi-še₃ = geštu	知識
-gim, -gin₇	のように	giš ~ ra	杖で打つ
gin	行く、来る、 ḫamṭu	giš-šub	遺産の割り当て
gin	標準品質の	giš ~ tag	犠牲にする
gin₂	斧、容積 1/60 マナ = 14cc	giš ~ tuku	聞く
		giš₂ = diš	1, 60
gin₂	重さシケル、1/60 シラ = 8g	giš₃	ペニス、繁殖用の
		giš₃-du	去勢されてない
gin₂-ma₂	船大工	gizzal = BI-IZ	ポタポタ流す
gin₃	輝く	gizzal ~ ak	注意を払う
gin₅ =geme₂= amūtu	女奴隷	gu	綱
gin₆ = urudu	銅	gu ~ de₂	失う
gin₆-par₃	巫子の館	gu-du	～の後に
-gin₇ = -gim	～のような	gu-la	大きい、偉い
gina	確かな、公平な	gu-ul	大きくする
gina-tum	保証人	gu-za	王座、寝具 giš-
gir₂ = giri₂	輝かす、短刀	gu-za la₂	王座奉持者
gir₃ = giri₃	足、道	gu₂	側、首、税
gir₃-nita₂ = šagan	代理者		重さ単位、約 30 kg
gir₃-pad-du	骨	gu₂ ~ ak	首を切る
gir₄	ストーブ、かまど	gu₂-diri	合計
gir₆ = suḫuš	基礎	gu₂-e še₃	代わりに
gir₈ = kir₃ = nigin₂	囲む	gu₂ giš	丸太
gir₁₀	新しい	gu₂ giš ~ gal₂	任せる
giri₃ = gir₃	管理下で、立会いで	gu₂ ~ gur	集める

VII グロッサリー

gu₂ ~ si	集める	gukkal babbar-niga	大麦飼育の白グッカル
gu₂ -šub	蔑む		
gu₂ -un	荷物	gul	破壊する、殺す
gu₂ ~ uš₂	首を上げる	gum = kum > ku₁₃	打砕く
gu₃ = KA	叫ぶ	gun = gu₂-un	負荷
gu₃ ~ de₂	叫ぶ	gun₂	重み、国土
gu₃-di	おしゃべり	gun₃	彩色する
gu₃ ~ gar	任せる	gunni = KI-NE	炉
gu₃ ~ gi₄	答える	gur	戻る、戻す、太い
gu₃ ~ ra	叫ぶ、吠える	gur	容積ブッシェル
gu₃ ~ še₃	従順である		144 シラ、122 リトル
gu₃ ~ sum	話をする	gur	葦作りの容器 gi-
gu₃-zid	忠実に	gur-dub	タブレット容器 gi-
gu₄ < gud	雄牛	gur-lugal	300 シラ、255 リトル
gu₄ a am	牛の角を持つ牛	gur-ra	代わりに
gu₄ -e -uš₂-sa	二級牛	gur₄	二つに切る
gu₄ giš	繁殖用の牛	gur₄	厚くする、大きい
gu₄ mu-1	一年の牛	gur₅	切る
gu₄ niga	大麦飼育の牛	gur₇	穀倉、砂、樽
gu₄ -ud	ジャンプする、英雄	gur₈ = tu	マグール船
gu₆ = nag	飲む	gur₉ = ninda₂	寸法、尺度
gu₇ = ku₂	食べる	gur₁₀ = kin	収穫
gu₈ < gum	砕く	gur₁₁ = ga	牛乳
-gu₁₀ = -mu	私の	gur₁₂ = kur₂	外国
gub = DU	立つ、置く、通常の、（単数）	guru₁₄ = hur = ur₅	輪、鎖、下げる
		guru₁₅ = ur₄	刈り入れる
gub ~ gal₂	見張る	gurud = NUN-KI	投げる
gub₂	純良な	guruš	戦士、労働者
gub₃ = kab	左	guruš hun-ga₂	雇われ労働者
gud = gu₄	牛	guškin = KUG-GI	金（gold）
gud₃ = u₂-ki-še₃-ga	巣		
gud₃ ~ uš₂	巣を作る		
gud₄ = tar	小道		
gud₆ = lum	砕く		
gud₈	短い		
gudu₄	一種の聖職者		
gug	純な、皮膚の烙印		
gug₂	菓子、紅玉髄 na₄-		
gug₃ = ku₅	切る		
gukkal = kunga	グッカル羊		

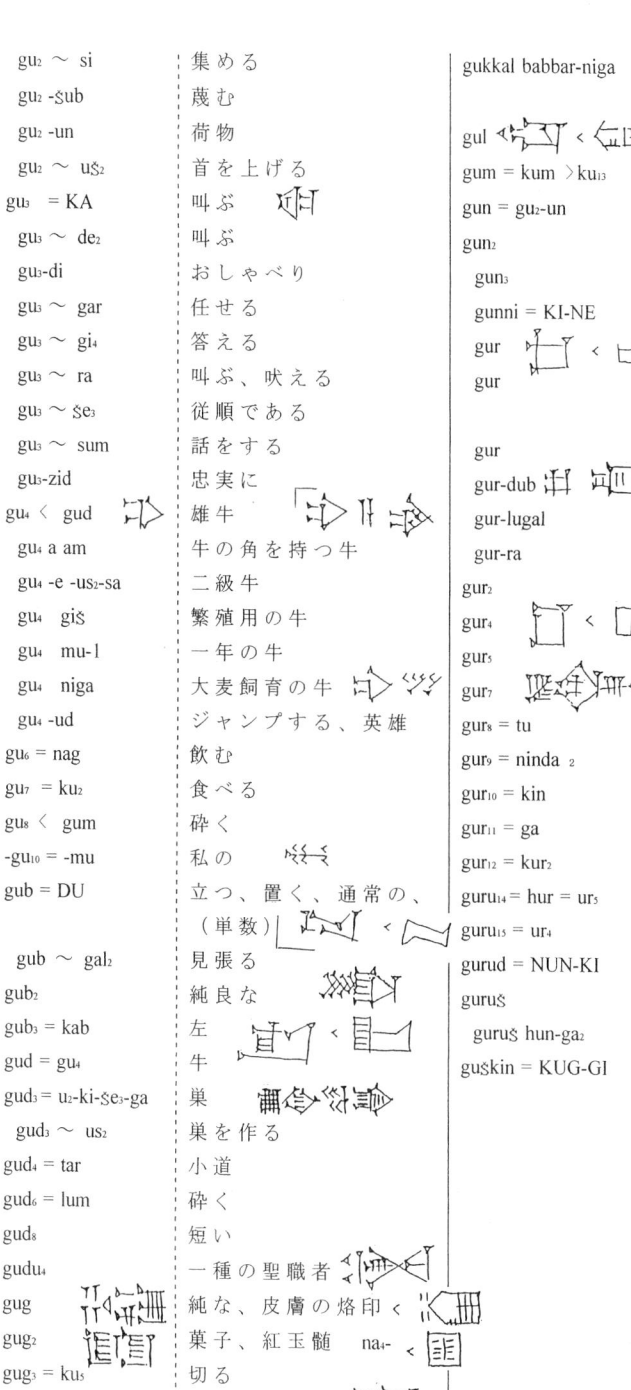

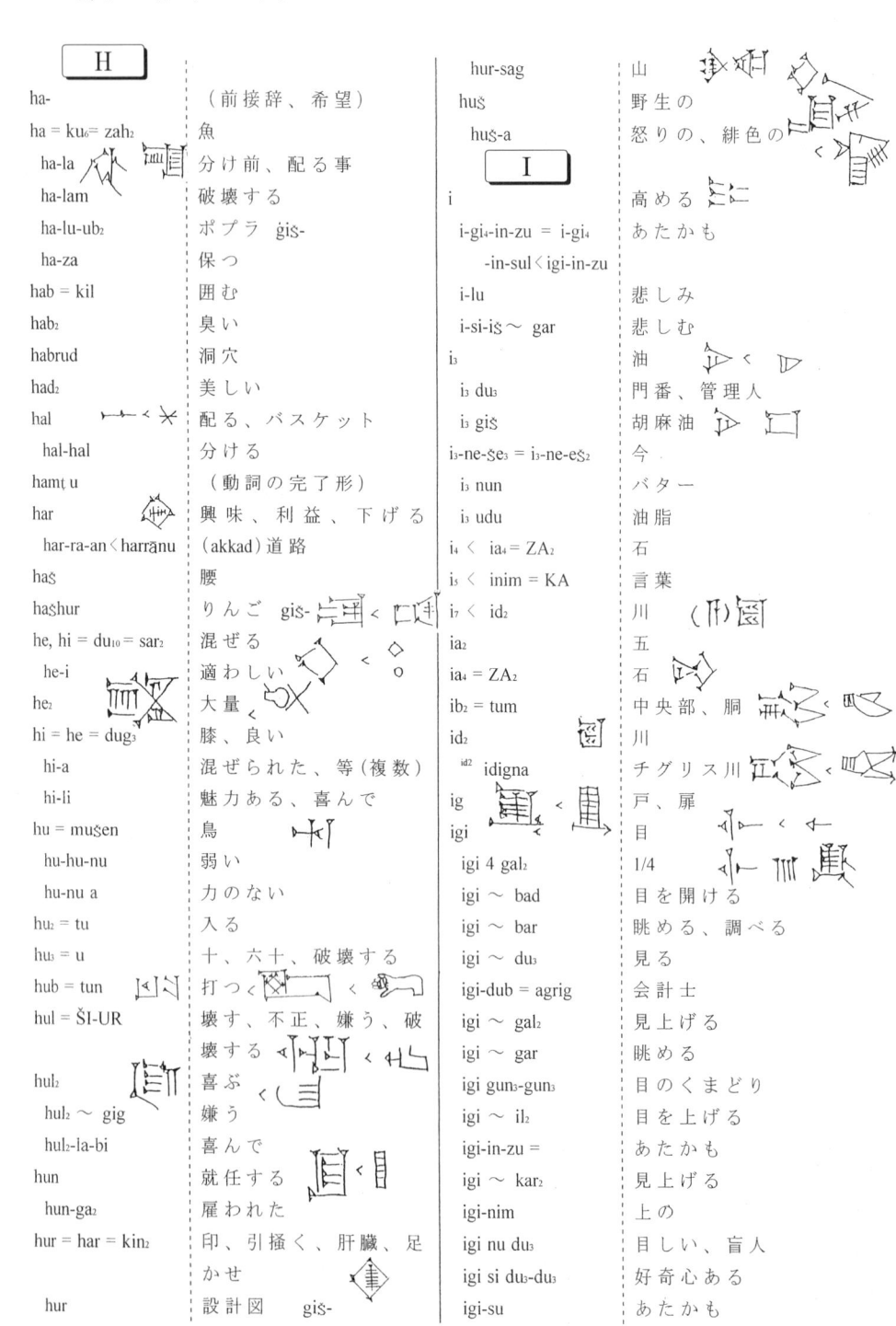

H

ha-		（前接辞、希望）
ha = ku₆ = zah₂		魚
ha-la		分け前、配る事
ha-lam		破壊する
ha-lu-ub₂		ポプラ giš-
ha-za		保つ
hab = kil		囲む
hab₂		臭い
habrud		洞穴
had₂		美しい
hal		配る、バスケット
hal-hal		分ける
ham͡tu		（動詞の完了形）
har		興味、利益、下げる
har-ra-an < harrānu		(akkad)道路
haš		腰
hašur		りんご giš-
he, hi = du₁₀ = sar₂		混ぜる
he-i		適わしい
he₂		大量
hi = he = dug₃		膝、良い
hi-a		混ぜられた、等（複数）
hi-li		魅力ある、喜んで
hu = mušen		鳥
hu-hu-nu		弱い
hu-nu a		力のない
hu₂ = tu		入る
hu₃ = u		十、六十、破壊する
hub = tun		打つ
hul = ŠI-UR		壊す、不正、嫌う、破壊する
hul₂		喜ぶ
hul₂ ~ gig		嫌う
hul₂-la-bi		喜んで
hun		就任する
hun-ga₂		雇われた
hur = har = kin₂		印、引掻く、肝臓、足かせ
hur		設計図　giš-
hur-sag		山
huš		野生の
huš-a		怒りの、緋色の

I

i		高める
i-gi₄-in-zu = i-gi₄-in-sul < igi-in-zu		あたかも
i-lu		悲しみ
i-si-iš ~ gar		悲しむ
i₃		油
i₃ du₃		門番、管理人
i₃ giš		胡麻油
i₃-ne-še₃ = i₃-ne-eš₂		今
i₃ nun		バター
i₃ udu		油脂
i₄ < ia₄ = ZA₂		石
i₅ < inim = KA		言葉
i₇ < id₂		川
ia₂		五
ia₄ = ZA₂		石
ib₂ = tum		中央部、胴
id₂		川
ᶦᵈidigna		チグリス川
ig		戸、扉
igi		目
igi 4 gal₂		1/4
igi ~ bad		目を開ける
igi ~ bar		眺める、調べる
igi ~ du₃		見る
igi-dub = agrig		会計士
igi ~ gal₂		見上げる
igi ~ gar		眺める
igi gun₃-gun₃		目のくまどり
igi ~ il₂		目を上げる
igi-in-zu =		あたかも
igi ~ kar₂		見上げる
igi-nim		上の
igi nu du₃		目しい、盲人
igi si du₅-du₃		好奇心ある
igi-su		あたかも

Ⅶ　グローサリー　277

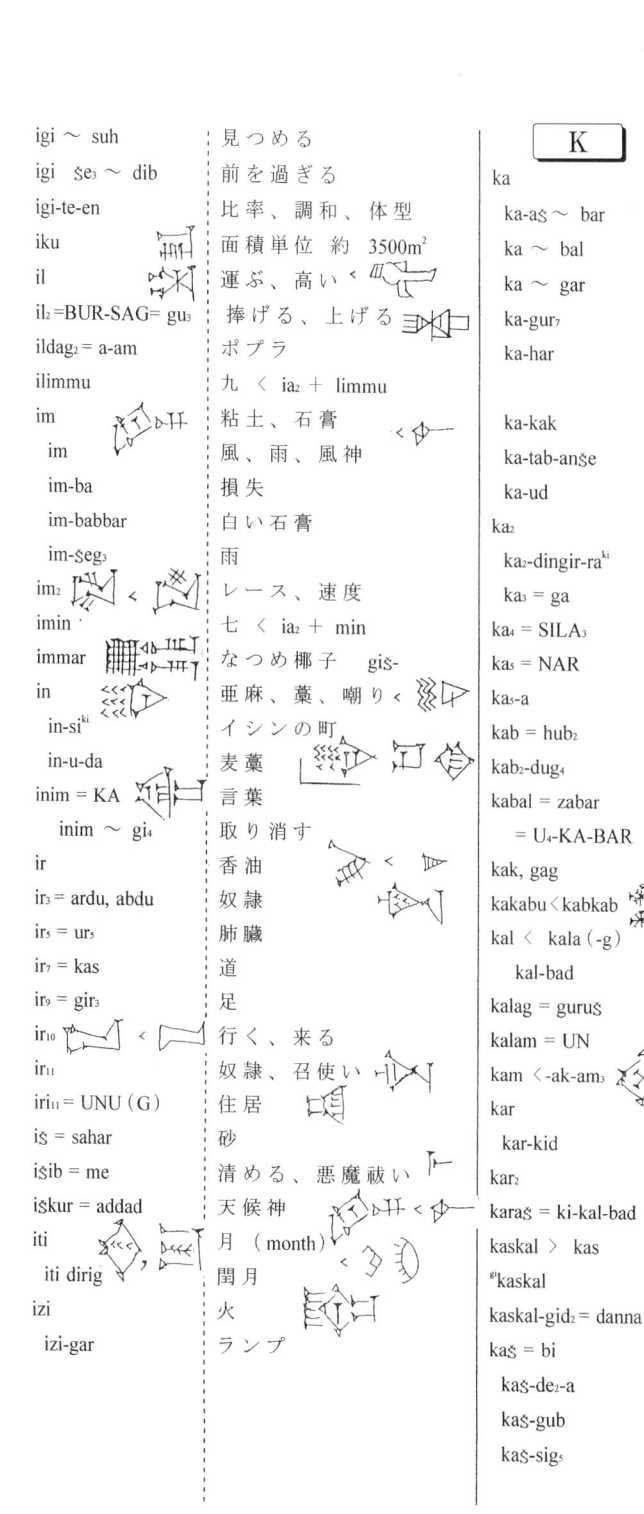

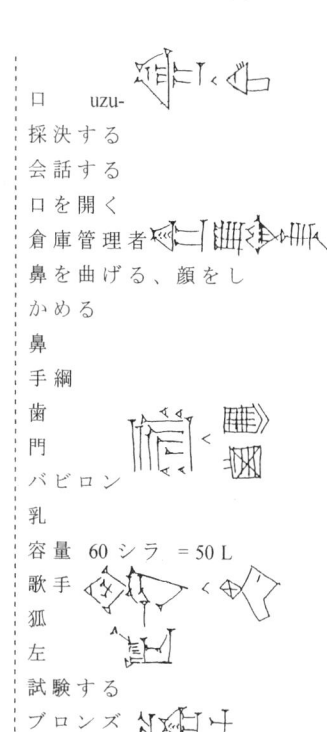

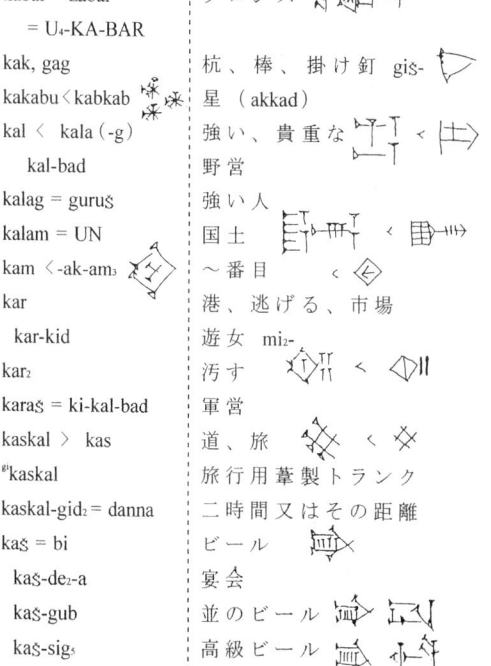

igi 〜 suh	見つめる	**K**	
igi ṣe₃ 〜 dib	前を過ぎる	ka	口　uzu-
igi-te-en	比率、調和、体型	ka-aṣ 〜 bar	採決する
iku	面積単位　約 3500m²	ka 〜 bal	会話する
il	運ぶ、高い	ka 〜 gar	口を開く
il₂=BUR-SAG= gu₃	捧げる、上げる	ka-gur₇	倉庫管理者
ildag₂ = a-am	ポプラ	ka-har	鼻を曲げる、顔をしかめる
ilimmu	九 < ia₂ + limmu		
im	粘土、石膏	ka-kak	鼻
im	風、雨、風神	ka-tab-anṣe	手綱
im-ba	損失	ka-ud	歯
im-babbar	白い石膏	ka₂	門
im-ṣeg₃	雨	ka₂-dingir-ra^{ki}	バビロン
im₂	レース、速度	ka₃ = ga	乳
imin	七 < ia₂ + min	ka₄ = SILA₃	容量　60 シラ = 50 L
immar	なつめ椰子　giṣ-	ka₅ = NAR	歌手
in	亜麻、藁、嘲り	ka₅-a	狐
in-si^{ki}	イシンの町	kab = hub₂	左
in-u-da	麦藁	kab₂-dug₄	試験する
inim = KA	言葉	kabal = zabar = U₄-KA-BAR	ブロンズ
inim 〜 gi₄	取り消す		
ir	香油	kak, gag	杭、棒、掛け釘 giṣ-
ir₃ = ardu, abdu	奴隷	kakabu < kabkab	星（akkad）
ir₅ = ur₅	肺臓	kal < kala (-g)	強い、貴重な
ir₇ = kas	道	kal-bad	野営
ir₉ = gir₃	足	kalag = guruṣ	強い人
ir₁₀	行く、来る	kalam = UN	国土
ir₁₁	奴隷、召使い	kam < -ak-am₃	〜番目
iri₁₁ = UNU (G)	住居	kar	港、逃げる、市場
iṣ = sahar	砂	kar-kid	遊女　mi₂-
iṣib = me	清める、悪魔祓い	kar₂	汚す
iṣkur = addad	天候神	karaṣ = ki-kal-bad	軍営
iti	月（month）	kaskal > kas	道、旅
iti dirig	閏月	^{gi}kaskal	旅行用葦製トランク
izi	火	kaskal-gid₂ = danna	二時間又はその距離
izi-gar	ランプ	kaṣ = bi	ビール
		kaṣ-de₂-a	宴会
		kaṣ-gub	並のビール
		kaṣ-sig₅	高級ビール

VII グロサリー

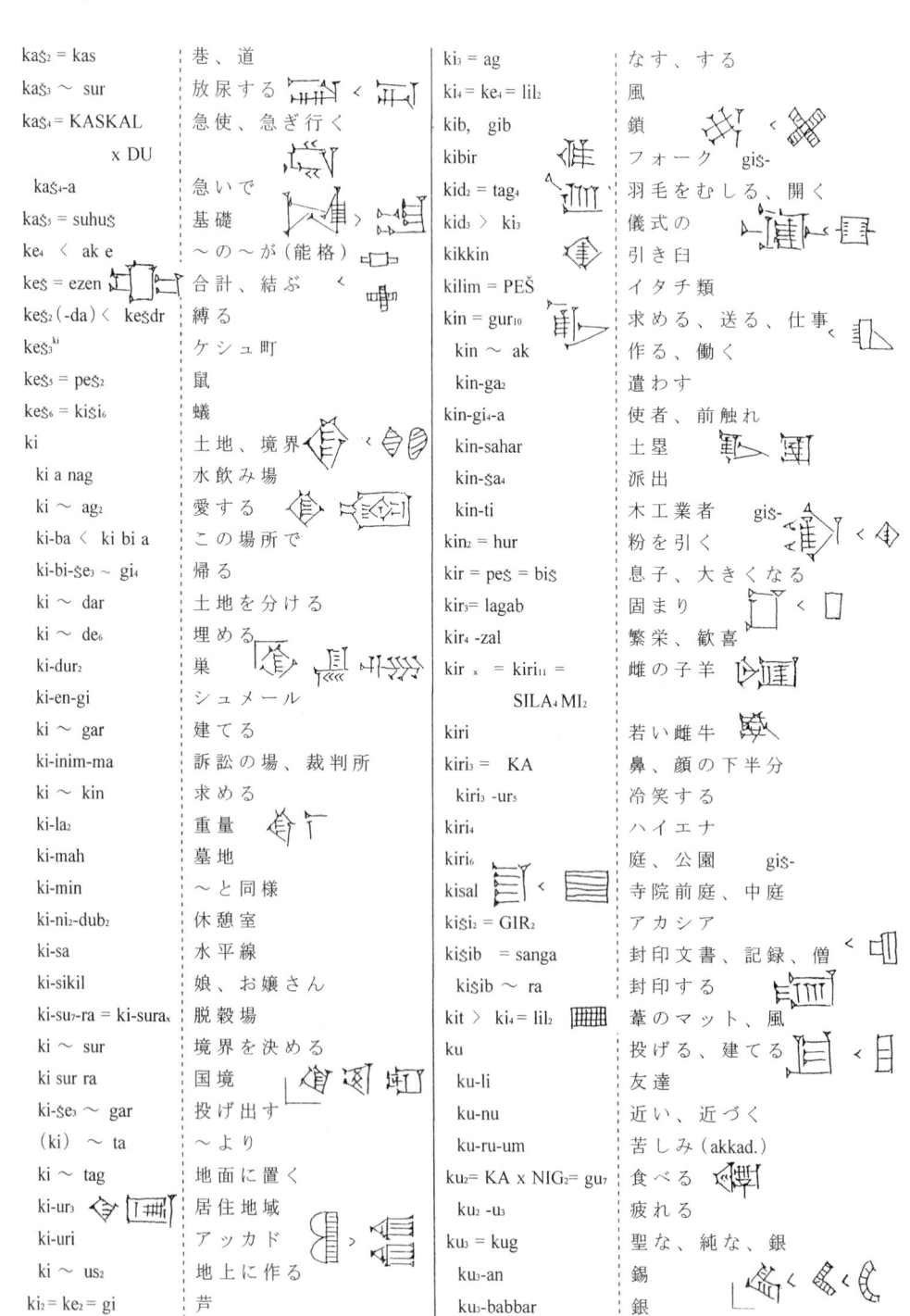

kaš₂ = kas	巷、道	ki₃ = ag	なす、する
kaš₃ ~ sur	放尿する	ki₄ = ke₄ = lil₂	風
kaš₄ = KASKAL x DU	急使、急ぎ行く	kib, gib	鎖
		kibir	フォーク giš-
kaš₄-a	急いで	kid₂ = tag₄	羽毛をむしる、開く
kaš₅ = suhuš	基礎	kid₃ > ki₃	儀式の
ke₄ < ak e	～の～が（能格）	kikken	引き臼
keš = ezen	合計、結ぶ	kilim = PEŠ	イタチ類
keš₂(-da)< kešdr	縛る	kin = gur₁₀	求める、送る、仕事
keš^{ki}	ケシュ町	kin ~ ak	作る、働く
keš₅ = peš₂	鼠	kin-ga₂	遣わす
keš₆ = kiši₆	蟻	kin-gi₄-a	使者、前触れ
ki	土地、境界	kin-sahar	土塁
ki a nag	水飲み場	kin-ša₄	派出
ki ~ ag₂	愛する	kin-ti	木工業者 giš-
ki-ba < ki bi a	この場所で	kin₂ = hur	粉を引く
ki-bi-še₃ ~ gi₄	帰る	kir = peš = biš	息子、大きくなる
ki ~ dar	土地を分ける	kir₃ = lagab	固まり
ki ~ de₆	埋める	kir₄ -zal	繁栄、歓喜
ki-dur₂	巣	kir ₓ = kiri₁₁ = SILA₄ MI₂	雌の子羊
ki-en-gi	シュメール	kiri	若い雌牛
ki ~ gar	建てる	kiri₃ = KA	鼻、顔の下半分
ki-inim-ma	訴訟の場、裁判所	kiri₃ -ur₅	冷笑する
ki ~ kin	求める	kiri₄	ハイエナ
ki-la₂	重量	kiri₆	庭、公園 giš-
ki-mah	墓地	kisal	寺院前庭、中庭
ki-min	～と同様	kiši₂ = GIR₂	アカシア
ki-ni₂-dub₂	休憩室	kišib = sanga	封印文書、記録、僧
ki-sa	水平線	kišib ~ ra	封印する
ki-sikil	娘、お嬢さん	kit > ki₄ = lil₂	葦のマット、風
ki-su₇-ra = ki-sura₆	脱穀場	ku	投げる、建てる
ki ~ sur	境界を決める	ku-li	友達
ki sur ra	国境	ku-nu	近い、近づく
ki-še₃ ~ gar (ki) ~ ta	投げ出す ～より	ku-ru-um	苦しみ（akkad.）
ki ~ tag	地面に置く	ku₂= KA x NIG₂= gu₇	食べる
ki-ur₃	居住地域	ku₂ -ub	疲れる
ki-uri	アッカド	ku₃ = kug	聖な、純な、銀
ki ~ uš₂	地上に作る	ku₃-an	錫
ki₂ = ke₂ = gi	芦	ku₃-babbar	銀

VII　グローサリー　279

ku₃-babbari	ハッチ国　uru-	kuš	皮、靴
ku₃-gi = guškin	黄金	kuš ab₂ kiri	若い雌牛の皮
ku₃-su₃	穀物女神	kuš anše libir	年寄り驢馬の皮
ku₃-zu	賢者	kuš gu₄	牛革
ku₄ < kur₉ = tu	入る、携る marū ku₄-ku₄	kuš₂	慰める
ku₄-ra	入口 da-	kuš₂-u₃	溜息をつく、疲れた
ku₅ < kud = tar	分ける	kuš₃ = u₂	腕、長さキュウビット 12 kuš₃ = 1gar-du = 0.5 m
ku₆ = ha	魚		
ku₆-izi	薫製の魚		
ku₇ < kuš₆	甘い、甘くする	kuš₇	牧夫
ku₁₀ = gig₂ = MI	黒くする	kuš₇ ~ su₃	荒らす
kud > ku₅	切落とす	kušu₂ = uh₃	両棲類
kud-kud	跛行者		
kug = ku₃	純な	**L**	
kug-babbar, ku₃-babbar	銀	la	豊富、鱗
		la-la	豊かさ　(否定詞)
kug-ge-eš	純粋に	la-la-bi	豊富に
kum	砕く	la₂ < lal	繋ぐ、振上げる、マイナス
kum₂ = ne	熱くなる		
kun	堰、尾	la₂-a	借方
kun-gid₂	尾長の	la₂-i₃	残りの～
kun-zi-da	堰	la₃ = ul₂ = nu	akkad (条件文の否定)
kun₂ = hud = PA	軽くなる	lag	量、土塊、こねる
kun₃	押しつぶす	lagab = nigin₂	塊
kunga₂	オナガー anše-	lagaš^ki = sir-bur-la^ki	ラガシュ町
kur	国、山	lah = ud	乾かす
kur	敵 lu₂-	lah-lah	白い、白くする
kur gu₂-erin₇^ki	敵国	lah₂ = ERIN₂	雇兵
kur₂	他人、敵、変える	lah₄	運ぶの複数　cf. tum₂
kur₄ = kir₃	短い、固り	lah₅ = DU-DU = sug₂	略奪する
kur₅ = ku₅		lal > la₂	繋ぐ
kur₆ = pad	土地や食糧の割当	lal₂ > la₅	秤量する、湿布
kur₇ = IGI-ERIM = sig₅	優れた	lal₃	蜂蜜
		lam > la₁₁	成長する
kuru_x = IGI-KAR₂	奉献	lam (a)	乳香樹
kuru₅ = ku₅	切る	^d lama = kalag	守護神
kuru₇ = kurum₇ = IGI-GAR, IGI-PAD₃	監督、世話する、見張る	^d lama-lugal	王の魂
		^d lamma = ^d lama₂	守護神
		larsa^ki = ud-unug^ki	ラルサ町
kurun	酒場、窮迫	le, li	尊敬する、傘松
		li-du	メロディ

280　VII　グローサリー

li-gi₄-in	練習帳、抜き書き	ma	土地、占領する
libir ⟨ labāru = u₃ = ŠI-LU	年寄り	ma-da ⟨ matu	(akkad)国、土地、群
lil = galam	弱い、まぬけ	ma-mu, na-mu₂-da	夢
lil₂ = ki₄	風、嵐	ma-na	重さ 60ギン約 0.5 kg
lil₄ = par₄ = KISAL	広場	ma₂	船　giš-
lil₆ = gu₂	首	ma₂-ninda	パンのための船
limmu	四	ma₂-du₃	船大工
lipiš = ub₃ = libbu	akkad.心	ma₂-gur₃	マグル船（宗教的船）
liš	小鉢	ma₂ hun-ga₂	雇い船
lu = dib = udu	豊富にする、群なす	ma₂ 〜 u₅	航海する
lu-a	大勢の	ma₃⟨ mal = ga₂	入れ物
lu₂	人	ma₅	粉を挽く
lu₂ a₂ tuk	有力者	mah	大きな、高い
lu₂ eš-gid₂	測量士	mah₂	重い
lu₂ gu-la	暴君	mar	作る
lu₂ he₂	立派な男	mar-sa	倉庫
lu₂ hun-ga₂	雇われ人	mar-tu	アモリ国
lu₂ kin-gi₄-a	使者	mar-uru₅	洪水
lu₂-lu₇	人類	marū	(動詞の未完了形)
lu₂ ma₂-lah₅	船頭	maš	半分、半円
lu₂ mah	司祭	ᵈmaš	神ニヌルタ
lu₂ mu₁₃-mu₁₃	呪文の司祭	maš-da₃	ガゼール、かもしか
lu₂-nam-ulu	人	maš-da₃ mi₂	雌のガゼール
lu₂-ulu₃	人類	maš-tur	酌取り人
lu₂ zu a	経験者	maškim = pa-kaš₄	代官、執達吏
lu₃ = gug₂	濁る、曇る	maš₂	雄の山羊
lugal	王、持ち主 LU₂ GAL	maš₂	利益、代金、占い
lugud = BE	血	maš₂ a dara₄	イベックスの角を持つ山羊
lugud₂ = kir₃	短い		
luh	清める	maš₂-anše	野生（小）動物（山羊、驢馬）
lul	偽りの、不信		
lulim	赤い雄鹿	maš₂-da-ri-a	奉献
lulim mi₂	赤い雌鹿「ヘドロ」	maš₂ gal	成熟山羊
lum	繁茂する、粉にする、	maš₂-gi₆	夢占い
lum₂ = ši = igi	目	maš₂ nita	繁殖用山羊
lum = dug	壺	me	命令、神託、身飾り
lumgi=ŠIM x NIG₂	ビール醸造業者	me	ある（to be）、神の摂理
lup = lul = nar =kaš	歌手、嘘つきの		

Ⅶ　グローサリー

me-a	どこ？	mu₄ = ku < mur	着物を着る
me-en	（一、二人称連辞）	mu₄ = tug₂	衣装
me-enden	（一人称複数連辞）	mu₇ = KA x LI	魔術師　lu₁₂-
me-enzen	（二人称複数連辞）	mud	血、生む
me-eš	（三人称複数連辞）	muhaldim	料理する
me ～ gar	静かにする	muhatimmu（akkad）	
me-lam	輝き	mul = šuhub	星、ひずめ、ブーツ
me-la₂	梁	mul₂	星、星座
me-na am₃	いつ？	mun（u）	塩、福祉
me-še₃	どこへ	munu₂ = ki-ne-giš	火、炭火
men = GA x EN	冠	munu₄	麹
mer = mir = aga	冠、怒り、風	munu₄ si e₃	芽を出した麹
meš	（名詞の複数）	munus = mi₂	女
mi₂ = munus	女	mur = muru = har	輪、鎖
ᵐⁱ²lugal	女王	mur₂ = muru₂ = nisag	取囲む、中央
mi₂ ～ dug₄	誉める、称える	mur₃ = im	風
mil = sahar	砂、埃	mur ₓ	着る
min	二	muru₅ = munus	婦人
min	他の	muru₇ = sig₄	煉瓦、背中
min-kam < min ak am₃	二番目の	muru₉ = ᵈniš	二十の神、太陽神
mir = mer = aga	嵐、怒る	muš = zer₃	蛇
miš = mez = sanga	主人、人、聖職者	muš-hus	龍
mitta = TUKUL DINGIR	槍、神の武器	muš₃	顔だち、イナンナ神
mu-	（接頭辞）	muš₃ ～ de₆	止める
mu	私の、名前、言葉、年	mušen = hu	鳥
mu-du	配る	mušen-du₃	鳥刺し
mu-du-lum	肉料理		
mu-du nu ub tuk	配給を受けない		
mu kam < mu ak am₃	～年目の		
mu lugal ～ pad₃	王の名で誓う		
mu ～ pad₃	名で呼ぶ		
mu ～ še₃	のために		
mu-tum₂ = mu-du	配達		
mu-ud-na	男友達		
mu₂ = sar	呼吸する、点火する、成長する　marū mu₂-mu₂		
mu₃ = ma₅	挽く		

N

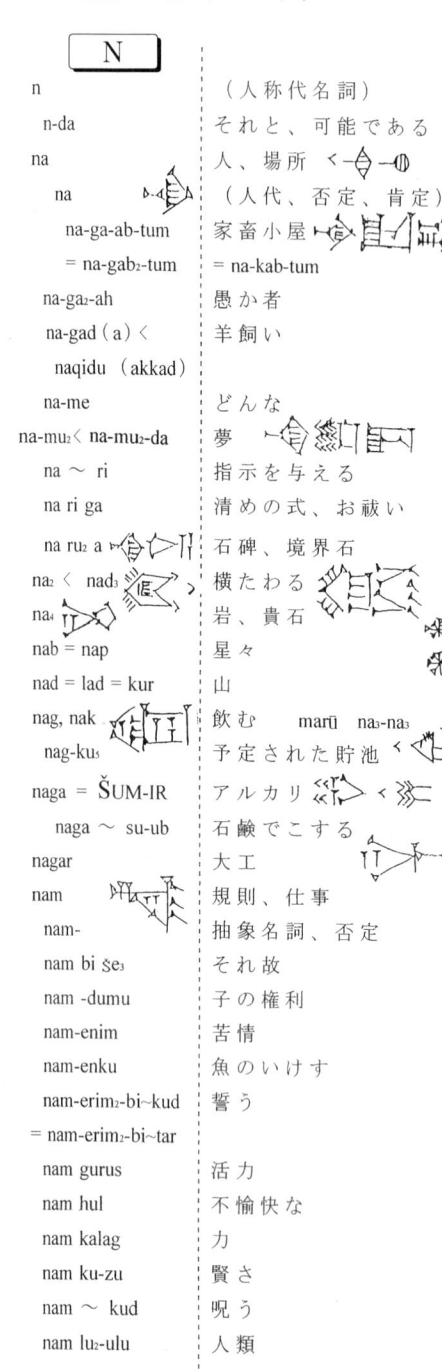

n		（人称代名詞）	
n-da		それと、可能である	
na		人、場所	
na		（人代、否定、肯定）	
na-ga-ab-tum		家畜小屋	
= na-gab₂-tum		= na-kab-tum	
na-ga₂-ah		愚か者	
na-gad (a)		羊飼い	
naqidu (akkad)			
na-me		どんな	
na-mu₂ < na-mu₂-da		夢	
na ~ ri		指示を与える	
na ri ga		清めの式、お祓い	
na ru₂ a		石碑、境界石	
na₂ < nad₃		横たわる	
na₄		岩、貴石	
nab = nap		星々	
nad = lad = kur		山	
nag, nak		飲む　marū na₃-na₃	
nag-ku₅		予定された貯池	
naga = ŠUM-IR		アルカリ	
naga ~ su-ub		石鹸でこする	
nagar		大工	
nam		規則、仕事	
nam-		抽象名詞、否定	
nam bi še₃		それ故	
nam -dumu		子の権利	
nam-enim		苦情	
nam-enku		魚のいけす	
nam-erim₂-bi~kud		誓う	
= nam-erim₂-bi~tar			
nam gurus		活力	
nam hul		不愉快な	
nam kalag		力	
nam ku-zu		賢さ	
nam ~ kud		呪う	
nam lu₂-ulu		人類	
nam mah		力	
nam nir-gal₂		権威、卓越性	
nam sag₅-ga		快楽	
nam ša₃-tam		会計業務	
nam šeš		兄弟愛	
nam ~ ta kud		宣誓する	
nam-tag		刑罰	
nam tab-ba		応援	
nam ~ tar		運命を決する	
nam-tar		運命	
nam-ti (l)		人生	
nam-u₄-da-tuš		道化師	
nam-uku₂		貧乏	
nanna(r) = ᵈŠEŠ-KI		神ナンナ（ル）	
ᵈnanše = ᵈAB x HA		神ナンシェ	
nar = lul		歌手	
ne = izi		この	
ne-mur		石炭	
ne ~ su-ub		キスする	
ne₂ = i₃		脂肪	
ne₃		軍隊	
ne₆ = na		場所、人	
ni = i₃ = ne₂		油	
ni-še₃-ga		緑の	
ni-ta		によって、そこから	
ni-tuk		ディルムン国	
ni₂		一致、雰囲気、自身	
ni₂ bi		それ自身	
ni₂ bi a		それ自身で	
ni₂ gu₁₀, ni₂ mu		私自身	
ni₂ te (a) ni		彼自身（te が入る）	
ni₂ teg		恐れる	
ni₂ tuk		尊敬する	
ni₂ ~ ri		恐れる	
ni₂ zu		貴男自身	
ni₃ = nig₂		品物	
ni₃-dab₅		維持	
ni₃-erim₂		悪口、不正義	

VII グローサリー

ni₃-ga<nig₂ a	財産	ninda-lugal	皇帝級のパン
ni₃-ka₉	支払	ninda₂ = gur₉	舵
ni₃-ka₉-ak	差引残高	ninna₂	梟（フクロウ）
ni₃-ku₂<nikkassu	(akkad)食糧	ninnu	五十、神エンリル
ni₃-šu	財産	ninurta < nin urta	神ニヌルタ
ni₄ < nin	貴婦人	nir	主人、英雄
ni₆ < nim	高い	nir-gal₂	王子
nibru = EN-LIL₂-(LA)ki	ニップル町	nir ～ gal₂	信用する
		nisaba = še-naga	神ニサバ
nig	雌犬	nisag	司祭、最初
nig₂ = ni₃ = gar	物、置く	niš	二十、神シャマシュ
nig₂-ba	贈答品	nita, nitah = uš	男
nig₂-dara₂	腰巻き	nita₂, nit₂	男の
nig₂-ga	財産	nu	(否定詞)
nig₂ gi-gi-na	定め、規則	nu-banda₃	監督 (nu < lu₂)
nig₂-gig	悲しみ、禁制、タブー	nu gal₂	～はない
nig₂-gilim	マングース	nu-gar	浪費、不信用
nig₂-gu₇	食料	nu gi₄	不帰の
nig₂-ki	害虫	nu-ma₂-(nu)-su	= nu-mu-su 未亡人
nig₂-šam₃	価格	nu sig₂	孤児
nig₂ si-sa₂	正義	nu šar	庭師 (nu < lu₂)
niga ₓ = še	大麦で育てた	nu₂ = na₂	寝る
nigin	取巻く、集める、箱、10 シラ (8420 cc) の量	nu₃ < nim	蝿
nigin₂	歩き回る	nu₄ = lu₅ lum	砕く
nim	エラム人、蝿、高い、秋に生まれた羊	nu₅ < numun	種
		nu₆ < nun	王子
nimin, nin₃	四十、神エア	nu₇ = unug	ウルク町
		nu₈ = na	人
nin	女王、貴婦人	numun = nu₅	子孫、種、古い
nin dingir	女司祭	numun₂ =GIN₄ KIL	水草、藺草
nin gal	大女王 =イシュタル	nun	気高い、大きい、
nin-gir₂-su	ギルスの女王、神ニンギルス「豊饒神	nunuz	卵 王子
nin he₂ gal₂	「あれかし!」の女王		
nin-kilim	マングース		
ᵈnin-lil₂	女神ニンリル		
ᵈnin-šara₂ᵐᵘˢᵉⁿ	シャラの女王、鷹		
ᵈnin-ninna₂ᵐᵘˢᵉⁿ	ニンナの女王、鷲		
nin₄ = nigin₂ = kir₂	囲む、抱く		
ninda	パン		

P

pa	翼、枝 giš-	qa = sila₃	容量 60 gin₂、0.85 L
pa-ag₂	鼻孔	qa-šu-du₈ = sagi	酌取り人
pa bil₃ ga	祖父	qa₂ = ga	乳
pa-bu₅ ᵍⁱˢ ~	～の木の枝を切る	qa₃ = ka	顔
PA-DUPA-KAŠ₄	執達吏、判事	qab = gab = du₈	胸
= maškim	エジプトでは maškab	qab₂ = gub₃ = hub₂	左、つんぼ
pa ~ e₃	光沢よい、栄える、明らかにする	qad = šu	(akkad. qātu) 手
		qad₃ = gada	リネン、亜麻
pa gil ga	祖先	qad₄ = me	法規、秩序
pa mušen	鳥の羽	qal = gal	大きい
PA-TE-SI = ensi₂	王、知事	qal₂ = lu₂	人
pa₃ < pad₃	呼ぶ、話す	qal₄ = kal	強い
pa₄	溝、運河	qam = gam	曲げる
pa₅	溝	qam₃ = kam₂ < ak-am₃	～の～である
pad	篭入りの食事	qaq = kak = du₃	なす、する
pad, pad-du	砕く	qar = gar₃	刀の柄
pad-dug-giš-si = addir ×	料金	qar₂ = kar	倉庫
pad₂ < bad	壊す	qi = kin	遣わす
pad₃	発見する、呼出す	qi₂ = ki	土地
par = UD	日	qi₃ = gi	芦
par₃ = bar₃	広がった	qi₄ = gi₄	戻す
pe-el = pil	汚れた	qi₅ < qit = lil₂	風
peš	厚い、大きい	qib = ul₃	綱
peš₂ = ka₆, kilim	鼠、イタチ類	qid = qit	風
peš₄ = ŠA₃ × A = bir₇	妊娠	qid₂ = gid₂ = bu	長い
		qil = kil = lagab	短い、取り囲む
peš₁₀ = mis	土手、岸	qil₂ = gil	縺れる
pi = tal₂	耳	qim = gim = dim₂	作る、～のように
pi-lu₅-da =bi-lu₅-da	典礼	qin = kin	遣わす
pil = ne = bi₂	くすぶる	qiq = gig	小麦
pil₂ = gibil	新しい、復活する	qir = gir	大きい
pirig = ug₂	ライオン	qiš = kiš	合計、権力
pisan	篭 giš-	qu = gum	砕く
pisan dub-ba	文書入れ	qu₂ = ku	据える
pisan-gid₂	長篭	qu₃ = gu	綱
pisan₂ = šed	入れ物	qub = gub	立つ
pisan₃	水の入れ物	qub₂ = hub = tun	打ち殺す
pu₂	井戸	qub₃ = gub₃ = hub₃	左
puzur = buzur	秘密の	qud = kud = tar	切る

VII　グローサリー　285

qul = hul = numun	種
qul₂ = gul	壊す
qum = gum	砕く
qum₃= lum	砕く
qun = kun ＞ ku₁₄	尾
qur = gur	容量 144 シラ、磨く
qur₂ = kur = ṣad	山

R

ra ＜ rah₂	押す、打つ
ra	君のため、に対して
-ra ～ sa₁₀	を売る
ra₂ = DU	行く
ra₂-gab ＜ rakub	(akkad) 騎手
raṣ₂ = tuk	持つく
ri, re ＜ rig₅	押しつける、投げる、注ぐ、他の marū rig
ri-ri-ga	倒れる、集める
ri₂ = uru	村
rig	香木
rig₂ = haṣ₄	木の股
rig₃ = mal	
rig₄ = ṣen	透明な
rig₅ = galam	
rig₇ = PA-GABA₂-DU	提供する
rim = lagab	固まり
rim₂ = ab₂	
rim₄	乾かす
rin = rim	花
rin₂ = erin₂ = lah₂	秤
ru	与える、投げる ＜
ru-gu₂	反抗する、遡る
rug = ṣen= SU x A	透明な
ruh = rah	洗う

S

sa = ṣa₁₀	束、筋肉、網
sa ～ gi₄	準備する
sa-gi	芦束
sa-gi ₓ = SILA₃ -ŠU-DU₈	酌取り人
sa-ṣu₂	投網
sa₂ = di	争う、等しい
sa₂-du₁₁	奉献（通常の）
sa₂ ～ dug₄	達する、受ける
sa₂ ～ seg₃	計画する
sa₄ = NA₂-HU	名を呼ぶ
sa₆-ga ＜ ṣag₅ a	良い
sa₁₀ ～ ṣam₂	買う、売る
sa₁₂ ＜ sag	代理する
sa₁₂-su₅ = sa₁₂-du₅ = SAG-DUN₃	記録者
sag	宣誓、頭、奴隷
sag apin gu₄	牛の農夫長
sag ～ bal	頭を振る
sag dub	文書の主要部
sag gal₂	山盛りで
sag gig	人（黒い頭の意）
sag ～ kal	優先的に大事にする
sag-ki ～ gid₂	怒る
sag-pa-kil	悲しみ　「-DU
sag-rig₇	寄進物 rig₇= PA-GABA₂
sag sig ～ gar	頭を下げる
sag ～ sig₃	世話する
sag-tuk ＜ sakkuttu	(akkad) 残金
sag us₂-sa	常に
sag₄ = lugal	王
sag₇	楽しくする
sag₁₁ = kin	求める
sahar	塵、ほこり、地球
sahar-dul	埋葬塚
sahar₂ = ṣakar =ezen	容器
sal	薄い、広げる、女
sal-ku	姉妹

sal lugal = mi2 lugal	女王	sil-la	もぎ取る
sanga = šid	会計司祭	sila2 = sil2 = nun	王子
sar = šar = mu2	書く、掃除する、点火、公園	sila3 = ga5	0.85 リトル、1/144 グ
sar	約 35 m²、重さ約 0.5 kg	sila4	子羊
sar2 = šar2 = he = dug3	膝、甘い、混ぜる、全ての、3600	sila4 ga	乳を吸う子羊
		sila4 gukkal	太い尾の子羊
sar4 = sud	遠い、流れる	sila4 kin-gi4-a	肝臓占い用の子羊
sat = KUR	山	sila4 kun-gid	尾の長い子羊
si < sig9	角、目、満たす	silig = asaru	強い、逞しい
SI-A = diri	余分な	silim = di	良くする、健康にす
si ～ sa2	真直ぐにする、正義の、道を敷く	sim2 > si3 = sum	与える
		simug = de2	鍛冶屋
si-ga	縛付けた、荷積した	sipa(d) = PA-UDU	羊飼い、保護者
si ～ gar	蓄える	sipa gu4-niga	大麦飼育牛の牛飼
		sipa ur-gi7-ra	犬飼い
si2 = zi	生きる	sir = šud	長い
si2-si2 mi2	雌驢馬 anše-	sir2 = BU	引裂く、擦る
si3 = sim2 < sig10	与える、玉葱、見なす、投る、傷つける	sir3 = EZEN	歌う「烏」
		sir4-bur-laki	ラガシュ町 (sir4-bur
si3-du3-da = kurušda	牧畜業者	siskur	忠誠の奉献
sig	少ない、弱い	sita2	棍棒
sig-sig	つむじ風	su < sud3	肉体、替える、返す
sig-ta = šig-ta	下の	su-a	猫
sig2	羊毛、櫛削る	su-ub	擦る
sig2 ba	羊毛比	su ～ zig	恐れる（毛を立てる
sig2 gi	繁殖用羊の毛	su2 = zu	知る
sig2 mu2	毛に覆われた	su3 < sud	遠い、長い、下がる
sig2 ud5	雌山羊の毛	= šud	注ぐ
sig3 = PA	打つ、振る	su4	赤い
sig4 > si4	茶褐色の、煉瓦、壁	su6 = nundun	唇
sig5 = kur7	高品位の	su7 = LAGAR x ŠE	場所、脱穀場
sig6 = sa6	良い	su8 < sug2 = du	立つ、の複 hamṭu
sig7 > ši7	美しくする、黄緑の、生きるの複数 (sg. ti)		(marū su8-su8-ge < sug2-sug2-e) 但し単数は hamṭu, marū とも gub
sig9 > si	満たす		
sig10 > si3	投げる、傷つける	su11 = KA	顔
sigga = šeg9	雄山羊	sub = KA x ŠU	称える
sikil	純粋にする、処女	sub2	行く du の複
sil, sila	分ける、街路	subur = šubur	豚

VII グローサリー 287

sud = su₃ = sir	遠い、遠くなる		
sud-ra₂	遠い（< sudr-a ?）	**Š**	
sud₂ = rad	排水	ša	木箱
sud₃ > su	皮、肉	ša₂	パン、公平、親切な
sud₄	祝福する、祈る	ša₃ < šag₄	真ん中、心、意味 (二)
sug, suku = pad	生活費用、神域	ša₃-ba < ša₃ bi a	その中心で
sug₂ = du	立つ pl. (ḫamṭu, marû)	ša₃ bi ta	それ故
	単数はともに gub	ša₃-bal	子孫
suh₃	混乱する	ša₃ dub-ba	会計士
suhur	毛髪	ša₃-gal	食糧、飼料、胃袋
suhuš	基礎	ša₃-gal geme₂ e-ne	女労働者達の食事
sukkal	使者、大臣		（ene は複数）
sukkal-mah	首相	ša₃-gal ur-gi₇ tur-tur	子犬達の餌
sukud = lil	高くする、深さ	ša₃-gar	飢餓
sum = sim₂ > siš₃	与える、玉葱	ša₃-gu₄	牛飼い
SUM = zar₃	穀物の藁山	ša₃-sig₃	悲しみ、圧迫される
sun, sumun = bad	古い	ša₃-sur	ふるい
sun₂	灌漑装置	ša₃-tam	経費精算
sun₅ = ušum	無効にする、謙虚	ša₄ = DU	行く
sur = šur	押し出す、支払う、	ša₆ < šag₅	明るい、純な
	貯金する、織る、境	ša₇ < šar₅ = RI	飛ぶ
		ša₈ < šar	緑の
sur₂ = šur₂	怒り狂う	ša₁₀ = sa	筋肉
sur₂-bi	猛然	šabra = PA-AL	司祭長
sur₂-du₃^mušen	隼	šag = sag	頭
sur₃	凹地	šag₃ = PA	枝
sur₅ = LAL	吊り下げる	šag₄	心
sura = UD₅-SIG₇	説教する	šag₅ = sig₆	良くする marû ša₆-ša₆
		šag₅-e-eš	幸せに
		šagan = GIR₃-NITA₂	代官 lu₂-
		šah	豚
		šah₂ = dum = šul	豚
		šakir	水差し
		šakkan = GIR₃	神シャカン
		šam = u₂	植物
		šam₂	値段、買う
		šar = sar	新緑の、成長、庭園
			36 平方米
		šar ₓ -ra uš₂-sa	身体警護

VII グローサリー

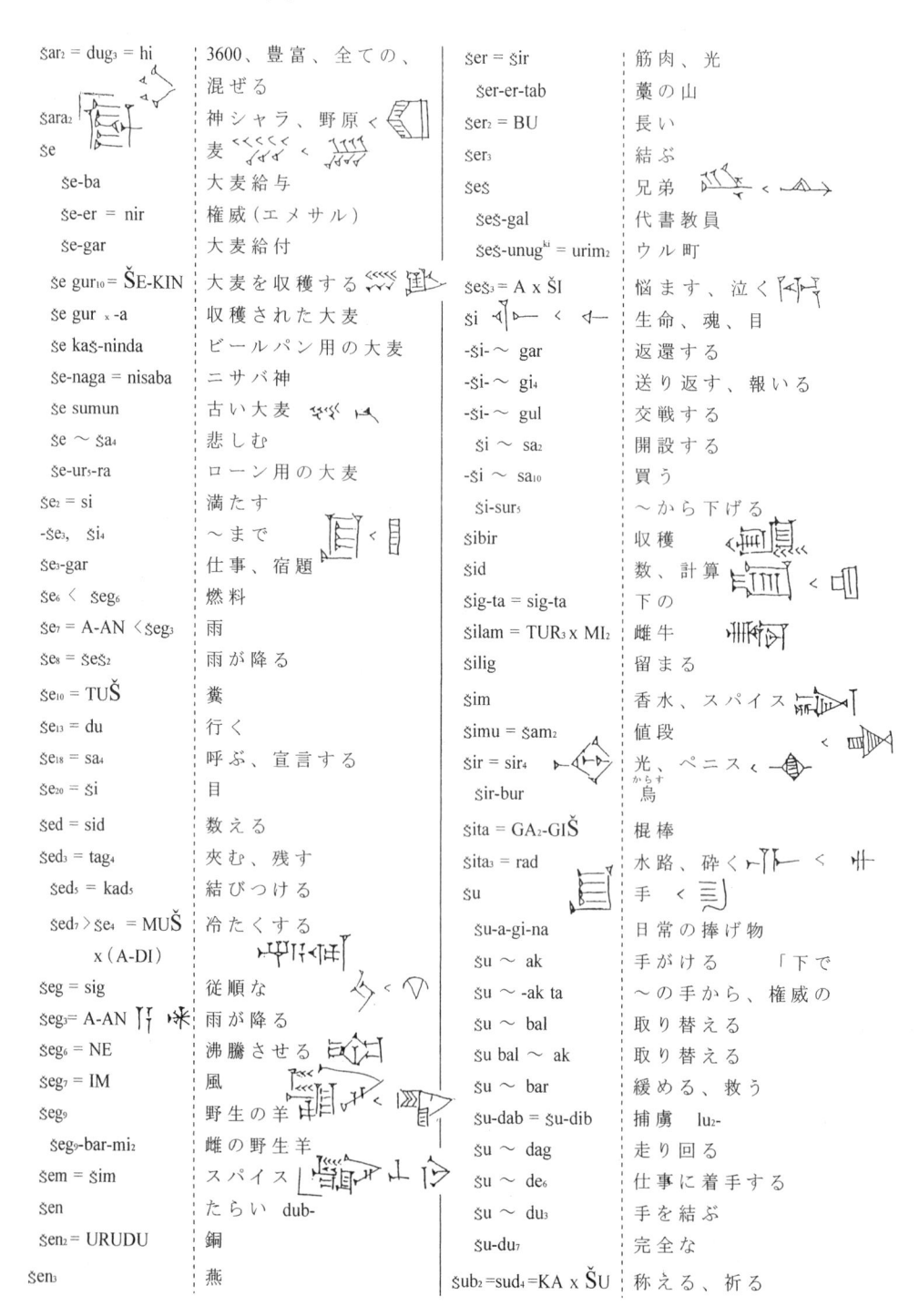

šar₂ = dug₃ = hi	3600、豊富、全ての、混ぜる	šer = šir	筋肉、光
šara₂	神シャラ、野原	šer-er-tab	藁の山
še	麦	šer₂ = BU	長い
še-ba	大麦給与	šer₃	結ぶ
še-er = nir	権威（エメサル）	šeš	兄弟
še-gar	大麦給付	šeš-gal	代書教員
še gur₁₀ = ŠE-KIN	大麦を収穫する	šeš-unug^ki = urim₂	ウル町
še gur ₓ-a	収穫された大麦	šeš₃ = A x ŠI	悩ます、泣く
še kaš-ninda	ビールパン用の大麦	ši	生命、魂、目
še-naga = nisaba	ニサバ神	-ši-〜 gar	返還する
še sumun	古い大麦	-ši-〜 gi₄	送り返す、報いる
še 〜 ša₄	悲しむ	-ši-〜 gul	交戦する
še-ur₅-ra	ローン用の大麦	ši 〜 sa₂	開設する
še₂ = si	満たす	-ši 〜 sa₁₀	買う
-še₃, ši₄	〜まで	ši-sur₅	〜から下げる
še₃-gar	仕事、宿題	šibir	収穫
še₆ < šeg₆	燃料	šid	数、計算
še₇ = A-AN < šeg₃	雨	šig-ta = sig-ta	下の
še₈ = šeš₂	雨が降る	šilam = TUR₃ x MI₂	雌牛
še₁₀ = TUŠ	糞	šilig	留まる
še₁₃ = du	行く	šim	香水、スパイス
še₁₈ = sa₄	呼ぶ、宣言する	šimu = šam₂	値段
še₂₀ = ši	目	šir = sir₄	光、ペニス、からす鳥
šed = sid	数える	šir-bur	
šed₃ = tag₄	夾む、残す	šita = GA₂-GIŠ	棍棒
šed₅ = kad₅	結びつける	šita₃ = rad	水路、砕く
šed₇ > še₄ = MUŠ x (A-DI)	冷たくする	šu	手
		šu-a-gi-na	日常の捧げ物
šeg = sig	従順な	šu 〜 ak	手がける 「下で
šeg₃ = A-AN	雨が降る	šu 〜 -ak ta	〜の手から、権威の
šeg₆ = NE	沸騰させる	šu 〜 bal	取り替える
šeg₇ = IM	風	šu bal 〜 ak	取り替える
šeg₉	野生の羊	šu 〜 bar	緩める、救う
šeg₉-bar-mi₂	雌の野生羊	šu-dab = šu-dib	捕虜 lu₂-
šem = šim	スパイス	šu 〜 dag	走り回る
šen	たらい dub-	šu 〜 de₆	仕事に着手する
šen₂ = URUDU	銅	šu 〜 du₃	手を結ぶ
šen₃	燕	šu-du₇	完全な
		šub₂ = sud₄ = KA x ŠU	称える、祈る

VII　グローサリー　289

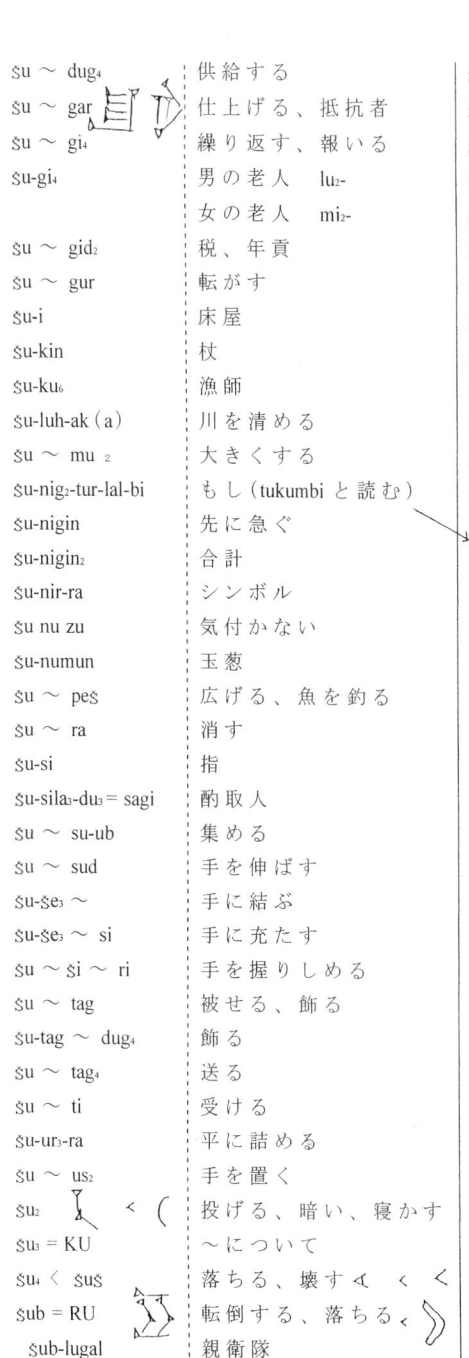

šu ～ dug₄	供給する	šubur = šah₂	豚
šu ～ gar	仕上げる、抵抗者	šud > su₃	長い
šu ～ gi₄	繰り返す、報いる	šudun	くびき
šu-gi₄	男の老人　lu₂-	šug = sug	生活の費用
	女の老人　mi₂-	šuku ensi₂	長官代理
šu ～ gid₂	税、年貢	šukur = PAD	存在、生活用品
šu ～ gur	転がす	šul	英雄、若者
šu-i	床屋	šum = tag	虐殺する、喉を切る
šu-kin	杖	šum₂ = sim₂	与える、玉葱
šu-ku₆	漁師	šur₂ = kuš₂	怒らせる
šu-luh-ak (a)	川を清める	šuš > šu₄	落ちる、押す
šu ～ mu₂	大きくする	šuš₃	侍従
šu-nig₂-tur-lal-bi	もし (tukumbi と読む)	šutug₂ = gudu₄	塗油司祭
šu-nigin	先に急ぐ		
šu-nigin₂	合計		
šu-nir-ra	シンボル		
šu nu zu	気付かない		
šu-numun	玉葱		
šu ～ peš	広げる、魚を釣る		
šu ～ ra	消す		
šu-si	指		
šu-sila₃-du₃ = sagi	酌取人		
šu ～ su-ub	集める		
šu ～ sud	手を伸ばす		
šu-še₃ ～	手に結ぶ		
šu-še₃ ～ si	手に充たす		
šu ～ ši ～ ri	手を握りしめる		
šu ～ tag	被せる、飾る		
šu-tag ～ dug₄	飾る		
šu ～ tag₄	送る		
šu ～ ti	受ける		
šu-ur₃-ra	平に詰める		
šu ～ uš₂	手を置く		
šu₂	投げる、暗い、寝かす		
šu₃ = KU	～について		
šu₄ < šuš	落ちる、壊す		
šub = RU	転倒する、落ちる		
šub-lugal	親衛隊		

T

-ta	〜から	tir	森 giš-
-ta 〜 gar	移す	tu = ku₄ < kur₆	入口、創造する
-ta 〜 ra	投げ出す	tu < tud(r)	着る、子を生む
ta am₃	何を（エメサル）	tu ᵐᵘˢᵉⁿ	鳩
tab = dap₂	倍にする、仲間にする、絡む	tu-gur₄ ᵐᵘˢᵉⁿ	雉鳩
		tu-lu	緩める
tag = šum	砕く、触れる、ばらつく、怪我する「る	tu-ra < tur₅-a	病気になる
		tu₃ < tum₂	もたらす
tag₄ = kid₂	残す、任す、離婚す	tu₅ = šu-naga	洗う、浴びる ジュモン
tak = šum	運行する	tu₆ = KA x LI	呪文
tal₂ = pi	広い、賢明な	tu₇ = KAM	スープ
tal₃ = til₄	悲嘆の声	tu₈ < tum₄ = NIM	早熟の
tapin = ZI₃-ŠE	大麦の粉	tu₁₀ < tub₂ = hub	打ち殺す
tar = sila	道、切る	tub = kišib₃	粘土板、書き物
tar₂ = dar	壊す、切る	tud, tu-ud	生む
tar₃ = dara₃	アイベックス羊	tud₂ = PA-UZU	打つ
tattab < tab-tab	四倍にする	tug = tuk = tuku	結婚する、持つ
te = ten	近づく、表彰	tug₂ = KU	着物
= te-en	意気消沈する、消す	tug₂ = taškarin	つげの木 giš-
temen	礎石	tuk₃ = dug	壺
		tuk₄	震える
teš₂ = UR	精力、恥	tuku	持つ marū tuku-tuku
teš₂ -a	等しく	tukul = TUŠ	武器、信仰
teš₂ bi a	一緒に	tukum-bi = tukun-bi	もしも
ti < til₃	矢、生命、肋骨	tukun=ŠU-NIG₂ -TUR-LAL	偶然の
ti 〜 ra	矢を射る		
ti-um	葦のマット（akkad）	tukur₂ = KA x ŠE	囓る
ti₃< tim = dim	紐、支柱	tul = DUL	覆う
tibir = TAG	腕	tul₂ = pu	溝、穴
tibir₂ = TAG-ŠU	掌	tum > du₄= ib₂	下半身
tibira = urudu-nagar	鍛冶屋	tum₂ = DU	運ぶ、適す、の marū ham̱u は de₆
tidinu = tidnim = gir₃-gir₃	アモリ人	tum₃	運ぶ、適す、の marū ham̱u は de₆
tik = tig = gu₂	首、岸	tun > tu₁₀ = hub	打つ
til >ti₅ = sun = bad = BE	生きる、終る、古い 統治する（複 sig₇)	tun₃ = aga₂ = gin₂	斧
til₂ = DUL	丘	tur = dumu	小さくする
tilla₂ = an aš an	町	tur	水差し
tin <	生きる、飲み物	tur-na	アリンナ町 uru-

Ⅶ　グローサリー　291

U

tur-ra	子供のような
tur₂ = dur	紐
tur₃	家畜小屋
tur₄ = kib	手綱
tur₅ > tu	入れる、病気になる
tuš = dur₂	座る（単 hamṭu　marū）
tuš-u₃	眠る、尻（複 durun）
	兵舎

u = šuš	十、指
u₂	
u₂-du (-le)	芝草、牧場、強い
u₂-ga ᵐᵘˢᵉⁿ	牧人
u₂-gu ~ de₂	u₂-te₃-ga わたり鳥
u₂ ~ hub₂	消える、失う
u₂　il₂	つんぼにする
u₂-ki-še₂₁ = u₂-ki-ga = gud₃	草を運ぶ
u₂-rum	巣
u₂-sal-la	所有している
u₂-sug₄	平和に
u₂-te₃-ga = uga	娼婦
u₃ = ŠI-LU = libir	わたりからす
u₃	そして、年を取る
u₃-di	岸、土手、～の時
u₃-gul ~ gar	眠り
u₃ ~ ku-ku	懇願する
u₃-ma	眠る
u₃-ma ~ gub	野心
u₃-mu₂	勝利を得る
u₃-ri-ga	いけす
u₃ ~ su₃	脱穀した大麦
u₃ te am₃	食べる
u₃ tu,　u₃ tud = tu (-d)	夕方
u₃ tu-da	着る
u₃ tu₉-tu₉ < u₃	誕生、生まれた～
	眠る
TUŠ-TUŠ	
u₄ = UD	日 (day)、～の時
u₄	容量単位、クオーツ
u₄-ba < UD bi a	その日に
u₄ bi ta	その時から
u₄-sakar ₓ = u₄-15	十五日、満月
u₄-sar gibil	新月
u₄ ul-li₂ a > u₄ ul la	永遠に、遠い日に
u₄-zal-le	朝

VII グローサリー

u₅ = hu-si	乗る	
u₆ = igi-e₂	見る	
u₆-di	称賛	
u₇ = KIMIN	同上の	
u₈	雌羊	
u₈-gi₆	黒い雌羊	
ub, ubi	周辺、方位	
ub-imin	七階建て	
ub₂ = KU		
ub₃ = lipiš	心、ティンパニ	
ud = u₄	日	
ud-da	～した時	
ud-ka-bar	移動、ブロンズ	
i₇ ud-kib-nun = buranun	ユーフラテス川	
ud-kib-nun^ki=zimbir^ki	シッパル町	
ud min kam-ma-ka ⟨ud min ak am₃ak a	二日目に、第二の日	
ud ne-na	今日	
ud ri-a	昔	
ud ～ su₂	暗くなる	
ud-ud (-g)	輝く	
ud-unug^ki	ラルサ町	
ud₂ = aš₂ = ziz₂	呪う	
ud₄ = šum	蜘蛛	
ud₅ = uz	雌羊	
ud₅-si₄	赤褐色の雌羊	
udu = LU	羊	
udu a udu hur-sag	山の羊と同じ角を持つ羊	
udu gu₄-e us₂-sa	牛が従う先導羊	
udu nita₂	去勢されてない雄羊	
ug = pirig₃	ライオン、怒り	
ug₂ = gir₃	足、驢馬、ライオン	
ug₅	死ぬ	
ug₇ = BAD	死ぬ	
ugnim = KI-SU-LU-KU-ŠA	軍隊	
ugu	頭蓋骨	
ugu^mušen	烏（からす）	
ugula	監督、校長	
uh = ah	昆虫、黄金虫	
uh₂ = UD-UH₃	唾、よだれ	
uh₃ = kušu₂	蛙	
uh₃-muš₃	葬祭人	
uku-uš	憲兵隊	
uku₂ = LAL₂-RA₂	貧しい	
uku₃ = UN	人々	
uku₃-il₂	運搬人	
ukuš₂ = hul₂	胡瓜	
ul = du₇	星、倒れる、相応し「い	
	容量1ウル=72シラ	
ul-la ⟨ ul-li₂-a	昔	
ul-li₂-a	昔	
ul-lu	活力　im-	
ul-sag, ursag	英雄	
ul ～ sar₂	喜ばせる	
ul₄	焼く	
ul₄ la bi	休息に　「く	
ulu₃	南、南風、突風が吹	
um-ma	老婦人	
umbin = GAD-UR₂	鉤爪	
umma^ki = giš-kuš₃^ki	ウンマ町	
ummu₂ = edin-la₂	高原用の水袋	
umun₂ = simug = de₂	金細工、注ぐ、叫ぶ	
umuš	理性	
un = uku₂	国民	
un-da	出来る	
un-il₂	日雇い	
unkin	公会、総会	
unu	住居	
unu = AB₂-KU	牛飼い	
unu₆ = TE-AB	祭りの場	
unug^ki	ウルク町	
ur	獣、犬	
ur-dur₂	飼い犬	
ur-bar	狼、獣？　「能格	
ur-gi₇-re ⟨ ur-gir₁₀ e	犬、新しい犬？ e	

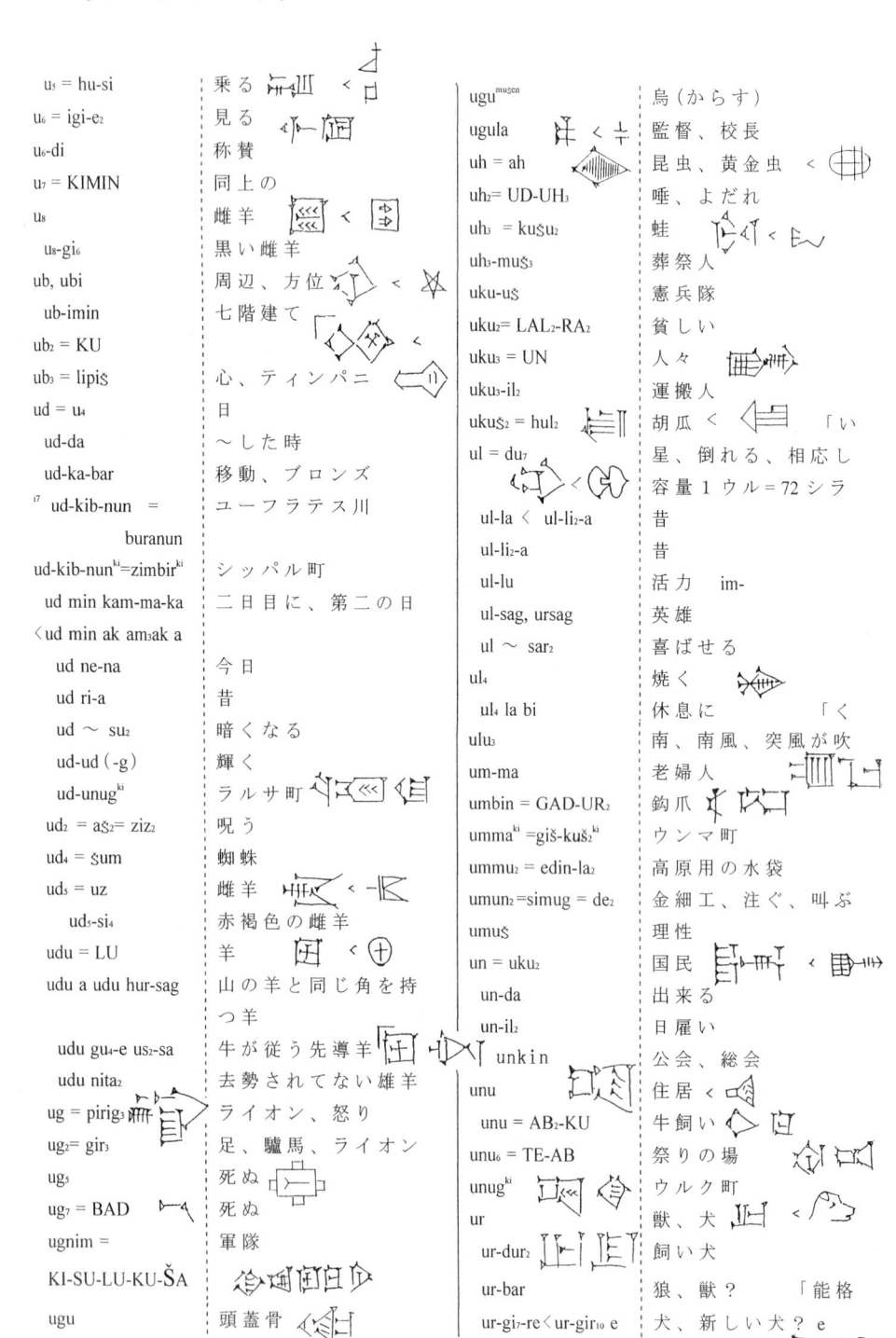

Ⅶ　グロッサリー　293

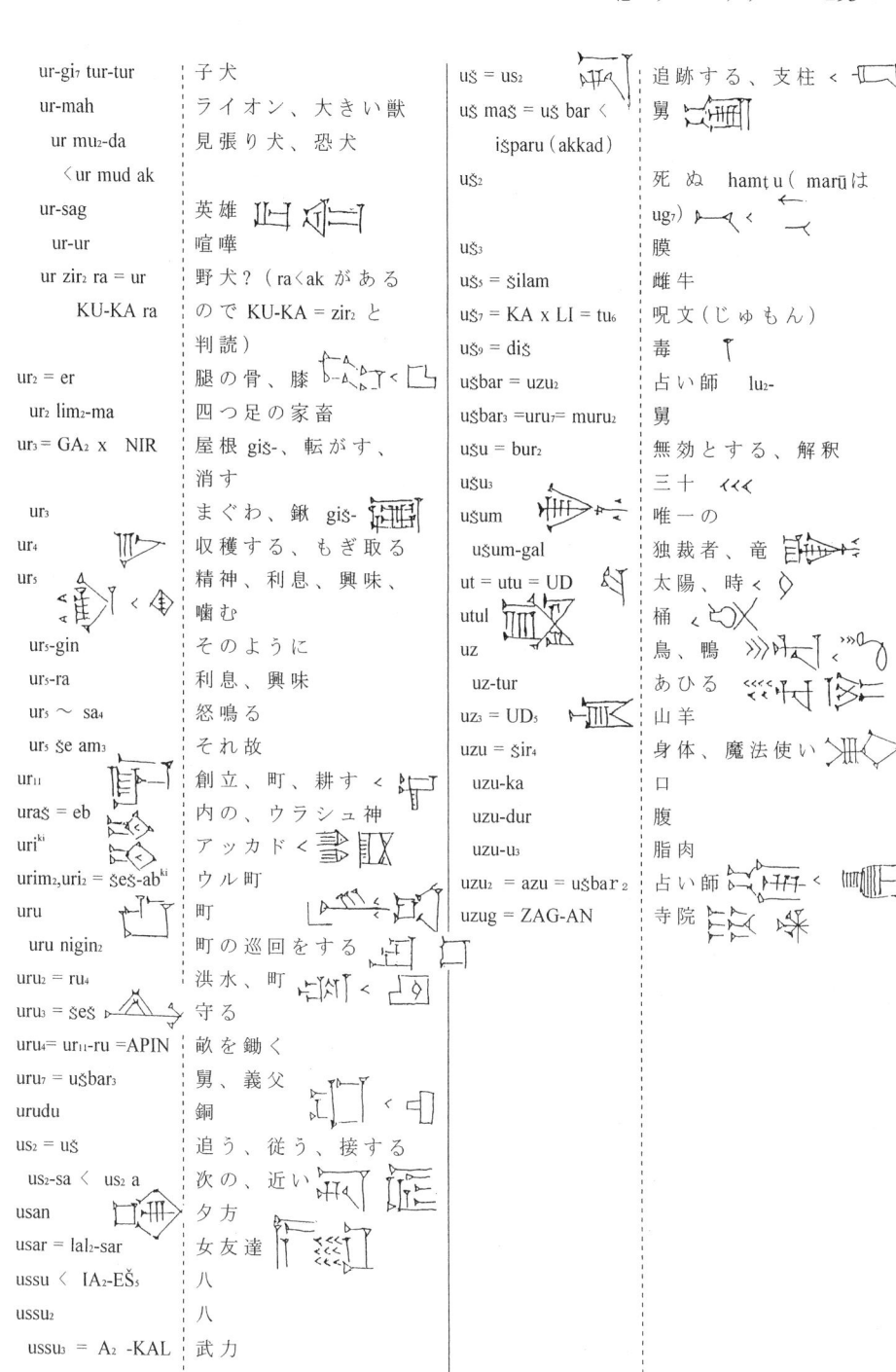

ur-gi₇ tur-tur	子犬	uš = us₂	追跡する、支柱
ur-mah	ライオン、大きい獣	uš maš = uš bar	舅
ur mu₂-da	見張り犬、恐犬	išparu (akkad)	
< ur mud ak		uš₂	死ぬ　hamţu(marū は
ur-sag	英雄		ug₇)
ur-ur	喧嘩	uš₃	膜
ur zir₂ ra = ur	野犬？（ra〈ak がある	uš₅ = šilam	雌牛
KU-KA ra	ので KU-KA = zir₂ と	uš₇ = KA x LI = tu₆	呪文（じゅもん）
	判読）	uš₉ = diš	毒
ur₂ = er	腿の骨、膝	ušbar = uzu₂	占い師　lu₂-
ur₂ lim₂-ma	四つ足の家畜	ušbar₃ =uru₇= muru₂	舅
ur₃ = GA₂ x NIR	屋根 giš-、転がす、	ušu = bur₂	無効とする、解釈
	消す	ušu₃	三十
ur₃	まぐわ、鋤 giš-	ušum	唯一の
ur₄	収穫する、もぎ取る	ušum-gal	独裁者、竜
ur₅	精神、利息、興味、	ut = utu = UD	太陽、時
	噛む	utul	桶
ur₅-gin	そのように	uz	鳥、鴨
ur₅-ra	利息、興味	uz-tur	あひる
ur₅ ~ sa₄	怒鳴る	uz₃ = UD₅	山羊
ur₅ še am₃	それ故	uzu = šir₄	身体、魔法使い
ur₁₁	創立、町、耕す	uzu-ka	口
uraš = eb	内の、ウラシュ神	uzu-dur	腹
uri^ki	アッカド	uzu-u₃	脂肉
urim₂,uri₂ = šeš-ab^ki	ウル町	uzu₂ = azu = ušbar₂	占い師
uru	町	uzug = ZAG-AN	寺院
uru nigin₂	町の巡回をする		
uru₂ = ru₄	洪水、町		
uru₃ = šeš	守る		
uru₄= ur₁₁-ru =APIN	畝を鋤く		
uru₇ = ušbar₃	舅、義父		
urudu	銅		
us₂ = uš	追う、従う、接する		
us₂-sa < us₂ a	次の、近い		
usan	夕方		
usar = lal₂-sar	女友達		
ussu < IA₂-EŠ₅	八		
ussu₂	八		
ussu₃ = A₂ -KAL	武力		

Z

za <	人形、あなた
za gin₃	紺青石、ラピスラズリ、na₄-、za₂-
za gin₃ na	輝かしい
za-pa-ag₂	叫び
za₃ < zag	焼印、境、右、腕、はじめ
zabar = u₄ ka bar	ブロンズ
zag <	境界、右、脇
zag-hi-li	芥子菜
zag 〜 keš	捕らえる
zag-ku₆ = EN-KU-DU	漁場監視人
zag-mu	年初
zag 〜 tag	押す
zag 〜 us₂	傍らに立つ
zag uru	町の郊外
zah = ne = izi	
zah₂ = HA-A	壊れる
zah₃ = A x HA	逃げる
zal = ni	過ぎる、流る、光る
zalag = UD	明るくする
zapah = ŠU-BAD	掌の幅
zar	湧き出る、織る
zar re eš	広げる
zarah = SAG-PA-KIL	悲しみ
ze₂ = zi₂	苦しみ、胆汁
ze₂ = šab	むしる（エメサル）
ze₂-eb = dug₃	甘い（エメサル）
ze₂-eg₃ = sum	与える（エメサル）
ze₂-er	動く（エメサル）
zer₃, zir₃	砕く
zi < zid	生物、近づく、右、正しさ
zi < zig₃	襲う、立ち上がる
zi-zi-ga < zig₂	支出
zi₃ < zid₂	小麦粉
zi₃ gu	豆の粉
zi₃ gum sig₅	臼ひきの高級粉
zi₃ sig₁₅	粗い粉
zid	正しい、良い
zid, zida	右、右に
zid₂ > zi₃	穀粉
zig = heš₂	腿
zig₂ = siq	
zig₃ = zi	
zikum = engur	天空
zil	剥がす
zil₂	喜ぶ
zim = sim = nam	篩う（ふるう）
zimbir = u₄-ul₃-nun^ki	シッパル町
zip = zib	魚座（星座）
zir = numun	種
zir₂ = ŠE₃	紐付きの、動かす、裂く
zir₃	裂く
ziz₂ = aš₂	エンマ小麦
zu	知る、賢い marū zu-zu あなたの
zu-a	知人
zu-ab < ap-su	海、地下水
zu₂ = KA	歯
zu₂ 〜 ku₂	噛む、噛み切る
zu₂-lum	なつめ椰子
zu₂-ra	うるさい
zuh > zu₂	盗む、歯
zum = RIK₂	母胎、膝

引用文献

Bendt Alster, **The Instructions of Surppak, Mesopotamia 2**, Akademisk Forlag, Copenhagen

Carl Brockelman, **Syrische Grammatik**, Veb Verlag Enzyklopaedie

C.J.Gadd, **A Sumerian Reading-book**, Oxford University Press

Claude F. A. Scheffer, **The Cuneiform texts of Ras Shamra-ugarit**, Kraus reprint, Muenchen

Edmund I. Gordon, **Sumerian Proverbs Glimpses of Everyday Life in Ancient Mesopotamia**, The University Museum Publics.

Friedrich Delitzsch, **Sumeriches Glossar**, J.C.Hinrichs'sche Buchhandlung

Harriet Crawford, **Sumer and the Sumerians**, Cambridge University Press

H.Behrens, H.Steible, **Die Alt-sumerischen Bau- und Weihinschriften**, Franz Steiner Verlag, Wiesbaden

H.J.Nissen, P.Damerow, R.K.Englund, **Archaic Bookkeeping**, The University of Chicago Press

H. Limet, **Textes sumeriens de la Ⅲe dynastie d'Ur**, Musees Royaux d'Art et d'Histoire

Horst Steible, **Die Neu-sumerischen Bau- und Wei-hinschriften**, Franz Steiner Verlag, Stuttgart

Jakob Klein, **Tree Sulgi Hymns**, Bar-Ilan Univ. Press, Israel

J.Black, A.Green, **Gods, Demons and Symbols of Ancient Mesopotamia**, British Museum Press

John Sassoon, **From Sumer to Jerusalem;The forbbiden hypothesis**, Intellect Co.

L. W. King, **Assyrian language**, Kegan Paul, Trench, Trubner & Co.

Marcel Sigrist, **Documents from Tablet Collections in Rochester**, CDL Press, Maryland

Marie-Louise Thomsen, **The Sumerian language, Mesopotamia 10**, Academic Press, Copenhagen

O.R. Gurney, S.N. Kramer, **Sumerian literary texts in the Ashmolean museum**, Oxford Clarendon Press

Rene Labat, **Manuel d'Epigraphie Akkadienne**, Imprimerie Nationale, Paris

Samuel A. B. Mercer, **Assyrian grammar**, AMS Press

Samuel A.B. Mercer, **A sumero-babylonian sign list**, AMS Press

Samuel Noah Kramer, **The Sumerians-Their history, culture and character**, The University of Chicago Press

Shin T. Kang, **Sumerian economic texts from the Drehem archive**, Univ. of Illinois Press, Chicago

Shin T. Kang, **Sumerian economic texts from the Umma archive**, Univ. of Illinois Press

Shlomo Izre'el, **Amurru akkadian:A linguistic study**, Harvard Semitic Studies 40, Scholars Press

Stephan Langdon, **Sumerian grammatical texts**, The University Museum Public., Univ. of Pensylvania

Thomas A.Caldwell etal., **An akkadian grammar**, Marquette University Press

Umschrift der Keilschriftzeichen in Sumerischen, Akkadischen und Hethiti-schen Tekten, Scripta Pontificii Instituti Biblici

Wolfram von Soden, **Akkadisches Handwoerterbuch**, Otto Harrassowitz. Wiesbaden

古代オリエント博物館編『古代オリエント論集』江上波夫先生喜寿記念（山川出版社）

佐藤進・五味亨『大英博物館所蔵の新シュメール時代行政文書』総研研究資料7（中央学院大学）

佐藤信夫『古代社会における契約の概念と法』一般教養部論集 No.12～No.14（山梨学院大学）

城南山人『甲骨文字書道のすすめ』（日貿出版社）

杉　勇『楔形文字入門』中公新書（中央公論社）

P.C.クレイギー（津村俊夫監修）『ウガリトと旧約聖書』（教文館）

あとがき

　御高承の通り日本語を含めアルタイ諸語は大文字を持たない。シュメール語もそうである。インド・ヨーロッパ語では中世以降の習慣で固有名詞の語頭や文頭には大文字を用いるが、シュメール語ではこれが却って誤解を与えることがある。そこで文字と異なり読み替えるための場合を除き本書では原則として地名や人名や文頭にもアルファベットの小文字しか用いないこととした。

　発音に関しては全てローマ字通り読めば良いのだが、例えば、楽団のgakuと違って音楽のgakuは鼻音である。最近gとngで文字を区別する人がいるが、本書では全てgで統一した。

　シュメール語自体はハイフンで単語を繋げる事など当然していないが、読者にはその方が便利であろうと言うところから、人によってはハイフンを使い、また点を使うなど統一がない。どちらかと言えば一語内では点を、数語の連携にはハイフンを用いる。欧米の翻字では盛んにハイフンが出てくる。例えば、

　　　dam-mu　　lu$_2$-lul-la ma-an-du$_{11}$　　sal-la-e ba-ab-us$_2$-e-en
（私の夫は　男狂いと　私を 呼ぶ（だが）陰門を 追いかける（貴方でさえ））

果たしてこんなにハイフンが必要だろうか。私には行き過ぎに思えるのである。そこでなるべくハイフンを減らすように努力した。

　ウル町で、と言う時urimと書くことからシュメール語の神様と言われるS.N. クレーマーやA. ペーベルは、フランス語と同じように、単語の語尾子音をサイレントにしたと提案している。後に母音が来ない限り -im を読まない。その理屈からシュメールの発音はシュメ又はシェムであったと仮定すればセム族との共通の先祖であったと考えられないか、と言う荒唐で大胆な意見を「シュメールからエルサレムへ、禁じられた仮説」と題してJ. サッスーンが展開している。旧約聖書によるとシェムはノアの長男であり、シェムの子たちはエラム、アッシリア、アラムなどとなっているが、これは実はシュメールを取り囲む国々であることは周知の通りである。これも説明できる。

　紀元前1800〜2000年イスラエル人の祖アブラハムはシュメールの首都ウルを出てエルサレムへ旅立つたことになっているが、紀元前3500年シュメール人が

シュメールの地に入ったときに既にイスラエル人も一緒に入ったと考えられる。アブラハムに従ったイスラエル人はシュメール族の一派であったのではないか、という仮説である。ここでは深入りしないが、実は、遺伝子特にミトコンドリア DNA の塩基配列の置換状態や血清蛋白中の免疫グロブリンのポリペプチド多型の DNA 分析を比較した限りではイスラエル人（ユダヤ人）の90％を占めるアシュケナージはアルタイ諸語族であるトルコ人の血がかなり混血した事を示しているのである。（詳しくは小著「日本人とは誰か」参照）これらはイスラエルで将来問題になろうと思うがここでは取り上げなかった。

さて現在シュメール語の完成された辞典は世界にない。ではどうして調べたら良いだろうか。もし単語、例えば geme と $geme_2$ とどう違うかを調べるときは、まず Umschrift der Keilschriftzeichen in Sumerischen, Akkadischen und Hethitischen Texten（ローマの法王庁図書協会の発行）で該当するアッシリア文字を調べるか、又はアッシリア文字から Manuel d'Epigraphie Akkadienne（Rene Labat 著）を調べると、シュメール文字とその意味が分かる。いずれも三鷹の中近東文化センターにある。

所が、読み方が分からなければどうか。調べようがないのが現状である。

漢字の分類では部首分類が確立されており、更に字画数の順に文字を並べるという、いわゆる漢和辞典の方法があって、知らぬ字を見つけるには一番便利である。それでも鞣皮や豸へんなどと言われると恥ずかしくも知らなかったが、とはいえ部首分類は先賢の残した優れた索引法である。シュメール語ではこれが未だ確立されていない。アッシリア語では字画数の順に並べる事が一般的のようだが、もう一つピンとこない。そこで将来の検討課題ではあるが、形状による部首分類を試みた。すなわち、四角型、段差型、葦型、筏型、女陰型、長靴型、きのこ型、菱型、壷型、袋型、動物型、二本足型、魚鳥型、単純型の14型にいわば部首分類したのである。

シュメール語は元来が象形文字であるため、見る側にも形状分類の方が索引し易いからである。

日本でシュメールの石刻文字が発見されたと騒ぐ人がいるが、文字を見ると年代も証明されていないので惑わされないよう注意する必要がある。個々の断片的なデザイン模様を文字と理解してはいけない。

昔中学で楔形文字をキッケイモジと教わった。今でもそう思っている人が多い。しかしこれは誤読である。セッケイモジ又はクサビガタモジとしか読めな

い。本書にはこのようにいろいろな著者の意図が込められている。未解決の問題が累積する言語である。過ちを改めるのに躊躇しない。少しでも多くの人が幅広く参画して、多くの意見を出す事が望ましい形であると私は考えている。それが敢えて本書を出版する趣旨である。

　なお戦時中、日本は皇国（すめらみくに）と呼ばれ、これと誤解されないようにシュメールと呼んだが、これからは正しくスメルと読もう、という話がある。大変良いことと思うが、本書では気にしないこととした。

2011年5月

飯　島　　紀

〔著者紹介〕

飯島　紀（いいじま・おさむ）

1928年　東京都目黒区生れ。
1953年　（旧制）京都大学理学部卒業。同文学部にてセム語等履修。
1988年　パナソニック㈱退職。
現　在　日本オリエント学会会員。

〈著　書〉

『はじめての古代エジプト語文法』（信山社、2010年）
『日本人の成り立ち』『日本人とは誰か』『アフレベース随筆』『セム族流転小史』『蒙古シリア系文字入門』『アッシリア語（現代アラム語）入門』『グルジア語文法』（共著）『楔形文字の初歩』『シュメール語入門』『シュメール人の言語・文化』『シュメールを読む』『シュメールを求めて』『ハンムラビ法典』（泰流社）など

オリエンス語シリーズ

古代メソポタミア語文法
——シュメール語読本——

2011（平成23）年6月10日　第1版第1刷発行

著　者　　飯　島　　紀
発行者　　今井　貴・稲葉文子
発行所　　株式会社　信山社
〒113-0033 東京都文京区本郷6-2-9-102
Tel 03-3818-1019　Fax 03-3818-0344
henshu@shinzansha.co.jp
笠間才木支店編集部　〒309-1611 茨城県笠間市笠間515-3
Tel0296-71-9081　Fax0296-71-9082
笠間来栖支店編集部　〒309-1625 茨城県笠間市来栖2345-1
Tel 0296-71-0215　Fax 0296-72-5410
Printed in Japan

ⓒ飯島紀, 2011　印刷・製本／亜細亜印刷・渋谷文泉閣
出版契約No.2011-8812-4-01010
ISBN978-4-7972-8812-4 C3387 ¥4500E 分類890.000-e-002
8812-01011：p320 013-0100-050-010 〈禁無断複写〉

JCOPY 《(社)出版者著作権管理機構 委託出版物》
本書の無断複写は著作権法上での例外を除き禁じられています。複写される場合は、そのつど事前に、(社)出版者著作権管理機構（電話 03-3513-6969, FAX03-3513-6979, e-mail info@jcopy.or.jp）の許諾を得てください。

スペイン語法律用語辞典

山田信彦 編著

400頁 本体10,000円（税別）

スペインの法律・法令の専門用語を中心に、可能な限りラテンアメリカ法の用例を採録。スペイン語圏の国々の法令・法学文献の学習・研究に必備の**初のスペイン語法律用語辞典**。スペイン語圏諸国の法律用語を最大公約数的に網羅し、巻末には日本語で検索可能な**和西総索引**を付し、さらに**使いやすく分かりやすく**編集。

【西和・和西双方収載】
スペイン語圏の法律研究・語学学習に必備の辞典。待望の刊行!!

山田信彦：1936年仙台生まれ、1967年東京大学大学院法学政治学科博士課程終了（法学博士、野田良之研究室）、元武蔵大学教授、法政大学・立教大学・東京芸術大学等講師
【著書】『スペイン法の歴史』（彩流社、1992年）

法改革論 内田力蔵著作集 第2巻

内田力蔵著 11,000円（税別） 著作集の第2巻

Ⅰ立法理論、Ⅱ法典化、Ⅲ衡平法の3部から構成される。ベンタムの立法理論、ダイシーの「法の支配」に関する所論、「法典化」に関するダイシーとオースティンの所論、メーンとイギリスの「法典化」、インドの法典化、イギリスにおける衡平法の地位などを収録。

既刊 イギリス法入門 内田力蔵著作集 第1巻

16,000円（税別）

英連邦会社法発展史論

上田純子 著 9,000円（税別）

英連邦会社法の分化と収斂。普遍的な会社法制、経済政策を考察。

ＮＰＭ時代の組織と人事

原田久 著 5,800円（税別）

行政組織、公務員制度への新しい手法。行政改革議論への提言。

行政法1stステージ
行政法の基礎知識(1)～(5)

宮田三郎著

(1) 初めて学ぶ人のために（行政法総論）
(2) 行政作用法を学ぶ
(3) 行政手続法を学ぶ
(4) 国家賠償法を学ぶ
(5) 行政事件訴訟法を学ぶ

まず本書で基礎固めを。先生と生徒の対論形式を採用、加えて、図表を多用用いて頭の整理を助け、本書を通読しただけで行政法の基礎として必要な知識の修得が図られるように全体を組み立てた入門書。

法曹養成実務入門講座 別巻 基礎法学と実体法学の協働

伊藤滋夫編 本体価格￥2,400

第1部・法適用と価値判断―法哲学研究者の観点から― 陶人利彦・客観的実質的価値提示の現代的意義―新自然法論の主張をもとに― 河見誠・法曹養成における基礎法学の役割―法社会学の観点から― 六本佳平・実体法学と基礎法学の協働―ドイツ法史の観点から― 石部雅亮・基礎法学への期待―刑事法研究者の立場から― 伊藤滋夫 第2部・基礎法学と実定法学の協働（司会）星野英一 Ⅰ はじめに（出席者）陶人利彦 六本佳平 石部雅亮 伊藤滋夫（発言順） Ⅱ 各領域参加者の論考に関して Ⅲ 論点と報告を踏えての意見交換 Ⅳ おわりに Ⅴ 座談会を終えて

リーガルコーディネーター 仕事と理念

麻田恭子・加地修・仁木恒夫 著 2,500円（税別）

三者三様の立場から見る新しい法律家の姿

ようこそリーガルコーディネーターの世界へ！ 法律事務所はオーケストラ。依頼者・リーガルコーディネーター・弁護士が奏でる交響曲なのだ。自立支援型リーガルコーディネーター論や具体的スキルなどをわかりやすく解説。

1 リーガルコーディネーターの世界（ようこそリーガルコーディネーターの世界へ―リーガルコーディネーターってなあに？ 加地修のリーガルコーディネーター事務所 井上晃藍の1日―平成16年1月15日 サラ金地獄からの再起―自己破産申立事件 勝っても取り戻せないもの―資金返還請求事件 ほか） 2 リーガルコーディネーターの理論（自立支援型リーガルコーディネーター論 望まれる法律事務所像 自立支援の観点に立った具体的スキル）

倉阪秀史 著

環境政策論〔第2版〕

A5変・並製・384頁　定価:本体3,400円(税別)　ISBN978-4-7972-5369-6 C3032

環境政策の歴史及び原則と手法

本書は環境行政の実務の経験を踏まえて、環境政策の歴史、環境政策の目標・諸原則、そしてその諸手法を解説。それとともに、各政策分野ごとのレビューを行った環境政策について最も信頼される教科書である。第2版にあたって、低炭素社会形成法の独立化、京都議定書の新章を追加。

【目次】
　序　章　環境政策論とは何か
第1部　環境政策の歴史
　第2章　環境問題の変遷と環境政策の歴史〔その1:黎明期〜昭和30年代〕
　第3章　環境問題の変遷と環境政策の歴史〔その2:第一の波〜停滞期〕
　第4章　環境問題の変遷と環境政策の歴史〔その3:第二の波、総括〕
　第5章　都市計画・国土開発行政の変遷
第2部　環境政策の基本
　第6章　環境基本法
　第7章　環境政策の目標
　第8章　対策の実施段階に関する原則
　第9章　対策の実施主体に関する原則
　第10章　政策の実施主体に関する原則
第3部　環境政策の諸手法
　第11章　計画の策定と目標の設定(計画的手法)
　第12章　対策を実施させるための手法〔その1:概論、規制的手法、経済的手法〕
　第13章　対策を実施させるための手法〔その2:情報的・合意的・支援的手法〕・その他の手法
　第14章　環境政策手法の選択―ポリシーミックスの方向性
　補　章　数量調整と価格調整に関する経済的分析
第4部　個別環境法規の概要
　第15章　公害防止・化学物質管理関連法
　第16章　自然環境保全関連法
　第17章　環境影響評価法
　第18章　循環型社会形成関連法
　第19章　低炭素社会形成関連法
　終　章　これからの環境政策

高橋信隆 著
◆**環境行政法の構造と理論**◆
A5変・上製・432頁　定価本体12,000円(税別)
ISBN978-4-7972-5860-8 C3332
自主的取組と伝統的規制を整合的に考える

従来、規制的手法と対置・並列して捉えられていた各々の環境保全手法を、規制的手法を補完するものとして、全体的な枠組の中に位置づけ、将来の不確実なリスクにも対応する理論を提示。国家や企業、個人の「学習能力」の向上を志向する法制度のあり方を考える、今後のより良い環境行政のために必読の文献。

町野　朔 編
◆**環境刑法の総合的研究**◆
A5変・上製・596頁　定価本体5,600円(税別)
ISBN978-4-7972-9096-7 C3332
最先端の環境刑法の多角的研究書

環境を保護するために、それを侵害・危殆化する行為を処罰する法律を環境刑法という。環境というとらえ所のない概念を刑法上の保護法益とし、個別の環境財についての議論・検討から、刑罰法規を含む法システムを構築する。「公害や環境汚染・環境犯罪から地球を守る」21世紀最大のテーマに取り組む、環境刑法最先端を行く第一線の刑法学者21名による多角的な総合的研究。

小笠原正・塩野宏・松尾浩也 編集代表

スポーツ六法

四六正・並製・816頁 2,500円（税別） ISBN978-4-7972-5612-3 C0532

軽量コンパクトな総合スポーツ法令集

あらゆるスポーツに関する法的知識の基礎となるスポーツ関連法を中心に、各種規約や憲章・宣言、各種規程・自治体条例、各種プロスポーツ規約、判例資料等329件を収録。事故防止からビジネスまで、トラブルの解決に必要な法知識が満載。学生や指導者、学校関係者、アスリート、弁護士、行政や関係団体、研究者等、必見必備の書。

【目　次】
1 スポーツの基本法
　(1) 基本法令
　(2) スポーツ国際法
　(3) スポーツの精神
2 スポーツの行政と政策
　(1) スポーツの行政
　(2) スポーツの振興と政策
　(3) スポーツ情報の公開と保護
3 生涯スポーツ
4 スポーツと健康
5 スポーツと環境
6 スポーツの享受と平等
　(1) 子どもとスポーツ
　(2) スポーツとジェンダー
　(3) スポーツと障害者
7 学校スポーツ
　(1) 学校制度
　(2) 初等中等教育
　(3) 高等教育
　(4) 教育職員
　(5) 学習指導要領
8 スポーツとビジネス
　(1) スポーツ産業関連
　(2) プロスポーツの団体・選手契約
9 スポーツ事故
　(1) スポーツ事故の法的責任
　(2) スポーツ事故の防止と対策
10 スポーツ紛争と手続
11 スポーツの補償
12 スポーツの安全管理
13 スポーツ関係団体
　(1) スポーツ団体関連法
　(2) スポーツ団体
　(3) 公営競技
　(4) 国際スポーツ大会の開催
14 資料編
　(1) スポーツ事故判例
　(2) その他のスポーツ判例
　(3) スポーツ仲裁判断
　(4) スポーツ保険
　(5) 外国法令関係
　(6) スポーツ関係年表

◆コンパクト学習条約集◆

芹田健太郎 編集代表

四六・並製・584頁 本体1,450円（税別） ISBN978-4-7972-5911-7 C0532

薄くて持ち易く、内容も工夫された最新条約集

◆法学六法 11◆

石川 明・池田真朗・宮島 司・安冨 潔
三上威彦・大森正仁・三木浩一・小山 剛 編集代表

四六・並製・536頁 本体1,000円（税別） ISBN978-4-7972-5734-2 C0532

携帯性、一覧性に優れ、手に馴染みやすい好評の超薄型六法

◆標準六法 11◆

石川 明・池田真朗・宮島 司・安冨 潔
三上威彦・大森正仁・三木浩一・小山 剛 編集代表

四六・並製・1104頁 本体1,280円（税別） ISBN978-4-7972-5743-4 C0532

法律専門課程の学生やプロユースに便利の薄型新スタンダード六法

◆保育六法（第2版）◆

田村和之 編集代表 浅井春夫・奥野隆一・倉田賀世
小泉広子・古畑 淳・吉田恒雄 編集委員

四六・並製・712頁 本体2,200円（税別） ISBN978-4-7972-5682-6 C0532

子育てに関する待望の保育関連法令集

◆ジェンダー六法◆

山下泰子・辻村みよ子・浅倉むつ子
二宮周平・戒能民江 編集代表

四六・並製・776頁 本体3,200円（税別） ISBN978-4-7972-5931-5 C0532

学習・実務に必要な法令や条約を厳選

ブリッジブックシリーズ

新井勉・蕪山嚴・小柳春一郎 著

ブリッジブック 近代日本司法制度史

四六・並製・328頁　2,900円（税別）　ISBN978-4-7972-2336-1　C3332

明治以来の司法制度の変遷を辿る

明治以来の司法制度のあり方は、現在の司法制度にも大きな影響を及ぼしており、その形成過程を辿ることは、今日の 裁判員制度や労働審判制度などを学ぶうえで必要・不可欠である。その近代日本の司法制度の展開を、研究者と実務経験者の共同作業により実現した、コンパクトなかにも丁寧かつわかりやすく概説した初めての試みの書である。初学者や法律関係者のみならず、広く一般の方まで必須・待望の「司法制度」の入門書。

【目　次】
第1編　明治初年から裁判所構成法前まで
　第1章　草創期の司法
　第2章　司法の近代化を目指して
　第3章　治罪法における裁判所の構成
　第4章　裁判所官制における裁判所の構成
　第5章　行政訴訟制度の発足
　第6章　司法官の養成
第2編　裁判所構成法の成立
　第7章　裁判所構成法の成立
　第8章　裁判所構成法の内容
第3編　明治憲法下の司法制度
　第9章　通常裁判所
　第10章　行政裁判所・特別裁判所
　第11章　調停制度・陪審制度
　第12章　外地の司法制度
第4編　昭和憲法下の司法制度
　第13章　憲法第6章の成立
　第14章　司法権と裁判所

〈執筆者紹介〉
新井　勉（あらい　つとむ）・・・第3編、第4編
　1948年　大阪市生まれ
　1972年　京都大学法学部卒業
　1977年　京都大学大学院法学研究科博士課程単位取得退学
　現　在　日本大学法学部教授、日本法制史専攻
蕪山　嚴（かぶやま　げん）・・・第1編
　1925年　東京都生まれ
　1947年　東京帝国大学法学部法律学科卒業
　1950年　裁判官任命
　1987年　東京東京裁判所部総括判事を最後に退官
　　　　　公証人任命（東京法務局所属）
　1995年　弁護士登録（横浜弁護士会）
小柳春一郎（こやなぎ　しゅんいちろう）・・・第2編
　1954年　長崎県生まれ
　1976年　東京大学法学部I類（私法コース）卒業
　1982年　東京大学大学院法学政治学研究科基礎法学専門課程
　　　　　博士課程単位取得退学
　現　在　獨協大学法学部教授

ブリッジブック	法学入門	南野　森	2,300円（税別）
ブリッジブック	先端法学入門	土田道夫・高橋則夫・後藤巻則編	2,100円（税別）
ブリッジブック	憲法	横田耕一・高見勝利編	2,000円（税別）
ブリッジブック	行政法	宇賀克也編	2,000円（税別）
ブリッジブック	商法	永井和之編	2,100円（税別）
ブリッジブック	刑法の考え方	高橋則夫編	2,200円（税別）
ブリッジブック	裁判法（第2版）	小島武司編	2,800円（税別）
ブリッジブック	民事訴訟法（第2版）	井上治典編	2,500円（税別）
ブリッジブック	民事執行法入門	山本和彦著	2,600円（税別）
ブリッジブック	刑事裁判法	椎橋隆幸編	2,000円（税別）
ブリッジブック	国際法（第2版）	植木俊哉編	2,500円（税別）
ブリッジブック	国際人権法	芹田健太郎・薬師寺公夫・坂元茂樹著	2,500円（税別）
ブリッジブック	医事法	甲斐克則編	2,100円（税別）
ブリッジブック	法システム入門（第2版）	宮澤節生・武蔵勝宏・上石圭一・大塚浩著	2,700円（税別）
ブリッジブック	法哲学	長谷川晃・角田猛之編	2,200円（税別）
ブリッジブック	社会学	玉野和志編	2,300円（税別）
ブリッジブック	先端民法入門（第3版）	山⽥卓章夫編	2,500円（税別）
ブリッジブック	日本の政策構想	寺岡寛著	2,200円（税別）
ブリッジブック	日本の外交	井上寿一著	2,000円（税別）

飯島 紀 著
はじめての古代エジプト語文法
ヒエログリフ入門

A5変・並力・344頁　本体4,500円（税別）ISBN978-4-7972-8811-7 C3387

古代エジプト世界の叡智への架け橋

文法から文体論へそして演習へとテンポよく学習できる古代エジプト語の入門書。ヒエログリフ（聖刻文字）が、ローマ字通りの発音で読め、古代エジプト世界の叡智への架け橋に。単語表も出来る限りアルファベット順にならべるなど、見やすい構成で学習をサポート。

◆目　次◆
I　エジプト王朝
　1　王朝の分類
　2　文　学
　3　音声学
II　エジプト文字（ヒエログリフ）
III　エジプト語文法
　決定詞
　冠　詞
　名　詞
　代名詞
　人称代名詞
　指示代名詞
　関係代名詞
　再帰代名詞
　形容詞
　数　詞
　時間・季節
　王の尊称
　動　詞
　1　動作形動詞
　2　状態形動詞
　3　未完了形
　4　受動態
　5　使役動詞
　6　不定法
　7　分　詞
　前置詞
　接続詞・疑問詞・否定詞
　不変化詞
　助動詞的使用
IV　文体論
　1　文の種類
　2　命令文
　3　条件文
　4　疑問文
　5　否定文
　6　感嘆文
V　演　習
　イヘルセシェトの墓
　ラー・ヘテプ像
　オシリスを称えるステラ
　ネフェレト・エリの墓碑
　ピラミッドのキャップストーン
　第6王朝ペピー世の碑文一部
　アマルナ6号墓パネヘシの碑文
　アネブニのハトシェプスト女王の碑文
　第18王朝「死者の書」75章より
VI　王名表
VII　ピラミッドの名前
VIII　単語集（グロッサリー）